Die Hauptetappen des Befreiungskampfes des kubanis… Volkes

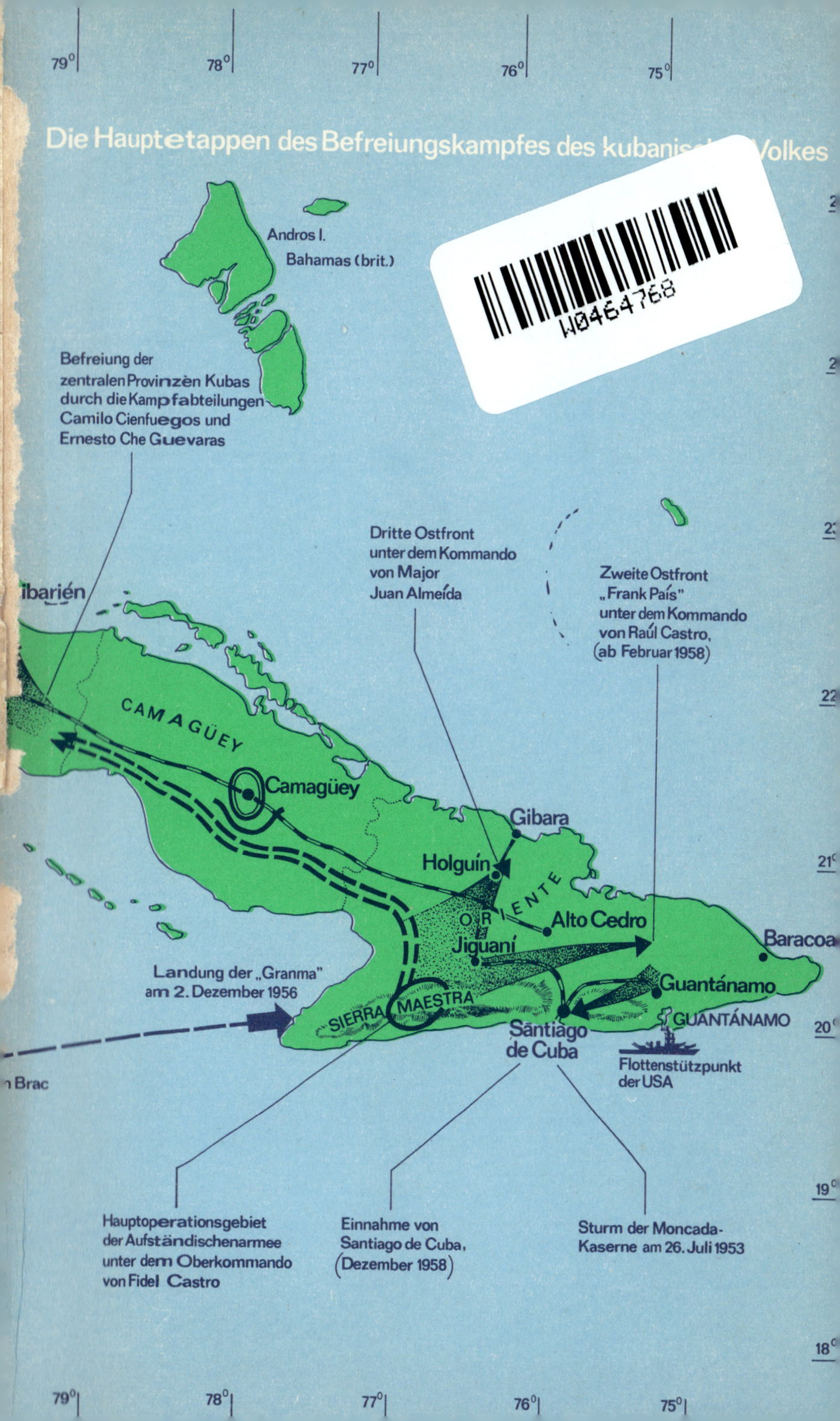

781 8.50

Emilia Grinewitsch
Kubas Weg zur Revolution

Emilia Grinewitsch

Kubas Weg zur Revolution

Verlag Marxistische Blätter
Frankfurt am Main 1978

Titel der russischen Originalausgabe:
Куба: Путъ к победе революции
Erschienen im Verlag Nauka, Moskau
Ins Deutsche übertragen von Leon Nebenzahl

Der Text der russischen Ausgabe wurde für die deutsche Ausgabe von der Autorin aktualisiert

© Verlag Neues Leben, Berlin 1978
Lizenzausgabe für den Verlag Marxistische Blätter GmbH
6 Frankfurt am Main 50 · Heddernheimer Landstraße 78 a
Telefon (0611) 57 10 51
Einband: Christel Ruppin und Klaus Morgenstern
Fotos: ADN-Zentralbild (24), M. Gronau (5)
Printed in the German Democratic Republic
ISBN 3-88012-523-6

Vorwort

Die Zahl der Publikationen über die kubanische Revolution wächst in unserem Lande stetig. Sie reicht von engagierten Reiseberichten über soziologische Studien bis hin zu subjektiv gefärbten Deutungen über Ursachen und Gründe des Erfolges der kubanischen Revolution. Wenn sich auch einerseits in der literarischen Vielfalt der Kuba-Veröffentlichungen die Ausstrahlungskraft des heutigen Kuba auf das geistige und politische Leben der Bundesrepublik widerspiegelt – so vermochte bisher kaum eines der in unserem Lande erschienenen Bücher umfassend jene Fragen zu beantworten, die immer wieder im Zusammenhang mit der kubanischen Revolution gestellt werden. Etwa wie: Welche Rolle spielten die Parteien im vorrevolutionären Kuba und während der Revolution? Auf welche Volkskräfte konnte sich die revolutionäre Führung um Fidel Castro stützen? Griff die Arbeiterklasse in den Kampf ein? Welche Faktoren waren und sind für die moralisch-politische Einheit des kubanischen Volkes bestimmend? Wo liegen die Wurzeln der revolutionären Tradition des kubanischen Volkes?

Das vorliegende Buch von Emilia Grinewitsch beantwortet diese und viele andere Fragen. Es ist ein fesselndes Geschichtsbuch, das die Periode von 1952 bis 1959 umfaßt, das mit Akribie und Wissenschaftlichkeit die politischen und ökonomischen Prozesse auf Kuba nachzeichnet. Die Autorin hat zugleich eine Anklageschrift gegen den US-amerikanischen Imperialismus verfaßt mit exakten Belegen über die Rolle der US-Monopole, der CIA und seiner

Marionette Batista. E. Grinewitsch, die bereits 1964 die Arbeit „Seiten aus der Geschichte Kubas" verfaßte, vermittelt dem Leser dieses Buches im ersten Kapitel einen konzentrierten Überblick der revolutionären Traditionen des kubanischen Volkes, und sie zeigt im Schlußkapitel die Errungenschaften des sozialistischen Kuba. Ein Buch, das in die Hände der in unserem Lande immer zahlreicher werdenden Freunde Kubas gehört. Ein populär geschriebenes, wichtiges Werk.

Die kubanische Revolution jährt sich bald zum zwanzigsten Mal, und die Spuren dieser bisher wichtigsten sozialen und politischen Umwälzung auf dem lateinamerikanischen Kontinent haben auch das geistige und politische Bewußtsein in unserem Lande mitgeprägt, insbesondere in der jungen, kritischen Generation. Vietnam und Kuba haben der aktiven Generation des Jahres 1968 dieses Landes politische und moralische Anstöße zum gesellschaftskritischen Engagement gegeben, haben das antiimperialistische Solidaritätsbewußtsein in unserem Volk herausgefordert.

Zwei ehemals halbkolonial unterdrückte Völker im Kampf gegen den übermächtigen US-Imperialismus siegten, errangen ihre Freiheit, ihre Selbstbestimmung, wurden Herr der eigenen Geschicke! Das mußte den Freiheitsdrang junger Menschen beflügeln. In aller Welt. Die Namen der führenden kubanischen Revolutionäre, Fidel Castros, Ernesto „Che" Guevaras wurden und werden auf Demonstrationen in Paris wie in Frankfurt, in New York wie in Hamburg gerufen. „Venceremos", wir werden siegen, wurde und ist trotziger antiimperialistischer Kampfruf.

Was die Jugend der Welt fasziniert, erschütterte den lateinamerikanischen Kontinent in seinen Grundfesten. Was der US-amerikanische Imperialismus als seinen halbkolonialen Hinterhof betrachtete, was für texanische Ölmillionäre der Sommersitz und Bordell zugleich war, wo die United Fruit Company absolutistisch herrschte – auf Kuba wurden die US-Monopole und Banken enteignet –, ergriffen bettelarme Landarbeiter, Analphabeten Besitz von den Latifundien, erhob sich ein Volk wie ein Mann! In Washington und Umgebung brach eine Welt zusammen. Was wenige Jahre zuvor noch in Guatemala durch die CIA und die „Marines" erledigt wurde – ein frei gewählter bürgerlicher Präsident, der demokratische Reformen beabsichtigte, wurde durch einen Putsch beseitigt –, das sollte nicht auch auf Kuba funktionieren? Um mit Brecht zu sprechen: Doch die Verhältnisse, sie sind nicht so. Nicht mehr. Die Verhältnisse, die Kräfteverhältnisse in der Welt, hatten sich verändert. Wer offen die Hand gegen die junge kubanische Revolution erheben wollte, der riskierte den Konflikt mit der Sowjetunion, mit den sozialistischen Staaten, mit der weltumspannenden Solidaritätsbewegung. Die zähneknirschenden Strategen des Pentagons beschlossen die Wirtschaftsblockade, und sie rüsteten eine Konterrevolutionsarmee aus. Die vernichtende Niederlage der Invasionstruppen in der Schweinebucht geriet zur ersten totalen Schlappe des neugewählten US-Präsidenten Kennedy.

Fidel Castro sagt über diese Zeit: „Ohne die entschlossene, beständige und großzügige Hilfe des sowjetischen Volkes hätte unser Land im Kampf gegen den Imperialismus nicht bestehen können. Die Sowjetunion kaufte unseren Zucker, als uns unser Markt durch die USA brutal genommen wurde, sie versorgte uns mit Roh- und Kraftstoffen, die wir nirgendwo in der Welt erwerben konnten, sie schickte uns kostenlos Waffen, mit denen wir gegen die Söldner von Girón kämpften, und rüstete unsere revolutionären Streitkräfte aus, um für jede direkte Aggression der USA den höchsten Preis zu fordern, sie unterstützte unsere Wirtschaft außerordentlich in jenen kritischen Jahren der ökonomischen Blockade."[1]

In Lateinamerika zerbricht ein Mythos: die Unbesiegbarkeit des US-Imperialismus in der amerikanischen Hemisphäre. Den Unterdrückten, den Gequälten, den Millionen Indios, den Hungernden in den Slums der großen Metro-

polen Südamerikas, aber auch der jungen Intelligenz von Mexiko bis Argentinien erwuchs mit dem Sieg der kubanischen Revolution die Hoffnung und der Wille zur eigenen Befreiung. Die revolutionäre Bewegung Lateinamerikas erfährt durch Kuba einen großen Aufschwung. Gewiß, die Geschichte der Freiheitskämpfe der Völker ist keine Einbahnstraße – der von der CIA geschürte faschistische Militärputsch in Chile bewies es. Dennoch, nichts ist mehr in Lateinamerika so wie vor der kubanischen Revolution. Die Flamme der Freiheit ist auf diesem Kontinent entzündet, und sie ist nicht mehr zu löschen.

Erstmalig sprengte ein lateinamerikanisches Land die Fesseln der Fremdherrschaft, wurde zum „ersten freien Territorium Amerikas", begann den Sozialismus zu errichten, nur hundert Meilen von Key West, der Südspitze Floridas, entfernt. Nationale Unabhängigkeit und Selbstbestimmung sind der eine Pol der kubanischen Ausstrahlungskraft auf den Subkontinent, die innere, gesellschaftliche Umgestaltung der kubanischen Wirklichkeit sind der andere Pol. Was geschah auf dieser Insel, von der die Welt lediglich wußte, daß dort Zucker und Rum, Zigarren und immer wieder neue Gesellschaftstänze produziert wurden? Das Volk der Analphabeten nahm das Land und die Wirtschaft in Besitz. Eine Kulturrevolution nahm ihren erregenden Anfang. Tiefgreifende sozialökonomische Umgestaltungen vollzogen sich. In relativ kurzer Zeit waren die Aufgaben der bürgerlich-demokratischen Entwicklung gelöst, Kuba ging daran, die Grundlagen einer sozialistischen Gesellschaft zu errichten. Das alles vollzog sich nicht ohne Schwierigkeiten, Lernprozesse waren nötig, immer neue Probleme türmten sich auf, dazu die verschärfte Lage durch die US-amerikanische Blockade. Doch die Kraft eines befreiten Volkes, die uneigennützige Solidarität der sozialistischen Staaten und die konkret umgesetzte revolutionäre Theorie von Marx, Engels und Lenin führten zum Triumph.

Man bedenke: Kapitalistische Geißeln wie Arbeitslosig-

keit, Bildungsnotstand, wie Inflation und Preistreiberei, die zum Alltag der Bundesrepublik gehören, sind in Kuba unbekannt. Das sozialistische Kuba verfügt über ein hochmodernes, von Privilegien befreites Bildungssystem. Das Gesundheitswesen auf Kuba ist ohne Vergleich in Süd- und Nordamerika. Kuba ist heute eine erstrangige Sportnation. Auf Kuba haben Literatur, Musik, Malerei ein hohes Niveau. Der kubanische Film hat Weltgeltung. In der Landwirtschaft hat die Wissenschaft Einzug gehalten, die Industrialisierung schreitet voran. Das alles in einem Land, das vor zwanzig Jahren in dumpfer Abhängigkeit war, in dem Korruption herrschte, in dem Unwissenheit, Prostitution und Slums sofort hinter den Yankee-Stränden begannen.

Das befreite und sozialistische Kuba ist heute die Hoffnung der Völker Lateinamerikas. Denn es stärkt das Selbstbewußtsein der Lateinamerikaner, beweist den Völkern, die heute noch in imperialistischer Abhängigkeit gefesselt sind, wozu sie eines Tages fähig sein werden. Kuba ist für viele Millionen Lateinamerikaner der sich täglich erneuernde Ansporn zur eigenen Befreiung. Damit ist dem US-Imperialismus ein Schlag versetzt worden, von dem er sich in Lateinamerika historisch nicht mehr erholen kann. Die USA vermögen zwar noch ihre Vorherrschaft über viele Völker Lateinamerikas auszuüben, dennoch hat der Sozialismus auf diesem Kontinent Fuß gefaßt, und er wirkt unaufhörlich als Beispiel.

Die USA haben diese Gefahr erkannt und mit verschiedenen Mitteln bekämpft: mit Blockade, mit Mordplänen der CIA gegen die kubanischen Führer, mit der Invasion in der Schweinebucht, mit der Einkreisungsstrategie der OAS. Die kubanische Revolution war weder zu erwürgen noch auszuhungern. Wenn heute in Havanna wieder die ersten Touristen aus den USA am Malecón flanieren, dann wird damit das Scheitern der zwanzigjährigen Kubapolitik Washingtons offenbar. Die kubanische Revolution war nicht erpreßbar, sie hat keine national entwürdigenden

Kompromisse geschlossen, sie hat sich weder die Innenpolitik noch die Außenpolitik diktieren lassen, sie blieb ihren revolutionären Prinzipien treu und siegte auch auf diesem Gebiet.

„Die wahrhaft kubanische Diplomatie“, sagte Außenminister Raúl Roa, „wurde nach dem 1. Januar 1959 geboren. Mit dem Sieg der Revolution, mit dem Machtantritt der Arbeiterklasse vollzog die Außenpolitik unseres Landes eine Wendung um 180 Grad. Kuba machte sich von den kolonialen Fesseln frei und wurde zu einem wirklich freien, unabhängigen und souveränen Staat. Die Außenpolitik der revolutionären Regierung wird von den Interessen, Bedürfnissen und Bestrebungen des kubanischen Volkes, der Befreiungsbewegung der Völker Lateinamerikas, Afrikas und Asiens sowie der internationalen kommunistischen Bewegung bestimmt.“[2]

Von der Tribüne der UNO-Vollversammlung sagte der Präsident der Republik Kuba, Osvaldo Dorticós Torrado: „Die revolutionäre Regierung Kubas erklärt, daß sich die Außenpolitik unseres Landes auf die Prinzipien der Nichteinmischung, des Selbstbestimmungsrechts der Nationen, der souveränen Gleichheit der Staaten, der Freiheit des Handels, der Lösung internationaler Streitfälle durch Verhandlungen und der friedlichen Koexistenz der Staaten gründet.“[3]

Als Kontrast zu diesen Prinzipien der kubanischen Außenpolitik sei hier noch einmal auf die außenpolitischen Methoden Washingtons eingegangen. Ein Beispiel, das für viele zählt: Guatemala 1954. Zu dieser Zeit regierte Präsident Jacobo Arbenz Guzman, ein bürgerlicher Demokrat. Demokratische Reformen wurden in Guatemala begonnen. Ein Teil der Ländereien des „Grünen Ungeheuers“, so wird die United Fruit Company in Lateinamerika genannt, wurde nationalisiert. Insgesamt 554000 Hektar Latifundien wurden durch die Agrarreform enteignet, darunter 160000 Hektar der United Fruit Company. Durch ein Gesetz wurden die Löhne der Landarbeiter verdoppelt.

Doch was die lateinamerikanische Jugend, was die Demokraten des Kontinents mit Hoffnung erfüllte, versetzte Washington in Panik. US-Präsident Eisenhower und Außenminister John Foster Dulles, selbst Aktionär der United Fruit, beschlossen: Präsident Arbenz muß gestürzt werden!

Und so lief der Plan ab: In der Massenpresse der USA tauchten Schlagzeilen auf wie „Kommunistische Regierung Arbenz", „Das Karibische Meer, ein kommunistisches Gewässer?", „Die USA können nicht dulden, daß zwischen Texas und dem Panamakanal eine Sowjetrepublik besteht". Ja, es wurde sogar behauptet, die Regierung Arbenz beziehe ihr Gehalt „aus Moskau". Was stimmte wirklich? Die Regierung Arbenz wurde von einem Berufsoffizier geführt, sie war durch freie Wahlen gebildet worden und wurde von den bürgerlich-demokratischen Parteien getragen.

Die Kampagne der USA gegen die bürgerliche Regierung Arbenz wurde durch zahllose Agenten und Diversanten unterstützt. Am 17. Juni 1954 drangen US-Söldner, von Honduras kommend, in Guatemala ein. Man besetzte Dörfer und Städte, begann mit der Erschießung von Arbenzanhängern. Die Hauptstadt des Landes wurde aus der Luft bombardiert. Am 27. Juni 1954 wurde Arbenz durch einen von der CIA inszenierten Militärputsch gestürzt.

Die USA haben die Einmischung in das politische und wirtschaftliche Leben der Länder Lateinamerikas zur Norm ihres Handelns gemacht, sind in der Wahl der Mittel dabei keineswegs wählerisch. Im Gegenteil. Das in der Bundesrepublik unserer Tage so heiß diskutierte Thema „Terrorismus", zu dem die CDU eigens einen Kongreß veranstaltete über die Frage, wo denn die Wurzeln des Terrorismus zu finden seien, ist in Lateinamerika regierungsoffizielles Mittel der USA. Was Terror ist, von wem er ausgeübt wird, wer mit ihm sympathisiert – das enthüllt die Geschichte der CIA. Nur wenige Beispiele: So hatte die CIA die Politiker Guiteras in Kuba und Gaitan in

Kolumbien ermorden lassen. Am Sturz der Unidad Popular und an der Ermordung Salvador Allendes hatte die CIA entscheidenden Anteil. „Che“ wurde in Bolivien von CIA-Agenten erschossen. Im Fadenkreuz der CIA befand sich mehrfach Fidel Castro.

Man muß sich diese Praktiken der USA-Regierung noch einmal vor Augen halten, um zu ermessen, wie tiefgehend der Wandel ist, wenn heute die USA nicht mehr um normale Beziehungen mit dem sozialistischen Kuba herumkommen. Nicht etwa, daß die imperialistischen Falken in den USA plötzlich lammfromm geworden seien – nein, ihre Möglichkeiten wurden begrenzt, die Verhältnisse haben sich geändert, der Zwang zur Anpassung fordert Tribut, und den haben die USA zu entrichten.

Das wirft die Frage nach den Beziehungen zwischen der Bundesrepublik und Kuba auf. Als die USA ihre Beziehungen mit Kuba abbrachen, das Embargo gegen die Insel verhängten, hatte die Adenauerregierung nichts Eiligeres zu tun, als willig und untertänig Washington zu folgen, ganz im Gegenteil etwa zu Staaten wie Schweden, Kanada oder Mexiko, die sich dem Diktat der USA nicht beugten und ihre Beziehungen zu Kuba weiter aufrechterhielten. Aber das wundert nicht, war doch das offizielle Bonn stets US-amerikanischer als die Yankees selbst. Sechzehn Jahre dauerte der von Bonn geführte kalte Krieg gegen die junge sozialistische Republik Kuba: mit gehässigen Kommentaren in der Massenpresse, mit dem Jubel über die Invasion in der Schweinebucht, dem allerdings nach vier Tagen der Katzenjammer folgte, mit dem strikt befolgten Wirtschaftsembargo. Doch die „normative Kraft des Faktischen“, also die unrevidierbare politische Realität, die wachsende Rolle Kubas in der Weltpolitik, die beginnende Entspannungspolitik, zwangen auch Bonn zur Wiederaufnahme der Beziehungen mit Kuba, die im Oktober 1975 erfolgte. Seither entwickeln sich wieder Wirtschafts- und Handelsbeziehungen, gibt es, wenn auch zaghafte Bonner Versuche, politische Kontakte zu knüpfen.

Doch das ist nur die eine Seite der bundesdeutsch-kubanischen Beziehungen der letzten neunzehn Jahre, die offizielle Seite. In dieser Zeit existierte auch eine andere, die demokratische Bundesrepublik. Ich erwähnte es schon zu Beginn, in der gesellschaftskritischen jungen Generation unseres Landes hatte Kuba einen festen solidarischen Platz. Es gab politische Kräfte, die das Ansehen unseres Volkes gegenüber dem kubanischen Volk wahrten: Kommunisten, Sozialdemokraten, Gewerkschafter. Ich selbst hatte die Gelegenheit, 1965 die junge kubanische Revolution als Journalist kennenzulernen und darüber zu berichten. 1970 war ich als bundesdeutscher Gastdelegierter Teilnehmer an einem internationalen Journalistenkongreß in Havanna. So unternahmen junge Wissenschaftler aus der Bundesrepublik die Aufgabe, ihr Fachwissen uneigennützig der kubanischen Revolution zur Verfügung zu stellen. Ich kenne junge Mediziner, Techniker, Naturwissenschaftler, die auf eigene Kosten längere Zeit auf Kuba arbeiteten. In der Publizistik unseres Landes gab es demokratische Journalisten, die objektiv über Kuba schrieben, die Wahrheit verbreiteten. Die DKP unterhält seit ihrer Konstituierung enge brüderliche Beziehungen zu Kuba. Und seit Jahren wirkt in der Bundesrepublik die „Freundschaftsgesellschaft BRD–Kuba“[4] für gute und freundschaftliche Beziehungen zwischen unseren Ländern.

In jedem Jahr organisiert die „Freundschaftsgesellschaft BRD–Kuba“ Arbeits- und Studienreisen nach Kuba. Junge Menschen verschiedener Berufe und unterschiedlicher Weltanschauung fahren im Sommer nach Kuba, arbeiten dort mit Franzosen, Portugiesen, Schweden, Österreichern, Engländern und vielen anderen Jugendlichen der verschiedenen Länder unseres Kontinents zusammen, erleben den kubanischen Alltag. Fragt man sie nach ihrer Rückkehr über ihren Eindruck, so wird geantwortet: Wir waren dort, wo die Zukunft Lateinamerikas schon Gegenwart ist.

Heute beginnt der Tourismus zwischen unseren Ländern

einen immer größeren Stellenwert einzunehmen. Denn diese Insel ist schön, traumhaft schön, sie bietet all das, wonach man sich in unserem Land sehnt: schneeweiße Strände, kilometerlang, klares Meer, in dem der Europäer zu jeder Jahreszeit baden kann, subtropisches Klima, Palmen, eisgekühlte Getränke. Doch der zweifellos exotische Reiz Kubas ist nicht der alleinige Grund für den wachsenden Tourismus, der besonders günstig und informativ von dem Reiseunternehmen „Hansa-Tourist“[5] betrieben wird. Das Interesse an Spezialreisen nimmt zu. Etwa Gruppen von Lehrern und Erziehern, die sich insbesondere für das Erziehungswesen auf Kuba interessieren und für die ein besonderes Reiseprogramm zugeschnitten wird. Das gleiche trifft auf Mediziner, Juristen, Journalisten, Landwirte, Gewerkschafter zu. Ohne Zweifel werden die Weltfestspiele der Jugend in Havanna den Besucherstrom gerade junger Menschen aus unserem Lande nach Kuba fördern.

Auch die Beziehungen auf kulturellem Gebiet wachsen, wenn auch noch nicht durch die Bonner Behörden gefördert oder unterstützt. So ist für das junge Dokumentarfilmschaffen der kubanische Film in vieler Hinsicht Vorbild. Namen wie Santiago Alvarez sind in Kassel oder München, in Hamburg oder Köln ein Begriff. Das kubanische grafische Schaffen, die Plakatkunst, die Karikatur hat in unserem Lande in der demokratischen Kultur einen hohen Rang. Die kubanische Folklore, der Tanz und die Musik erobern sich die Herzen junger Menschen in unserem Lande. Die Pressefeste der UZ, die Veranstaltungen der SDAJ, des MSB Spartakus, der Festivalkomitees haben in Zusammenarbeit mit dem Verlag „Pläne“[6] gerade der kubanischen Folklore Geltung in unserem Lande verschafft. Einer der bedeutendsten modernen Komponisten unseres Landes, Hans Werner Henze, schrieb zwei szenische Kantaten, „El Cimarrón“ und „La Cubana“, gewidmet der kubanischen Revolution. Die kubanische Malerei erobert sich progressive Galerien in unserem Lande.

Es tut sich etwas, und es wäre an der Zeit, daß im

Rahmen eines Kulturabkommens dieser vielfältige Austausch staatliche Förderung durch die Regierung in Bonn erhielte. Ich möchte in diesem Zusammenhang auf den wohl auffälligsten und für breite Teile der Bevölkerung unseres Landes erstaunlichsten Ausdruck des Aufstiegs Kubas aufmerksam machen, den Sport. Da spätestens jetzt der Leser spürt, daß es mir mit diesem Vorwort darauf ankommt, vorhandenes Interesse für Kuba und die kubanische Revolution zu vertiefen, neues Interesse zu wecken, kurz, Appetit auf ein wichtiges Buch über ein wichtiges und zugleich liebenswertes Volk und seine Befreiung zu machen, sei es mir gestattet, die Form zu wechseln. Beim Thema Sport möchte ich etwas erzählen:

Er kam aus den Slums von Havanna. Bettelarm, aber große Fäuste. Breite Schultern, aber lesen und schreiben konnte er nicht. Er nannte sich Kid Paret. Richtiger, sein Manager aus dem US-Box-Profi-Business nannte ihn so. Er könne ihn so „besser verkaufen“. Und Kid Paret, der seine Verträge mit sinnlosen Schnörkeln unterschrieb, kletterte in den Ring, um den „schmutzigen Lorbeer“ zu erringen. Um die „Welt der unbegrenzten Möglichkeiten“ zu erobern. Einer der vielen kubanischen Jungen, die man für eine Mangofrucht und ein paar Zigarren und leere Versprechungen „erwerben“ konnte. Kid Paret brachte es sogar bis zum Weltmeister in seiner Gewichtsklasse. Aber er starb im Ring. Ausgebrannt, nach einer Serie schwerster Kämpfe.

Das war die vorrevolutionäre Zeit auf Kuba. Als das Land soviel Analphabeten hatte wie Palmen. Natürlich wurde damals auf der Insel Sport getrieben. Golf zum Beispiel, auf Plätzen, deren Rasen von Bluthunden bewacht wurde. Ja, es wurde geschwommen, an Traumstränden von Varadero oder Santa Maria. Doch kein Kubaner war zu sehen, es sei denn, er trug ein Tablett. Hier kam auf einen Yankee ein Kilometer Sandstrand. Gewiß, das Land hatte einen Sportler hervorgebracht, der Weltgeltung besaß: Capablanca, den Schachweltmeister. Doch von Massen-

sport keine Spur. Wie denn auch? Schulsport, wenn es kaum Schulen gab? Massensport ohne Sportplätze? Auch auf diesem Gebiet dämmerte die Insel in ihrem halbfeudalen und halbkolonialen Trancezustand dahin.

München. September 1972. Olympisches Boxturnier. Die siebentausend in der zur Boxarena umfunktionierten Eishalle erwarten einen spannenden Kampf im Schwergewicht. Besonders viele US-Amerikaner schwingen hoffnungsvoll das Sternenbanner. Duane Bobick, „Amerikas weiße Hoffnung", soll siegen, wird siegen, er wird es dem „Schwarzen" aus Kuba schon zeigen. Duane Bobick gilt als härtester Schläger der USA. Ein Profivertrag ist bereits unterzeichnet. Der Olympiasieg soll diesen Vertrag vergolden. Duane schält sich aus seinem Goldlamé-Mantel, tänzelt in seiner Ecke, läßt grüßend die Fäuste über dem Seil schwingen, seine Fans jubeln. Ihm gegenüber ein Modellathlet, kühl, sachlich, er wirkt fast gelangweilt. Teofilo Stevenson, Kuba. Der Gong zur ersten Runde ertönt. Erstes Abtasten. Dann zuckt sie heraus, die Rechte des Kubaners, trifft Duane voll am Kopf. „Amerikas weiße Hoffnung" sitzt am Boden, hört den Ringrichter zählen, die Uhr zeigt: 45 Sekunden sind vergangen. Duane kommt wieder hoch, wird zwei-, dreimal von Stevenson durchgeschüttelt, dann schlägt wieder die Rechte ein. Aus. K.o.! Knapp 50 Sekunden dauerte die Hoffnung auf das Gold, vorbei. Später wird Teofilo Stevenson Olympiasieger neben zwei weiteren kubanischen Sportlern.

25. Juli 1976. Im sonnendurchfluteten Olympiastadion von Montreal herrscht atemlose Stille. 800-m-Endlauf der Herren. Für die 72 000 auf den Rängen, fast durchweg Nordamerikaner, gibt es keine Frage. Rick Wohlhuter (USA) wird gewinnen. Der Startschuß fällt, und es beginnt eines der unglaublichsten Rennen in der olympischen Geschichte. Alberto Juantorena, der 1,89 m große Basketballer aus Kuba, läuft seine Gegner in Grund und Boden. Er startet wie ein Sprinter, auf den Rängen erwartet man, daß der Kubaner dieses mörderische Tempo niemals durchhalten kann und er auf der Zielgeraden „sterben“ wird. Doch das Gegenteil tritt ein. Eingangs der Zielgeraden zieht Alberto Juantorena noch einmal das Tempo an und stürmt mit 1 min 43,50 sec, das ist neuer Weltrekord, ins Ziel. Goldmedaille.

Der ehemalige Weltrekordmann Moens aus Belgien sagt einem Reporter diesen Satz ins Mikrophon: „Der größte Lauf, den ich jemals gesehen habe.“ Zwei Tage später. Alberto startet im Endlauf über 400 m. Wieder heißen die Favoriten Frazier und Newhouse, kommen aus den USA. Doch der Sieger heißt Alberto Juantorena. Er habe seine Olympiasiege „als Beitrag zum Jahrestag des Angriffs auf die Kaserne Moncada am 26. Juli 1953 durch Fidel Castro verstanden“, erklärt Alberto Juantorena den Reportern.

González Guerra, Präsident des kubanischen Olympischen Komitees, sagt nach Abschluß der Spiele von Montreal: „Erinnern wir uns. Nach dem 14. Rang in München stehen wir heute schon an 8. Stelle in der Medaillenwertung. Wir erreichten doppelt so viele Goldmedaillen wie alle anderen Staaten des amerikanischen Kontinents zusammen, mit Ausnahme der USA natürlich.“

In der Tat, auf der karibischen Insel Kuba mit seinem Volk von neun Millionen Menschen war eine Großmacht des Sports entstanden. Mehr noch als die Olympischen Spiele haben das die Panamerikanischen Spiele dokumentiert. Diese Sportkämpfe, seit 1951 veranstaltet, waren stets Heimspiele der USA, ganz gleich wo sie veranstaltet wurden. Die anderen Nationen hatten die Garnierung für die Siege der USA zu stellen. Bis dann 1963 Kuba, das neue Kuba, auf den Plan trat.

Es wird Zeit, die Frage nach dem Geheimnis der Sporterfolge Kubas zu beantworten. Wieso ist Kuba heute führend in der Leichtathletik, im Boxen, im Volleyball, im Judo, im Baseball? Warum tritt dieses Volk plötzlich in Disziplinen hervor, die früher auf der Insel völlig unbekannt waren, etwa Radfahren, Rudern, Turnen und andere Sportarten? Der Grund ist: Weil mit der nationalen und antiimperialistischen Befreiung die soziale Befreiung des kubanischen Volkes sich Bahn brach. Mit der beginnenden sozialistischen Umwälzung begann die kulturelle Revolution. Es wurden Schulen gebaut, und damit zog erstmalig in der kubanischen Geschichte der Schulsport in die gesellschaftliche Wirklichkeit des Landes ein. Aus den Gewinnen der verstaatlichten Industrien wurden Bildungs- und kulturelle Einrichtungen finanziert. Auf Kuba entstanden Sportzentren, Schwimmbäder, Turnhallen. Doch woher die Trainer nehmen in einem Land, das Sport nur als Hobby der High-Society kannte? Der erste kubanische Boxtrainer kam aus der DDR. Talentierte kubanische Sportstudenten gingen zur Ausbildung in die Sowjetunion und andere sozialistische Länder. Bis der eigene Kader an Trainern, Sportmedizinern und Sportlehrern herangebildet war. Das ist längst Geschichte.

Heute ist Kuba in Sportarten wie Boxen oder Volleyball selbst ein Land, das anderen Entwicklungshilfe gibt. Das große Geheimnis der kubanischen Leistungsexplosion auf dem Gebiete des Sports, das ist die sozialistische Gesellschaft. Wo ein System des Volks- und Massensports frei von gesellschaftlichen Privilegien herrscht, dort stellt sich geradezu zwangsläufig der Erfolg in den Bereichen des Spitzensports ein.

Hinzu kommt das moralische Motiv. Ein Volk, das jahrhundertelang unterdrückt, in kolonialer Abhängigkeit gehalten und vom Imperialismus geknebelt wurde, ein solches Volk setzt nach seiner Befreiung ungeheure moralische und kulturelle Potenzen frei. Wer etwa die kubanischen Sporterfolge auf die Prokopfzahl der Bevölkerung umsetzt, der wird feststellen, daß Kuba die riesigen USA längst überholt hat.

Kuba spielt eine wichtige Rolle in der weltpolitischen Arena. Es ist Mitglied der sozialistischen Staatengemeinschaft, es unterhält zu 85 Staaten diplomatische und Handelsbeziehungen, und die Kommunistische Partei Kubas nimmt in der kommunistischen Weltbewegung einen her-

vorragenden Platz ein. Einen besonderen Stellenwert in der kubanischen Politik haben die Beziehungen zu den jungen Nationalstaaten und antiimperialistischen Befreiungsbewegungen in Lateinamerika, Afrika und Asien. Die kubanische Revolution ist von den Prinzipien des Internationalismus geprägt. Antiimperialistische internationale Solidarität haben die Kubaner in ihren schwersten Stunden von der Sowjetunion und den anderen sozialistischen Staaten erfahren, das ist tief in das Bewußtsein dieses Volkes eingedrungen, und längst sind die kubanischen Revolutionäre in der Lage, Befreiungsbewegungen ihre Unterstützung zu geben.

Kuba hat sich eng mit dem Befreiungskampf der MPLA in Angola verbunden und aktive Solidarität geübt. Das hat in der Massenpresse unseres Landes ein gehässiges Echo ausgelöst, und verzerrte Darstellungen des kubanischen Engagements in Angola gehören zum Vokabular reaktionärer Politiker in unserem Lande. Ich möchte darum Fidel Castro selbst zu Wort kommen lassen:

„Es geht dabei vor allem um eine sehr wichtige Frage der internationalen Politik. Wie Ihr wißt, wird unser Land, ein kleines Land auf der anderen Seite des Atlantiks, fortwährend von den Imperialisten bedroht. Die Imperialisten haben eine Wirtschaftsblockade gegen Kuba verhängt, die bereits mehr als 17 Jahre dauert. Die Yankee-Imperialisten forderten, daß Kuba seine militärische Zusammenarbeit mit Angola einstellen sollte, und drohten, falls Kuba dem nicht nachkommen würde, die Blockade und die Feindseligkeiten gegen unser Land fortzusetzen.

Deswegen möchte ich die Gelegenheit benutzen, um Kubas Position darzulegen. Unsere militärische und zivile Zusammenarbeit mit der angolanischen Regierung beruht auf Vereinbarungen zwischen den Regierungen von Angola und Kuba. Diese Zusammenarbeit werden wir niemals zum Gegenstand von Verhandlungen mit den Imperialisten machen. Sie können tun, was sie wollen, und sagen, was sie wollen, aber diesen Punkt werden wir niemals zum

Gegenstand von Verhandlungen mit den Imperialisten machen. Sie haben kein Recht zu sagen, wie die Brudervölker von Angola und Kuba zusammenarbeiten sollen.

Es gibt Vereinbarungen zwischen Angola und Kuba, welche Waffen und wie viele kubanische Kämpfer für wie lange in Angola bleiben werden. Die Regierungen von Angola und Kuba haben darüber entschieden, und wir brauchen darüber nicht mit den Yankee-Imperialisten zu diskutieren.

Logischerweise nahm die Zahl der kubanischen Kämpfer in Angola nach Ende des Krieges ab, und die Zahl der zivilen Mitarbeiter zum Wiederaufbau des Landes nimmt zu.

Und in diesem Kampf für den Wiederaufbau Eures Landes werden wir Kubaner an der Seite unserer angolanischen Brüder und Schwestern sein. Wir werden weiterhin Ärzte, Krankenschwestern und medizinisch-technisches Personal schicken, die mit Euch im Kampf gegen Krankheit und bei der Rettung von Menschenleben zusammenarbeiten. Wir werden mit Euch in der Landwirtschaft, im Bauwesen und Verkehrswesen, in der Fischerei und bei der Entwicklung der Industrie zusammenarbeiten. Wir werden weiterhin auf jegliche Art und Weise mit Euch zusammenarbeiten.

Und unsere Beziehungen werden sich weiter entwickeln, weil sie auf Grundsätzen basieren. Was ist der Hauptgrundsatz, auf dem unsere Zusammenarbeit aufbaut? Unser absoluter Respekt vor der Souveränität Eures Landes, unser absoluter Respekt vor Euren inneren Angelegenheiten; und unsere Loyalität gegenüber der MPLA, der Führung der MPLA und besonders gegenüber dem Genossen Neto.

Und dies ist unsere grundsätzliche Politik gegenüber allen Brudervölkern in Afrika, mit denen wir zusammenarbeiten: Respekt vor ihrer Souveränität, Respekt vor ihren inneren Angelegenheiten und Loyalität gegenüber den Genossen Führern dieser Länder, die uns vertrauen.

In der Vergangenheit war es unmöglich, von Unabhängigkeit in Afrika zu sprechen. Wenn jemand von Unabhängig-

keit zu reden wagte, wurde er ins Gefängnis geworfen oder umgebracht. In der Vergangenheit durfte niemand ein Wort gegen den Kapitalismus sagen, niemand durfte vom Sozialismus reden. Wenn jemand irgend etwas über den Sozialismus sagte, wurde er ins Gefängnis geworfen oder umgebracht. Tatsächlich gibt es heute noch immer welche, die zwar vom Sozialismus zu reden beginnen, aber immer noch Angst vor dem Imperialismus haben. In Kuba und Angola jedoch sprechen wir vom Sozialismus. Aber wir sprechen nicht lediglich vom Sozialismus, wir sprechen vom wissenschaftlichen Sozialismus. Es ist wahr, es gibt auch Leute, die vom wissenschaftlichen Sozialismus reden, aber nicht weitergehen. Wir Kubaner und Angolaner sprechen über den wissenschaftlichen Sozialismus, über Internationalismus und über Marxismus-Leninismus, und wir scheuen uns nicht, auf unseren Versammlungen die Porträts von Marx, Engels und Lenin zusammen mit den Bildern unserer nationalen Persönlichkeiten und Helden zu zeigen.

Und das ist es, was uns einander näherbringt: das war es, was Genosse Neto meinte, als er sagte, nicht die Geographie eine uns, sondern die Ideologie. Aber auch die Geschichte eint uns; uns eint eine Tradition des Kampfes gegen Sklaverei, Kolonialismus und Imperialismus. Außerdem sind wir geographisch nicht allzuweit voneinander entfernt. Es heißt, daß die Entfernung zwischen Kuba und Angola 10000 km beträgt, aber die Schiffe fahren heutzutage ziemlich schnell, Flugzeuge fliegen jeden Tag schneller, und die Nachrichtenübermittlung erfolgt schon beinahe unmittelbar.“[7]

Man spricht in den Massenmedien unseres Landes von der „Dritten Welt“, und Politiker aus Bonn benutzen nur allzugern den Begriff „Entwicklungshilfe“, der so charitativ klingt, so selbstlos. Was wird in dieser „Dritten Welt“ entwickelt, und wem wird dort geholfen? Nehmen wir Lateinamerika. Da treten deutsche Großkonzerne auf den Plan, treiben Kapitalexport und spekulieren völlig „selbstlos“ mit der billigsten Arbeitskraft der Welt, der der Indios. Da werden die Reichtümer dieser Länder, ihre Bodenschätze, „unter Kontrolle" gebracht und ausgebeutet. Da „entwickeln" sich märchenhafte Gewinne, und Aktionären wird „geholfen".

Das ist die Welt, die der junge argentinische Medizinstudent Ernesto Guevara in Lateinamerika studierte, auf einer Reise im Jahre 1951, die ihn durch Chile, Peru, Kolumbien und Venezuela führte. Ihm, der davon träumte, ein Forscher zu werden, wird auf dieser ersten Reise durch Lateinamerika bewußt: Medizinische Wissenschaft allein wird den Indios, den landlosen Bauern, den Elenden aus den Slums der großen Städte, den Arbeitern aus den Kupferminen nicht helfen können, denn Rechtlosigkeit ist nicht mit Medikamenten zu beseitigen. „Che" sagt später über diese Zeit:

„Ich habe gesehen, wie ein Kind nicht behandelt werden konnte, weil kein Geld da war, wie die Menschen infolge des ständigen Hungers und der ewigen Leiden auf einen Zustand absinken, in dem für einen Vater der Tod seines Kindes ein unerheblicher Zwischenfall ist. Und da begriff ich, daß es Dinge gibt, die mir fast genauso wichtig erschienen wie ein berühmter Forscher zu werden und einen wesentlichen Beitrag zur medizinischen Wissenschaft zu leisten, nämlich: diesen Menschen zu helfen."

Die Geschichte der Befreiungskämpfe der Völker ist immer auch und zugleich die Geschichte hervorragender und außergewöhnlicher Menschen. Der argentinische Arzt, der lateinamerikanische Revolutionär und kubanische Freiheitskämpfer Ernesto „Che" Guevara ist eine dieser Persönlichkeiten, die in diesem Jahrhundert der großen Veränderungen eine bleibende Spur hinterließen. Und wer dieser Spur folgt, der kommt nach Kuba, der erlebt das erste freie Volk Lateinamerikas.

Mehr als zehn Jahre sind seit dem feigen Mord an Che vergangen. Doch sein Name, sein Leben, sein Kampf haben überlebt. Kein Wunder, daß ihn die Imperialisten haßten und Kräfte, die nicht oft genug von Revolution reden kön-

nen, aber dem realen Sozialismus feindlich gegenüberstehen, die den politischen Massenkampf der Völker negieren und statt dessen auf Abenteurertum setzen, Anarchisten, Trotzkisten und Maoisten, versuchen, Che Guevara zu vereinnahmen, um ihn für ihre reaktionären Ziele zu mißbrauchen.

Che ging nach Bolivien. Doch seine Hoffnungen sollten sich nicht, konnten sich nicht erfüllen. Trotz der ausgeprägten objektiven Faktoren für den antiimperialistischen demokratisch-revolutionären Kampf gegen das Barrientos-Regime fehlten viele jener Faktoren, die der kubanischen Revolution dienlich waren, fehlte es vor allem am subjektiven Faktor für eine bolivianische Revolution. Das bekannte „Bolivianische Tagebuch" von Che hält diesen Kampf in allen Phasen fest. Es ist ein Zeugnis des flammenden Willens, der nie versiegenden Hoffnung, und es ist zugleich ein Erkennen und Bekennen eigener Fehleinschätzungen. Dieses Tagebuch hat die Züge einer Tragödie, denn es beschreibt den heroisch-verzweifelten Kampf gegen eine riesige Übermacht.

Neben José Martí, Antonio Maceo und Fidel Castro wird Che heute auf Kuba als Nationalheld verehrt. Für die fortschrittliche Jugend der Welt wurde er zu einem revolutionären Ideal. Sein Name und sein Tod brachten überall auf der Welt einen neuen Aufschwung der antiimperialistischen Bewegung.

Dies Buch vermittelt den entscheidenden Zeitabschnitt in der Geschichte Kubas. Wir wissen heute längst, daß die kubanische Revolution das bedeutendste Ereignis dieses Jahrhunderts für den gesamten amerikanischen Kontinent darstellt. Denn es markiert den Aufbruch der lateinamerikanischen Völker in die Freiheit. Wenn heute die Freiheitsbewegungen in der „Dritten Welt", die jungen Nationalstaaten im weltpolitischen Entwicklungsprozeß eine immer größer werdende Rolle spielen, dann gehört das Wissen um den Freiheitskampf des kubanischen Volkes zu den Elementarkenntnissen eines politisch denkenden Menschen.

Dieses Buch ist also Geschichts- und Lehrbuch zugleich.

In einer Zeit, wo von dem „Nord-Süd-Konflikt" gesprochen wird, wo die früheren Kolonialmächte ihre Kolonialministerien in „Entwicklungsministerien" umbenannten, wo neue Kolonialstrategien „erprobt" werden, wo der Kapitalexport in die Staaten der „Dritten Welt" riesige Ausmaße annimmt, in dieser Zeit braucht man als politisch denkender Mensch – ganz gleich, ob Gewerkschafter, Student oder Lehrer – einen Kompaß, der die realen Entwicklungstendenzen in Afrika, Asien oder Lateinamerika anzeigt. Dieses Buch ist ein solcher Kompaß.

Gerade in unserem Lande fehlt es nicht an Propheten und Wahrsagern, sie sind insbesondere in den elektronischen Massenmedien zu Hause, die orakeln und Pseudoinformationen verbreiten, sich den Anschein geben und ihn auf die Fernsehzuschauer zu übertragen suchen, als sei der Bundesbürger genauestens informiert über die Vorgänge draußen in der Welt. Wer sich die bürgerliche Berichterstattung über den kubanischen Weg ansieht und sie mit den Realitäten, die dieses Buch darlegt, vergleicht, der weiß, wie in Wirklichkeit der Bundesbürger mit Halbwissen und Fehleinschätzungen überfüttert wird.

In einer Zeit, wo es die reaktionärsten Politiker unseres Landes für geraten halten, sich an die Brust der blutigsten Regime in der „Dritten Welt" zu werfen – Strauß warf sich in die Arme des Faschisten Pinochet und Dregger in die des Rassisten Vorster –, in einer solchen Zeit ist das Gebot fester Solidarität mit allen Völkern Lateinamerikas, Asiens und Afrikas die Aufgabe der demokratischen Kräfte in unserem Land, erfüllt von der Erkenntnis, daß die Kraft der befreiten Völker wirklich Großes zu leisten vermag. Wer heute nach Kuba reist, wer heute dieses Land, dieses Volk erlebt, wer sieht, wie dort all das überwunden wurde, was hier noch bedrückender Alltag ist: Arbeitslosigkeit, Jugendarbeitslosigkeit, Bildungsmisere, der weiß um die Richtigkeit und die historische Notwendigkeit der kubanischen Revolution.

Gewiß, nichts ist schematisch übertragbar, jedes Volk muß seinen eigenen Weg zur sozialen und nationalen Befreiung finden und gehen, aber übertragbar und aktuell, auch für uns in der Bundesrepublik, ist das Wissen um die große Kraft des Volkes, wenn es einheitlich handelt.

Kuba, das ist ein erneuter Beweis für den Triumph der großen Ideen, die in unserem Jahrhundert die Welt verändern, das ist der erneute Beweis, daß die Zukunft der Menschheit auf allen Kontinenten der Freiheit und dem Sozialismus gehört.

Fritz Noll

1 Fidel Castro, Rechenschaftsbericht vor dem I. Parteitag der Kommunistischen Partei Kubas.
2 Islas, vol. XI, 1969, p. 41.
3 Osvaldo Dorticós Torrado, Discurso pronunciado ante la Asamblea General de la ONU, en el XII periodo de sesiones. Nueva York, 8. 10. 1962.
4 Freundschaftsgesellschaft BRD—Kuba. Postfach 3103, 4800 Bielefeld 1.
5 Hansa-Tourist, Hamburger Straße 132, 2000 Hamburg 76.
6 Verlag Pläne, Braunschweiger Straße 20, 4600 Dortmund.
7 Fidel Castro, Rede in Luanda, Angola, April 1977.

Die revolutionären Traditionen des Befreiungskampfes des kubanischen Volkes

> Die Geschichte unseres Heimatlandes ist kurz, aber sie ist reich an Erfahrungen heldenhaften und revolutionären Kampfes ... Hunderttausende von Söhnen unseres Heimatlandes haben den Weg zur Freiheit mit ihrem Blut getränkt. Sie haben den kommenden Generationen ein unsterbliches Beispiel an Standhaftigkeit und Patriotismus hinterlassen.
>
> Aus der Rede des Genossen Fidel Castro
> auf der Großkundgebung in Havanna
> am 29. Januar 1974

Die Geschichte des Freiheitskampfes des kubanischen Volkes hat viele ruhmreiche Seiten. Der Widerstand der einheimischen Bevölkerung, der Indianer, gegen die spanischen Konquistadoren, die die Insel Anfang des 16. Jahrhunderts zu einer Kolonie der spanischen Krone erklärten, die zahlreichen Aufstände der Negersklaven, die von den Kolonialisten aus Afrika nach Kuba verschleppt worden waren, die kühnen Erhebungen kubanischer Patrioten gegen das spanische Kolonialjoch und schließlich der mutige Kampf der Volksmassen gegen die gierigen Ansprüche ausländischer, vor allem nordamerikanischer Monopole und der einheimischen Reaktionäre – das sind die wichtigsten Marksteine auf dem schweren und opferreichen Weg der Befreiungsbewegung des kubanischen Volkes.

Im ersten Viertel des 19. Jahrhunderts errangen die spanischen Kolonien in Amerika nach langem und zähem Kampf die Unabhängigkeit. Nur die Inselbesitzungen Spaniens – Kuba und Puerto Rico – blieben sieben weitere Jahrzehnte lang unter der Herrschaft der spanischen

Denkmal für den haitianischen Indianerhäuptling Hatuey in Baracoa; Hatuey rief die Indianer Ostkubas zum Widerstand gegen die spanischen Eroberer auf und wurde von diesen lebendig verbrannt.

Krone. Spanien klammerte sich erbittert an die „Perle der Antillen“, die seinen Händen langsam entglitt. Die strategische Lage der Insel an der Kreuzung wichtiger Wege aus dem Atlantik in das Karibische Meer und den Golf von Mexiko sowie deren fruchtbare Ländereien veranlaßten die Kolonialisten zur Anspannung all ihrer Kräfte, um Kuba in ihrem Kolonialsystem zu halten. Die Insellage Kubas war ein ernstes Hindernis für die Pläne Bolívars und anderer Führer des Befreiungskrieges in Lateinamerika, die danach strebten, das spanische Kolonialjoch auf dem gesamten amerikanischen Kontinent abzuschütteln. Aber ein noch größeres Hindernis auf diesem Weg waren die USA-Kolonialisten, die nicht wollten, daß Kuba unter die Kontrolle Großbritanniens oder Frankreichs kam oder gar die Unabhängigkeit erlangte. Die expansionistischen Kreise der USA spekulierten darauf, daß Kuba, das zunächst eine Kolonialbesitzung der schwachen spanischen Monarchie blieb, letztendlich in den unmittelbaren Einflußbereich der USA geraten würde.

Dieser Standpunkt erhielt in den interamerikanischen Beziehungen die Bezeichnung „Theorie von der reifen Frucht“, nach der Kuba, gleichsam eine Frucht am spanischen Baum, nach Erreichung der Reife unvermeidlich in die Hände der USA fallen mußte. Der Autor dieser „Theorie“ war der Staatssekretär und spätere Präsident der Vereinigten Staaten, John Quincy Adams, der bereits im Jahre 1823 schrieb: „Die Politik gehorcht, wie die Physik, den Gesetzen der Gravitation. Und wie ein Apfel, durch den Sturm von dem Baum seiner Herkunft gerissen, nur auf den Boden fallen kann, so kann auch Kuba, durch Gewalt aus seiner widernatürlichen Fesselung an Spanien gerissen und unfähig, sich selbst zu regieren, nur der Schwerkraft in Richtung der Vereinigten Staaten folgen, die, dem gleichen Naturgesetz unterworfen, es nicht von ihrem Herzen stoßen können.“[1] Die nordamerikanischen expansionistischen Kreise warteten auf ihre Stunde.

Es muß hinzugefügt werden, daß ein ernstes Hindernis

Die alte Stadt Trinidad (gegr. 1514) ist reich an historischen

Bauten aus der spanischen Zeit.

Die altspanische Festung „El Morro" an der Bucht von Santiago

auf dem Weg der Befreiungsbewegung die einheimischen Plantagenbesitzer und Sklavenhalter waren, die die Aufhebung der Sklaverei und den Verlust ihrer Privilegien fürchteten. Trotz zahlreicher Hindernisse führten die kubanischen Patrioten das ganze 19. Jahrhundert hindurch einen mutigen und beharrlichen Kampf gegen die spanischen Kolonialisten, um sich vom Kolonialjoch zu befreien.

Ein wichtiger Markstein in der nationalen Befreiungsbewegung des kubanischen Volkes war der zehnjährige Krieg für die Unabhängigkeit und Aufhebung der Sklaverei (1868–1878), der unter der Bezeichnung „Großer Krieg" in die Geschichte Kubas einging. Im Verlauf dieses Krieges zeichnete sich eine ganze Reihe heldenhafter Kämpfer aus, die dem Volk treu dienten und den Grundstock für die ruhmreichen, von den nachfolgenden Generationen sorgsam gehüteten Traditionen der nationalen Befreiungsbewegung Kubas legten. Auch heute noch sind sie im Volk hoch verehrt. Zu ihnen gehört vor allem der hervorragende

Denker und Revolutionär José Martí, der sein ganzes Leben der edlen Sache der Befreiung des Heimatlandes weihte. Die Kubaner nennen ihn liebevoll den „Apostel der Unabhängigkeit". Seine Ideen haben den progressiven politischen Ansichten mehrerer Generationen von Revolutionären ihren Stempel aufgedrückt. Des weiteren sind zu nennen Carlos Manuel de Céspedes, Antonio Maceo, Calixto García, Manuel de Quesada, Ignacio Agramonte, Flor Crombet und viele andere begabte Heerführer, unter deren Befehl die Befreiungsarmee der kubanischen Patrioten den spanischen Truppen, die zahlenmäßig um ein Vielfaches überlegen und besser bewaffnet waren, eine Reihe vernichtender Niederlagen beibrachte.

Der zehnjährige Kampf des kubanischen Volkes, der nicht nur Siege, sondern auch Niederlagen kannte, stählte die Patrioten, brachte den Prozeß der Herausbildung der kubanischen Nation zum Abschluß und rückte das ersehnte Ziel – die Unabhängigkeit – näher. Und obwohl die Aufständischen, die Mambises, den militärischen Sieg über die spanische Krone, die Hunderttausende ausgesuchte Soldaten auf die Insel schickte, nicht erringen konnten, ist die Bedeutung des zehnjährigen Krieges für die Unabhängigkeit des Landes und für die Aufhebung der Sklaverei nicht hoch genug einzuschätzen.

Im Ergebnis dieses Krieges wurde auf Kuba die Sklaverei abgeschafft und wurden die Grundlagen für die späteren Siege der kubanischen Patrioten gelegt. Seine Erfahrungen und Kampftraditionen wurden später von den kubanischen Revolutionären weitgehend genutzt.

„... Die großen Schlachten der Geschichte konnten nur deshalb ausgetragen und die großen Aufgaben der Revolution nur deshalb gelöst werden", schrieb W. I. Lenin, „weil die fortgeschrittenen Klassen zu wiederholten Malen vorgestoßen sind und, um die Erfahrungen der Niederlagen reicher geworden, den Sieg errangen."[2] Dieser glänzende

Blick von „El Morro" auf die Hauptstadt Havanna

Leninsche Leitsatz läßt sich durchaus auch auf den Großen Krieg von 1868–1878 anwenden; er kostete zwar die kubanischen Patrioten viele Opfer, wurde aber für sie dennoch zu einer wichtigen Kampfschule, brachte die vortrefflichen Heerführer aus dem Volk hervor, unter deren Führung die Volksarmeen zwanzig Jahre später die Horden der spanischen Kolonialisten letztendlich zerschlugen.[3]

Die Aufhebung der Sklaverei förderte die industriekapitalistische Entwicklung, doch war es ein komplizierter Prozeß. Die spanische Metropole suchte ihre Herrschaft über die kapitalistische Plantagenkolonie mit Gewalt zu erhalten; sie bremste die Entwicklung der nationalen Industrie und des nationalen Handels, diskriminierte auch weiterhin die entstehende kreolische Industriebourgeoisie und konservierte die auf der Monokultur beruhende Entwicklung der Landwirtschaft.

Die räuberische Kolonialpolitik der Metropole führte zur grausamsten Ausbeutung und zur völligen Rechtlosigkeit des Volkes, auf dessen Schultern die schwere Bürde des Unterhalts der parasitären Kolonialverwaltung abgewälzt wurde. Alljährlich eignete sich das Schatzamt der Metropole 50 Prozent der Einkünfte aus der Ausbeutung der natürlichen und ökonomischen Ressourcen der Insel an. In den Jahren 1894/1895 gelangten noch nicht einmal 3 Prozent des Nationaleinkommens in die Schatzkasse Kubas. Die übrigen Mittel wurden für den Unterhalt der Kolonialarmee, der Flotte, des bürokratischen Apparats usw. verbraucht.[4] Eine gewaltige Summe machten die Steuern aus, die an die Metropole abgeführt wurden. So belief sich das Steueraufkommen allein in den Jahren 1874–1894 auf 50 Millionen Peso.[5] Der Abfluß des Kapitals in die Metropole und die Knebelbedingungen im Handel mit ihr erschwerten ernsthaft die Entwicklung der nationalen kubanischen Wirtschaft. Dennoch bahnte sich die kapitalistische Ordnung, wenn auch langsam, so doch stetig den Weg. In vieler Hinsicht wurde dieser Prozeß durch das Eindringen des amerikanischen Kapitals in die Wirtschaft

Kubas gefördert. Er verstärkte sich nach dem Großen Krieg und ruinierte viele Latifundistas. Ihre Besitzungen wurden zu Spottpreisen von amerikanischen Unternehmern erworben. Diese führten neue, industriemäßige Methoden der Rohzuckerproduktion ein, kauften und modernisierten Tabakfabriken, Manganerzminen usw.

Mit der Entwicklung der Industrie untrennbar verbunden war die Herausbildung des kubanischen Proletariats. Im Januar 1892 fand der I. Nationale Arbeiterkongreß statt, der das wachsende Bewußtsein des Proletariats demonstrierte und den Kampf für nationale Unabhängigkeit und nationalen Fortschritt zu vordringlichen Aufgaben erklärte.

Ein wichtiger Meilenstein in der Geschichte der nationalen Befreiungsbewegung war die im Januar 1892 erfolgte Gründung der Revolutionären Kubanischen Partei (Partido Revolucionario Cubano), die dazu berufen war, alle patriotischen Kräfte des Landes zusammenzuschließen und sich an die Spitze des Volkskampfes gegen die spanischen Eroberer zu stellen. Schöpfer und Ideologe der Partei war der große Sohn des kubanischen Volkes José Martí. Sein Wirken hatte großen Einfluß auf die Herausbildung der „Bewegung des 26. Juli". „Martí hat uns gelehrt", so betonte Fidel Castro, „unsere Heimat heiß zu lieben, die Freiheit, Ehre und Würde des Menschen leidenschaftlich zu verteidigen, hat uns Haß gegen die Despotie und unbegrenzten Glauben an das Volk gelehrt. In seiner revolutionären Propaganda sind die Grundlage unserer Moral und die historische Gesetzmäßigkeit unserer bewaffneten Aktionen eingeschlossen. Daher sagen wir, daß José Martí der geistige Inspirator der Bewegung des 26. Juli gewesen ist."[6] Nach gründlichem Studium der Lehren des zehnjährigen Krieges gelangte der revolutionäre Demokrat José Martí zu einigen wichtigen Schlußfolgerungen. Sorgfältige Vorbereitung des Aufstandes, breite Propagierung der Ideen der Befreiung des Landes vom spanischen Joch sowohl auf Kuba als auch in den USA und in den Ländern

Lateinamerikas, umfassende Vorbereitung des Volkes zum Kampf auf Kuba sowie Vorbereitung im Ausland auf die Landung einer Gruppe von Revolutionären in der Provinz Oriente, die reich an revolutionären Traditionen war, Schaffung einer revolutionären Organisation – das waren die Bedingungen, die Martís Ansicht nach zur Erringung der Freiheit unerläßlich waren.

Die neunziger Jahre des 19. Jahrhunderts waren auf Kuba eine Periode heftiger Auseinandersetzungen um die nationale Befreiung. Von 1895 bis 1898 kämpfte das kubanische Volk mit der Waffe in der Hand gegen die spanischen Kolonialisten.[7] Madrid sah sich gezwungen, auf die rebellierende Insel eine fast 300 000 Mann starke Armee zu entsenden. Doch das von den Befreiungsideen begeisterte Volk zerschlug die Heerscharen der Interventen.

Der Befreiungskrieg von 1895–1898 auf Kuba war ein ausgesprochener Volkskrieg. Die Ereignisse dieser Jahre nahmen einen starken Einfluß auf die weitere Entwicklung der Befreiungsbewegung des kubanischen Volkes. Sie zeigten ferner, daß eine militärisch gut ausgebildete Abteilung von Aufständischen (von Maceo befehligte Mambises unternahmen einen „Invasions“feldzug in die von den Spaniern kontrollierten westlichen Provinzen des Landes) die Volksmassen in Bewegung setzen und Siege über die regulären Truppen des Gegners erringen kann.

José Martí sah voraus, daß dem kubanischen Volk der Kampf nicht nur gegen den spanischen Kolonialismus, sondern auch gegen die imperialistischen Gelüste des nördlichen Nachbarn bevorstand.

Und in der Tat hielten die Expansionisten der USA ihre Stunde für gekommen. Um Kuba an sich zu reißen, entfesselten sie im April 1898 einen Krieg gegen Spanien. Das war der erste Krieg der Imperialisten für die Umverteilung der bereits verteilten Welt, der – nach einer Definition von W. I. Lenin – einer der wichtigsten historischen Marksteine der neuen Epoche der Weltgeschichte, der Epoche des Imperialismus, gewesen ist.[8]

Den Imperialisten der USA gelang es damals, dem kubanischen Volk den von ihm errungenen Sieg aus den Händen zu reißen und die Insel – unter dem Vorwand der „Hilfe“ für die Befreiungstruppen der Patrioten – zu okkupieren.

Die Truppen der USA zerschlugen schnell die rückständige und von inneren Widersprüchen zerrissene Armee des monarchischen Spanien. Sie zwangen ihm am 10. Dezember 1898 einen Vertrag auf, nach dem Puerto Rico, Guam und die Philippinen unter die Macht der USA gerieten.

Spanien mußte alle seine „Rechte“ auch auf die ehemalige Kolonie Kuba, die von amerikanischen Truppen okkupiert war, aufgeben.

Mit der Unterzeichnung des Friedensvertrages war der spanisch-amerikanische Krieg beendet. Spanien hatte die Insel verloren. Doch Kuba wurde infolge der Einmischung des nordamerikanischen Imperialismus in den kubanisch-spanischen Krieg, in dessen Verlauf der Herrschaft Spaniens auf der Insel ein Ende gesetzt worden war, aus einer spanischen Kolonie zu einer Halbkolonie der USA.

Am 1. Januar 1899 wurde die Zeremonie der Übergabe der Verwaltung Kubas an die Vereinigten Staaten vollzogen. Die rot-gelben Flaggen Spaniens an den offiziellen Gebäuden wurden durch die Sternenbanner der USA abgelöst. Die Okkupanten nahmen sofort Kontakte mit der agrarkapitalistischen Oberschicht Kubas auf, die es inzwischen bereits fertiggebracht hatte, sich mit dem amerikanischen Kapital eng zu liieren; sie verriet die Interessen der Befreiungsbewegung und ging auf die Seite ihrer neuen „Herren“ über. Aus den Reihen dieser Oberschicht suchten die Interventen die ihnen ergebensten Vertreter aus, um sie später an die Macht zu bringen. Menschen dieses Schlages wurden beauftragt, den Entwurf der ersten Verfassung Kubas auszuarbeiten, der im Februar 1901 der konstituierenden Versammlung zur Erörterung unterbreitet wurde.

Am 25. Februar 1901 brachte USA-Senator O. H. Platt eine Abänderung zu dem vom amerikanischen Kongreß erörterten Gesetz über die Bewilligungen für die Armee (Army Appropriation Bill) ein, deren Text – so forderte die amerikanische Regierung – voll in die Verfassung Kubas aufgenommen werden sollte. Dieser Zusatz machte die Souveränität der künftigen Republik zu einer Fiktion.

Die Platt-Klausel, die eine unheilvolle Rolle in der Geschichte Kubas gespielt hat, lief unter anderem auf folgendes hinaus: Die Regierung Kubas mußte den Vereinigten Staaten das „Recht auf Intervention" faktisch zu jeder Zeit und nach deren Ermessen einräumen; Kuba wurde verpflichtet, an die USA Gelände zu verpachten, das für Marineliegeplätze und Kohlenlager, in Wirklichkeit aber für Marinestützpunkte erforderlich war; die Insel Pinos wurde nicht in die durch die Verfassung festgelegten Grenzen Kubas einbezogen; Kuba wurde in seinem Recht auf Abschluß von Verträgen mit anderen Staaten eingeschränkt.[9] Somit wurde die Souveränität des Landes in den Staub getreten, und Kuba geriet in ein Abhängigkeitsverhältnis zu den USA.

Die Platt-Klausel wurde offen und zynisch genug von General Wood charakterisiert: „Natürlich hat die Platt-Klausel Kuba wenig oder überhaupt keine Unabhängigkeit gelassen ... Die Regierung Kubas darf ohne unsere Zustimmung keine Abkommen schließen, keine Anleihen über festgesetzte Grenzen hinaus aufnehmen, und sie muß sich an bestimmte, ihr vorgeschriebene Bedingungen halten. Alles zeugt offenbar davon, daß die Insel absolut in unseren Händen ist, und ich meine, daß sich keine europäische Regierung finden dürfte, die in der Insel auch nur einen Augenblick lang etwas anderes sieht als sie in Wirklichkeit ist: Sie ist ein regelrechtes Anhängsel der Vereinigten Staaten und als solches von unserer Gnade abhängig. Durch die Kontrolle über Kuba, die zweifellos schnell zu einer Herrschaft werden wird, werden wir praktisch den Welthandel mit Zucker kontrollieren. Das dürfte, so meine ich, ein sehr günstiger Erwerb für die Vereinigten Staaten sein."[10]

Als eine brutale Beeinträchtigung der Souveränität Kubas bezeichnete der Präsident der Republik, Genosse Osvaldo Dorticós, die Platt-Klausel. Gerade so wurde sie fast 33 Jahre lang, bis zu ihrer Aufhebung, von allen fortschrittlichen Kräften der kubanischen Gesellschaft eingeschätzt, und der Terminus „Plattismus" wurde zum Synonym für Preisgabe nationaler Interessen des Landes, für Liebedienerei vor ausländischem Kapital.

Im Mai 1902 wurde aufgrund der neuen Verfassung von Tomás Estrada Palma eine Regierung Kubas gebildet, die sich in starker Abhängigkeit von amerikanischen Monopolen befand.

Durch die Platt-Klausel geschützt, begannen die amerikanischen Kapitalinvestitionen auf Kuba sehr schnell zu wachsen. Sie flossen vor allem in die Zucker- und die Tabakindustrie, den Eisenbahnbau, die Viehzucht und in die kommunalen Betriebe. Belief sich die Summe der amerikanischen Kapitalanlagen im Jahre 1897 auf 435 Millionen Dollar, so war sie bereits im Jahre 1905 auf mehr als das 4,2fache angewachsen und erreichte somit eine Summe von 1841 Millionen Dollar.[11]

Die ökonomische Expansion der amerikanischen Monopole war „juristisch" in dem zweiseitigen Knebelvertrag über die „Gegenseitigkeit" von 1903 (Reziprozitätsabkommen) verankert. Danach setzten die USA Vorzugszölle für die Einfuhr kubanischen Zuckers fest, und Kuba verpflichtete sich gleichzeitig, seine Märkte für den Strom amerikanischer Waren zu öffnen. Diese „Reziprozität" beschleunigte den Prozeß der Konzentration des kubanischen Außenhandels in den Händen eines Landes, der USA. So wuchs Kubas Export in die USA von 77000 Dollar im Jahre 1904 auf 160 Millionen Dollar im Jahre 1913, und von der Gesamtsumme des Außenhandelsumsatzes der Insel in Höhe von 340 Millionen Dollar kamen im selben Jahr auf die USA 300 Millionen Dollar.

Das „Reziprozitätsabkommen" wurde, nach einem Ausdruck des sowjetischen Forschers A. D. Bekarewitsch, in den Händen der USA-Regierung zu einem wichtigen Mittel, um die Konkurrenten der nordamerikanischen Monopole vom kubanischen Markt zu verdrängen.[12]

Im Jahre 1906 wurde Tomás Estrada Palma mittels gefälschter Wahlen für eine neue Amtsperiode wiedergewählt. Die von José Miguel Gómez geführten Liberalen lehnten es ab, die Wahlergebnisse anzuerkennen, und entfesselten einen Aufstand. Estrada Palma rief die USA zu Hilfe, die Marineinfanterie nach Kuba entsandten. Es begann eine neue, noch weiter gehende amerikanische Okkupation. Zusammen mit der Marineinfanterie traf in Havanna der amerikanische Staatssekretär für Kriegswesen, William H. Taft, ein, der Gouverneur der Insel wurde und die gesamte Macht im Lande in seinen Händen konzentrierte. Alsdann kehrte er in die USA zurück, nachdem er Charles A. Magoon zum Gouverneur ernannt hatte. Nach Worten des kubanischen Historikers Herminio Portella Vila war Magoons Macht „weniger begrenzt als die eines spanischen Generalkapitäns der Kolonialzeit"[13]. Charles A. Magoon verausgabte in den Jahren seiner Herrschaft (1906–1908)[14] über 13 Millionen Peso, um für seine Günstlinge einträgliche Ämter zu schaffen, betrieb offen eine Politik der maximalen Förderung des amerikanischen Kapitals, reorganisierte die innere Gesetzgebung nach eigenem Ermessen, reformierte das Wahlgesetz und erteilte, nach Worten des kolumbianischen Forschers Jorge Zalamea, „eine Lektion im Rauben, wie sie Kuba nicht einmal in der Periode der spanischen Kolonialherrschaft gekannt hat"[15].

Bei den Präsidentenwahlen am 14. November 1908 siegte der Kandidat der Liberalen, José Miguel Gómez. Er erhielt mit seinen Wahllosungen, die eine Aufhebung der Platt-Klausel forderten, beträchtlich mehr Stimmen als der Kandidat der Konservativen, Mario García Menocal. Doch an die Macht gelangt, beeilte sich Gómez, die nordamerikanischen Kapitalgesellschaften seiner Untertanengefühle zu versichern. Er stand, was Korruption und Unterschlagung staatlicher Mittel anbetraf, seinem Vorgänger in nichts nach und erhielt im Volk den Namen „Hai Gómez".

Unter der Präsidentschaft Gómez' und des ihn 1912 ablösenden Generals Menocal festigten sich die Positionen des nordamerikanischen Kapitals auf Kuba von Jahr zu Jahr. Besonders aktiv wurde dieser Prozeß in der Periode des ersten Weltkrieges. Beliefen sich die Kapitalinvestitionen der USA auf Kuba Ende 1914 auf 252 Millionen Dollar, so hatten sie 1919 bereits 518 Millionen Dollar erreicht.[16]

Der Weltkrieg verursachte eine Zuckerknappheit, und im Zusammenhang damit stiegen die Zuckerpreise rasch an. Unglaublich schnell bereicherten sich die kubanischen und amerikanischen Zuckerproduzenten. Die Kapazität der Zuckerfabriken stieg während des Krieges auf mehr als das Doppelte, und gegen Kriegsende erzeugte Kuba rund 4 Millionen Tonnen Zucker. „Infolgedessen", bemerkte A. Núñez Jiménez, „geriet die gesamte kubanische Wirtschaft in absolute Abhängigkeit von allen, auch den geringsten Schwankungen, die in der Wirtschaftsstruktur, im Handel der USA und im Konsumniveau der nordamerikanischen Bevölkerung eintreten konnten."[17] Diese Situation wurde von den monopolistischen Kreisen der USA und deren Kreaturen bis zum Sieg des kubanischen Volkes im Januar 1959 unter Einsatz aller Kräfte aufrechterhalten, konserviert und vertieft. Die Große Sozialistische Oktoberrevolution war ein Wendepunkt in der Geschichte der internationalen Arbeiterbewegung. „Die weltgeschichtliche Bedeutung der Oktoberrevolution", heißt es in den Thesen des Zentralkomitees der KPdSU, „besteht darin, daß sie Wege gewiesen, Formen und Methoden der revolutionären Umgestaltung gefunden hat, die internationalen Charakter erlangten."[18] Die Kunde von diesem großen historischen Ereignis in Rußland flog durch alle

Länder und über alle Kontinente. Sie erreichte auch die ferne Insel im Karibischen Meer und übte einen gewaltigen Einfluß auf die Entwicklung des Klassenbewußtseins der kubanischen Werktätigen, auf die Aktivierung der kommunistischen Bewegung und die Herausbildung einer marxistisch-leninistischen Partei der Arbeiterklasse aus.

„Die kubanische Revolution", sagte Fidel Castro, „wurde möglich, weil viel früher die russische Revolution von 1917 vollzogen wurde. Ohne die Existenz der Sowjetunion wäre die sozialistische Revolution auf Kuba unmöglich."[19]

Fidel Castro, der die kubanische Revolution als eine Fortsetzung des revolutionären Weltprozesses ansah, betonte: „Unsere Revolution ist ein Teil der mächtigen weltweiten revolutionären Bewegung, die durch die historische Oktoberrevolution der Arbeiter und Bauern der Sowjetunion eingeleitet worden ist. Das war die Revolution von Marx, Engels, Lenin."[20]

Die Wahrheit über die Ereignisse in Rußland erreichte trotz aller Erfindungen und Verleumdungen der bürgerlichen Presse auch die entlegensten Landstriche Kubas, fand den Weg zu den Herzen der Unterdrückten und trug zum Aufschwung der kubanischen revolutionären und antiimperialistischen Bewegung bei. Die Aktionen kubanischer Werktätiger gegen die anhaltende Okkupation des Landes durch amerikanische Truppen, gegen die antinationale Politik Mario García Menocals, der für das Auslandskapital und die einheimischen Großkapitalisten die günstigsten Bedingungen schuf, verstärkten sich.

Im Jahre 1918 wurden auf Kuba marxistische sozialistische Gruppen aktiv, die zum Zusammenschluß der Reihen der Arbeiterklasse und zur Solidarität mit den werktätigen Massen Sowjetrußlands aufriefen. Der Klassenkampf auf der Insel entfaltete sich bei einer krassen Polarisation der Kräfte.

In vieler Hinsicht gefördert wurde die Verschärfung des Klassenkampfes durch den Zuckerboom, der während des ersten Weltkrieges ausbrach und 1920 seinen Höhepunkt erreichte. Der Krieg bedingte eine beispiellose Nachfrage nach kubanischem Zucker, weil die Produktion von Rübenzucker in Europa fast eingestellt worden und in den USA beträchtlich zurückgegangen war. Die Erfordernisse der Kriegswirtschaft und der landwirtschaftlichen Erzeugung machten es vorteilhaft und rentabel, Rohzucker in den zuckerproduzierenden Ländern, in erster Linie auf Kuba, einzukaufen. Die ausländischen Monopole und die einheimischen Zuckerindustriellen steigerten ununterbrochen die Zuckerproduktion und legten immer neue Zuckerrohrplantagen an. Dazu wurden riesige Flächen wertvoller Wälder erbarmungslos niedergebrannt, wurde der Anbau anderer landwirtschaftlicher Kulturen eingeschränkt, was zur Verknappung von Nahrungsmitteln innerhalb des Landes und zur Steigerung der Lebenshaltungskosten führte. 1914 wurden auf Kuba 2599932 Tonnen Zucker produziert, 1915 waren es 2608914 und 1919 bereits 4009734 Tonnen.[21] Gleichzeitig stiegen die Exportpreise für Zucker. Kostete 1914 ein Pfund Rohzucker etwa 2 Cents, so wurde es 1919 bereits für 5,5 Cents verkauft, und nach Aufhebung der Preiskontrolle im Jahre 1919 erreichte der Verkaufspreis für ein Pfund kubanischen Zucker 22,5 Cents.

Die Steigerung der Zuckerproduktion und das Ansteigen der Exportpreise für Zucker bewirkten, daß die amerikanischen Monopole, die kubanischen Großkapitalisten und Großgrundbesitzer gigantische Profite einstrichen. So erzielte beispielsweise allein die Zuckergesellschaft Cuban Cane Sugar Corp. innerhalb von 2 Jahren (1915/1916) einen Profit von 48 Millionen Dollar bei einem Grundkapital von nur 50 Millionen Dollar.[22] Das Land war vom „Zuckerfieber" gepackt. Die Spekulation erreichte nie dagewesene Ausmaße.

Amerikanische Gesellschaften kauften Ländereien und Zuckerfabriken auf. 1918 waren in ihren Händen bereits bis zu 50 Prozent der Fabriken konzentriert, die rund 60 Prozent des auf Kuba angebauten Zuckerrohrs verarbeiteten.[23] Kubanische Latifundistas und sogar Besitzer relativ kleiner Grundstücke brachten es in kurzer Zeit auf Millionenvermögen. Die Aktien der Banken, die ihr Kapital in die Zuckerproduktion investiert hatten, stiegen in schwindelerregendem Tempo und wurden zu Objekten hemmungsloser Spekulation. Diese Periode des Zuckerbooms ist in die Geschichte Kubas unter dem bezeichnenden Namen „Tanz der Millionen" eingegangen. Vor dem Hintergrund dieses „Zuckerfiebers" traten die Armut und Rechtlosigkeit der kubanischen Werktätigen, die vom ausländischen und einheimischen Kapital in erbarmungsloser Weise ausgebeutet wurden, noch krasser hervor.

Der wirtschaftliche Boom brachte dem werktätigen Volk der Insel keine Verbesserung seiner Lage. Er führte zu noch stärkerer Knechtung Kubas durch das nordamerikanische Kapital. Die Konzentration des Grundeigentums in den Händen einiger weniger mächtiger Gesellschaften hatte den Ruin und die Proletarisierung mittlerer und kleiner Eigentümer, die Verwandlung freier Bauern in abhängige Pächter – „Kolonen" – zur Folge.

Mit der Entwicklung der Zucker- und der Tabakindustrie sowie einiger anderer Industriezweige wuchs die kubanische Arbeiterklasse zahlenmäßig und festigte sich organisatorisch. In einer Reihe von Produktionszweigen formierten sich beträchtliche Kader des Proletariats. Nach der Volkszählung von 1919 gab es im Lande 21 600 Maurer und Bauarbeiter, 6 500 Schmiede und Gießereiarbeiter, 35 700 Arbeiter der Tabakindustrie, rund 5 000 Bergleute der Manganerz- und anderen Gruben, 12 000 Eisenbahner und 20 000 Arbeiter der Schuhindustrie; rund 300 000 Menschen zählte das landwirtschaftliche Proletariat in seinen Reihen.

Die Kräfte des kubanischen Proletariats waren, da es keine großen Zentren der industriellen Produktion im Lande gab, da die Wirtschaft sich einseitig entwickelte, die opportunistischen Strömungen starken Einfluß besaßen und ein einheitliches demokratisches Gewerkschaftszentrum fehlte, zersplittert; dennoch führte die Arbeiterklasse Kubas in den Jahren nach dem ersten Weltkrieg einen mutigen Kampf für ihre ökonomischen und politischen Rechte, für die Demokratisierung der Staatsordnung und die echte nationale Unabhängigkeit.[24] Im Lande griff die Streikbewegung um sich, die von Jahr zu Jahr immer mehr Betriebe erfaßte. 1917 ging eine Streikwelle durch das Land. Es streikten die Hafenarbeiter von Havanna und Santiago de Cuba, die Dockarbeiter von Matanzas, die Arbeiter der Zuckerfabriken in den Provinzen Las Villas und Camagüey. Zu jener Zeit beschränkten sich die Arbeiter meistenteils auf rein ökonomische Forderungen: kürzerer Arbeitstag, höhere Löhne, Einführung einer Gesetzgebung zum Schutz der Arbeit usw.

Im Zuge ihrer weiteren Entwicklung begann die Streikbewegung im Lande ganz deutlich politischen Charakter und eine antiimperialistische Orientierung anzunehmen. „Bereits Anfang 1918", bezeugt Julio Le Riverend, „wuchs die Arbeiterbewegung an. Sie stellte sich immer ausgeprägter höchst bedeutsame politische Aufgaben, die Aufgabe nämlich, die russische Revolution zu schützen und zu popularisieren. Am 1. Mai 1918 wurde auf einem Meeting der Arbeiter Havannas eine Protestresolution gegen die Intervention der alliierten Mächte in Wladiwostok angenommen. Die Maßnahmen, zu denen die Regierung Menocal danach griff, zeugten vom zunehmenden Einfluß der Oktoberrevolution. Es begannen Verhaftungen und Prozesse gegen die Teilnehmer an der ‚Verschwörung zur Errichtung einer Räterepublik'. Unter diesem Vorwand wurden Menschen, die ihre Solidarität mit dem Sowjetland bekundeten, Repressalien ausgesetzt. Es wurde eine Basis für die Verfolgung aller geschaffen, die, auch wenn sie keine Sozialisten waren, ehrlich danach strebten, die Lage der Arbeiterklasse zu verbessern."[25]

Kennzeichnend für 1918 – das letzte Jahr des Weltkrieges und das erste Jahr der Existenz des ersten sozialistischen Staates in der Welt – waren auf Kuba eine weitere

Verschärfung des Klassenkampfes und ein Anwachsen der Streikbewegung. Die Streiks rissen nicht ab: Es streikten die Arbeiter der Zuckerzentralen, die Heizer, die Gießereiarbeiter, die Drucker, die Straßenbahner, die Eisenbahner und die Hafenarbeiter.[26] Herausragend waren darunter die Novemberstreiks der Hafenarbeiter und Eisenbahner, die in den ersten Generalstreik der kubanischen Werktätigen hinüberwuchsen. Begonnen haben diesen machtvollen Streik die Hafenarbeiter von Havanna am 4. November 1918. Sie forderten die Freilassung verhafteter Arbeiterführer und die Inkraftsetzung einer Arbeitsgesetzgebung. Die Führer der Hafenarbeitergewerkschaft wurden in den Präsidentenpalast gerufen, um an Verhandlungen teilzunehmen, und dort verhaftet. Die Regierung ordnete an, im Hafen von Havanna kriminelle Strafgefangene als Streikbrecher einzusetzen. Diese Maßnahmen lösten einen Proteststurm aus. Die Hafenarbeiter wurden von den Arbeitern anderer Zweige unterstützt. Die Regierung sah sich zu Zugeständnissen gezwungen. Der erste Generalstreik der Werktätigen endete mit einem Sieg. Fast allen Forderungen der Arbeiter wurde stattgegeben. Die verhafteten Führer wurden auf freien Fuß gesetzt.[27]

1919 stieg die Welle der Streiks weiterhin an. Allein im Januar kam es in den Großstädten des Landes zu zehn großen Streikaktionen. Zweimal, im März und im Mai, wurde Kuba von Generalstreiks erschüttert, bei denen der Nachdruck auf Forderungen politischen Charakters gelegt wurde. Der Regierung Menocal, die zu Repressalien griff, Streitkräfte gegen Streikende einsetzte und verfassungsmäßige Garantien aufhob, gelang es, diese Aktionen des kubanischen Proletatiats zu unterdrücken. Doch trotz der Niederlage waren die Ereignisse von 1919 für die Entwicklung des Kampfes der Werktätigen um ihre Rechte von größter Bedeutung. Im Verlauf dieser Streiks schlossen sich die Arbeiter enger zusammen, wurde der demoralisierende Einfluß der Reformisten und der Anarchosyndikalisten auf die Arbeiterbewegung schwächer. Die Arbeiter begannen zu erkennen, daß weder die Bombenanschläge der Anarchisten noch die Terrorakte, die eine Verstärkung der Unterdrückungsmaßnahmen provozierten, zum Sieg der werktätigen Massen führen können. Im April 1920 trat in Havanna der II. Nationale Arbeiterkongreß zusammen, der dringende Forderungen der Arbeiter formulierte und die Perspektiven der Schaffung eines einheitlichen Arbeiterzentrums umriß. Der erste Schritt auf dem Weg zur Einheit der Arbeiter war die Gründung des Gewerkschaftsbundes von Havanna (Federación Obrera de La Habana) am 26. November 1920, der eine hervorragende Rolle im weiteren Befreiungskampf des kubanischen Proletariats spielen sollte.

Der Zuckerboom und der „Tanz der Millionen", die die einheimischen und ausländischen Ausbeuter beflügelt hatten, waren nicht von langer Dauer. Bereits gegen Mitte 1920 begannen die Zuckerpreise auf dem Weltmarkt zu sinken.[28]

Die Wirtschaftskrise von 1920/1921, die die kapitalistische Welt erschütterte, brachte Kubas Wirtschaft, die auf Monokultur beruhte, an den Rand des völligen Bankrotts. „Der Krieg ging zu Ende, und es begann der Rückgang in unserer Wirtschaft ...", sagte über diese Periode der kubanischen Geschichte Fidel Castro von der Tribüne der XV. Tagung der UNO-Vollversammlung aus. „Die äußerst hochgeschraubten Zuckerpreise, die ein gewaltiger Anreiz für die Zuckerproduktion auf Kuba waren, fielen nach Beendigung des ersten Weltkrieges schroff, wodurch viele kubanische Unternehmen ruiniert wurden und in die Hände nordamerikanischer Banken übergingen. Während kubanische Banken Bankrott machten, bereicherten sich die nordamerikanischen Banken."[29] Zuerst machte die Nationalbank von Kuba Bankrott. Nach ihr erklärten rund zwei weitere Dutzend kubanische Banken ihre Zahlungsunfähigkeit.[30]

Nun eröffnete sich für so mächtige Auslandsbanken wie die Royal Bank, die First City Bank of New York und andere ein weites Betätigungsfeld. Die ruinierten kubanischen Banken und Betriebe gerieten unter die Kontrolle dieser Giganten. Viele Latifundistas und große Kolonen, die bei den neuen Zuckerpreisen mit den ausländischen Monopolen nicht konkurrieren und die Produktionskosten nicht kompensieren konnten, übereigneten diesen ihre Plantagen und Betriebe zur Tilgung der Schulden. In dieser Zeit wurden zahllose kleine Eigentümer ruiniert. Die Wirtschaftskrise griff schnell auch auf andere Produktionszweige über.

Als Folge der Krise gingen etwa 70 Prozent der gesamten Zuckerindustrie Kubas in die Hände des ausländischen, vor allem nordamerikanischen Kapitals über. In seine Hände gerieten 75 der größten und leistungsstärksten Zuckerfabriken, die rund zwei Drittel des Zuckers produzierten.[31] Doch die Offensive des Auslandskapitals beschränkte sich nicht allein auf das Bankwesen und die Zuckerindustrie. Gerade in diesen Jahren bemächtigten sich die amerikanischen Imperialisten der Schlüsselpositionen im Eisenbahnverkehr, in der Energieerzeugung und der Eisenerzförderung. Das nordamerikanische Kapital besetzte Schlüsselpositionen in der Tabak- und Zementindustrie, in der Viehzucht, im Fernmeldewesen usw. Im Laufe der Jahre erstarkten seine Positionen noch mehr und machten die nordamerikanischen Monopole zu den wahren Herren über die Insel.

Die Wirtschaftskrise wirkte sich unverzüglich auch auf das politische Leben Kubas aus. Das Land wurde von Streikaktionen der Arbeiterklasse erschüttert. Viele Tausende notleidender Bauern strömten auf der Suche nach Arbeit in die Städte. Die Teuerung nahm zu, die Staatskasse war leer; im Lager der herrschenden Klassen verstärkte sich die Zwietracht. Präsident Menocal rief die Vereinigten Staaten um Hilfe an.

Um die eigenen Positionen auf Kuba besorgt, setzten es die monopolistischen Kreise der USA durch, daß auf die Insel ein besonderer Emissär mit weitreichenden Vollmachten entsandt wurde. Die Wahl fiel auf einen Experten für Kubaprobleme, General Enoch H. Crowder. Er traf an Bord des Kreuzers „Minnesota", von einer Beratergruppe begleitet, in Havanna ein und brachte sofort das wirtschaftliche und politische Leben des Landes unter seine Kontrolle. Auf der politischen Bühne kam es zu einem Dekorationswechsel. Der Vertreter der Konservativen paßte den Monopolisten der USA nicht länger als Präsident. Er wurde nach einer Reihe von Wahlkombinationen, in die sich E. H. Crowder direkt einmischte, durch den Führer der Partido del Pueblo Cubano (Liberale), Alfredo Zayas, abgelöst, der sein Amt am 20. Mai 1921 antrat.

Die Präsidentschaft Alfredo Zayas' (1921–1925) ist durch die Politik der weiteren Unterordnung des Landes unter das Auslandskapital gekennzeichnet. Erwähnt sei nur, daß Zayas sich kurz nach seinem Amtsantritt an den neuen Präsidenten der USA, den Republikaner Warren G. Harding, wandte, der auf diesem Posten den Demokraten W. Wilson abgelöst hatte, und ihn bat, General Crowder als Sondervertreter der USA-Regierung auf Kuba zu belassen. Dieser Bitte wurde stattgegeben. Die Insel wurde von neuen Wirtschafts- und Finanzberatergruppen überschwemmt, die vom Stellvertretenden Finanzminister der USA, Albert Rathbome, geleitet wurde.

Mit Crowders Zustimmung übte Rathbome faktisch die Funktionen des kubanischen Finanzministers aus.[32] Während seiner Präsidentschaft erhielt Zayas von Crowder 15 „Memoranden" (genauer gesagt, Instruktionen – E. G.), in denen sich letzterer – ohne Rücksicht auf die Verfassung oder die nationale Würde des Landes – direkt in dessen innere Angelegenheiten im Interesse des Kapitals einmischte. Crowders Memoranden enthielten unter anderem Forderungen nach Einführung zusätzlicher Steuern, nach Kürzung des Staatshaushalts um die Hälfte, Vorschläge für eine ständige Kontrolle nordamerikanischer Großbanken über das Finanzsystem des Landes usw. Crowder führte sich auf der Insel als unumschränkter Herrscher auf. Auf seine Empfehlung hin wurden Minister und andere verantwortliche Beamte des Staatsapparats abgesetzt oder berufen, wurde beim Bankhaus Morgan eine 50-Millionen-Dollar-Anleihe zu Bedingungen (5,5 Prozent Jahreszinsen) aufgenommen, die für Kuba belastend waren. Man bildete sogar ein neues Kabinett (1922), das als das „Crowder-Kabinett" in die Geschichte eingegangen ist. „Crowders Rolle auf Kuba war einmalig", gab der amerikanische Historiker R. H. Fitzgibbon zu. „Er war die einflußreichste Person in der kubanischen Regierung jener Zeit ... Er war in der Regierung, ohne ihr anzugehören, und sein Wort war, um eine Redensart zu benutzen, nahezu Gesetz."[33]

Das ungenierte Schalten und Walten von Agenten des Imperialismus und die kompromißlerische Politik der einheimischen herrschenden Kreise lösten auf Kuba allgemeine Empörung und Proteste aus. Trotz der Anwesenheit nordamerikanischer Marineinfanterie und der von der Regierung betriebenen Unterdrückungspolitik wuchs die Streikbewegung an. Für das Jahr 1920 war eine weitere Zunahme der Streiks kennzeichnend. Zu einem wichtigen Ereignis dieses Jahres wurde der II. Nationale Arbeiterkongreß, der eine Solidaritätsbotschaft an die Arbeiter des Sowjetlandes richtete. Stark beeinflußt wurde der Kongreß durch die Führung des progressiven linken Flügels der Delegierten mit A. López, A. Barreiro, J. Peña Vilboa und A. Penichet an der Spitze, die auch später als Verfechter der proletarischen Einheit auf revolutionärer Grundlage wirkten. Die beharrlichen Klassenkämpfe der kubanischen Werktätigen blieben nicht ohne Folgen. Sie erkämpften insbesondere den 8-Stunden-Tag für die Frauen und setzten eine Reihe anderer Forderungen durch.[34] In diesen Kämpfen wuchs das politische Bewußtsein des kubanischen Proletariats, verstärkte sich sein Streben nach organisatorischer Einheit im Kampf gegen die Ausbeuter.

Im Zuge des Kampfes verbreiterte sich die Front der Werktätigen, der sich andere Bevölkerungsschichten anzuschließen begannen. „Die Krise von 1920/1921 beschleunigte die Entwicklung der Arbeiterbewegung und förderte gleichzeitig das Erwachen starker antiimperialistischer Gefühle beim Kleinbürgertum und bei der Studentenschaft, die nun bisweilen gemeinsam mit den Arbeitern auftraten. Dieses Ansteigen der revolutionären Welle setzte sich während der Ereignisse von 1923 fort, in deren Verlauf so hervorragende Persönlichkeiten wie Julio Antonio Mella und Rubén Martínez Villena eine besonders wichtige Rolle spielten. Eben seit jener Zeit gewann der wissenschaftliche Sozialismus unter den Massen immer mehr an Autorität. Man kann behaupten, daß das der Augenblick war, da der Aufschwung der Volksbewegung einsetzte, der zur sozialistischen Revolution auf Kuba geführt hat“, stellt der kubanische Historiker Le Riverend fest.[35]

In derselben Periode begann die Aktivität der Volksmassen zu wachsen. Im Jahre 1925 wurde eine Massenorganisation der Arbeiter, der Nationale Gewerkschaftsbund Kubas (Confederación Nacional Obrera de Cuba – CNOC) geschaffen, der eine große Rolle im revolutionären Kampf des kubanischen Volkes gespielt hat.[36] Vor allem in den Provinzen Havanna und Oriente schufen die Anhänger der Ideen der Oktoberrevolution unter den Arbeitern kommunistische Zirkel und Gruppen. Im August 1925 tagte auf Initiative und unter dem Vorsitz des Veteranen der sozialistischen und der Befreiungsbewegung Carlos Baliño in Havanna ein Kongreß der revolutionären kommunistischen Gruppen. Er wurde zum Gründungsparteitag der Kommunistischen Partei Kubas. Die Gründung der kommunistischen Partei bedeutete den Beginn einer neuen Etappe in der Arbeiterbewegung Kubas.

Die kommunistische Partei wurde in der für das kubanische Volk schweren Zeit der Herrschaft des Diktators Machado (1925–1933) gegründet. Kennzeichnend für diese Jahre war ein beispielloses Wüten der Reaktion: Polizeiterror gegen politische Gegner, Verbot der Oppositionsparteien, Massenmorde und Ausweisungen kubanischer Patrioten, Streikverbot und andere Verbrechen am Volk. In der Periode der Herrschaft des „tropischen Mussolini", wie Julio Antonio Mella den Diktator treffend genannt hat, sind über 3000 Patrioten ermordet worden.

Machado betrieb eine Politik des weiteren Eindringens von Auslandskapital in die Wirtschaft des Landes und der Schaffung äußerst günstiger Bedingungen für amerikanische Investoren. Im Jahre 1927 waren 22 Prozent aller bewirtschafteten Ländereien auf Kuba und 90 Prozent aller Kommunalbetriebe im Besitz amerikanischer Monopole. Sechs ausländische Banken – drei amerikanische und drei englische – kontrollierten 75 Prozent aller Bankgeschäfte. Die USA übten faktisch eine uneingeschränkte Kontrolle über die Wirtschaft des Landes aus.

Die von Machado auf Kuba errichtete Militär-Polizei-Diktatur war eine der brutalsten und blutigsten in der Geschichte der lateinamerikanischen Länder. Sie löste bei der überwiegenden Mehrheit des kubanischen Volkes Empörung und wachsenden Widerstand aus. Im Kampf gegen die Diktatur spielte die kubanische Arbeiterklasse die führende Rolle. Das Proletariat überwand immer entschlossener reformistische und andere schädliche Tendenzen und leistete der Offensive der ausländischen und kubanischen Reaktion entschlossen Widerstand.

Machado verbot die Tätigkeit der CNOC und der ihr angehörenden Gewerkschaften der in der Zucker-, Tabak- und holzverarbeitenden Industrie Beschäftigten sowie der anderen am besten organisierten Abteilungen der kubanischen Werktätigen. Und dennoch, trotz der Unterdrükkungsmaßnahmen und des von der Regierung geförderten Streikbrechertums wuchs im Lande die Streikbewegung und gewannen die Volksaktionen gegen das reaktionäre Terrorregime an Breite.

Obwohl die Regierung Machado die kommunistische Partei gleich nach ihrer Gründung verbot und die meisten Mitglieder des Zentralkomitees verhaftete, stellte die

Partei ihre Tätigkeit nicht ein. In der Illegalität setzten die Kommunisten den Kampf gegen die ausländischen und kubanischen Ausbeuter, den Kampf für die Einheit der Arbeiterklasse fort. Sie entlarvten den Anarchismus, den Syndikalismus und das Streikbrechertum, jene Erscheinungen, die kompromißlerische politische Parteien mit Unterstützung der Regierung in die Arbeiterbewegung hineinzutragen versuchten. „Im Prozeß des revolutionären Kampfes der Jahre 1930 und 1933", unterstrich in diesem Zusammenhang Fidel Castro, „standen die kubanischen Revolutionäre unter starkem Einfluß der Ideen Lenins."[37] Bereits in den ersten Jahren des Bestehens der Partei leisteten die kubanischen Kommunisten einen großen Beitrag dazu, die antiimperialistische und die Befreiungsbewegung im Lande weiterzuentwickeln und den Sturz der volksfeindlichen Machado-Diktatur vorzubereiten.

Die Weltwirtschaftskrise von 1929 bis 1933 versetzte der auf Monokultur beruhenden Wirtschaft Kubas einen schweren Schlag und brachte dem kubanischen Volk gewaltige Entbehrungen. Während der Krise ging der Export kubanischen Zuckers nach den USA systematisch zurück. Hatten zum Beispiel die Vereinigten Staaten 1929 auf Kuba Rohzucker im Werte von 430 Millionen Dollar gekauft, so ging diese Zahl 1933 auf 90 Millionen Dollar zurück.[38] Die Krise führte auch zu einer rigorosen Verkleinerung der Anbaufläche für Zuckerrohr und zu einer Verringerung der Produktion von 5 Millionen Tonnen im Jahre 1929 auf 2 Millionen im Jahre 1933.[39]

Die Krise erfaßte buchstäblich alle Zweige der kubanischen Wirtschaft, viele Betriebe wurden stillgelegt oder schränkten ihre Produktion ein. Die Löhne der Arbeiter in Stadt und Land verringerten sich, Elend und Arbeitslosigkeit erreichten große Ausmaße.

Verschlimmert wurde die schwere wirtschaftliche Lage des Landes auch dadurch, daß sich die gesamtnationale politische Krise unter dem Machado-Regime bis zum Äußersten verschärfte. Die Korruption zerfraß den staatlichen Verwaltungsapparat auf allen Ebenen. Die korrupte proimperialistische Politik des Diktators löste ständig zunehmende Unzufriedenheit aus; diese wurde verstärkt durch Entbehrungen der gewaltigen Masse der werktätigen Bevölkerung, durch deren Not, die während der Wirtschaftskrise noch größer geworden war.

Im Lande reifte eine revolutionäre Situation heran.

Um sich an der Macht zu halten, ließen der Diktator und seine in der Korruption versumpfte Umgebung eine Welle grausamsten Terrors über das Land hereinbrechen.

Zum Vorgehen gegen die politischen Gegner wurde eine besondere Terrororganisation – die „Porra" – geschaffen, deren Agenten mit ihren Ausschreitungen die Bevölkerung in Schrecken versetzten. Der Diktator scheute auch nicht vor einer groben Verletzung der Völkerrechtsnormen zurück: Er schickte seine Agenten über die Landesgrenzen hinaus, damit sie mit fortschrittlichen Persönlichkeiten, die Kuba verlassen hatten, abrechneten. So verübten Machados Agenten 1929 eines ihrer niederträchtigsten Verbrechen: Sie spürten in Mexiko den Mitbegründer der Kommunistischen Partei Kubas, den treuen Sohn des kubanischen Volkes, Julio Antonio Mella, auf und ermordeten ihn am 10. Januar. Sein Tod von der Hand der Machado-Mörder löste auf Kuba und in der ganzen Welt eine Welle der Entrüstung aus.[40]

„Man kann sagen", schrieb Henri Barbusse im Vorwort zu dem Buch „Terror auf Kuba", „daß Machado alle Laster, Mängel und Verbrechen seiner Vorgänger im Präsidentenpalast in sich aufgenommen hat. Er trieb den Terror bis zum Wahnsinn."[41]

Die verbrecherische antinationale Politik des Diktators stieß bei den ausgebeuteten Klassen und sogar bei einem Teil der bürgerlichen Opposition auf wachsenden Widerstand. Doch während die Werktätigen konsequent der Diktatur entgegentraten und aufopfernd für die demokratischen Rechte und Freiheiten kämpften, zettelten die Oppositionellen, die die Interessen der agrarkapitalistischen Kreise wahrnahmen, Verschwörungen gegen den Diktator an und verfolgten nur ihre eng umrissenen Ziele. Sie versuchten, den verhaßten Präsidenten zu stürzen, um durch Kompromisse zwischen den führenden Berufspolitikern eine Regierung zu bilden, die den Interessen des Großkapitals geschickter dienen konnte als das morsche terroristische Machado-Regime. Aber alle Versuche, Verschwörungen auszuhecken und Terrorakte gegen hochgestellte Beamte des Machado-Regimes zu verüben, um dem Diktator die Macht zu entreißen, schlugen immer wieder fehl.

Die einzige Klasse, die der Diktatur einen effektiven Widerstand entgegenzusetzen vermochte, war das Proletariat. Allerdings hatte es die schwersten Verluste erlitten. Die Auswirkungen dieser Verluste wurden durch die Umtriebe der Führer regierungshöriger Gewerkschaften verschlimmert, doch das Proletariat hielt stand. Die in der Illegalität wirkende Kommunistische Partei Kubas und der von ihr geführte Nationale Gewerkschaftsbund verstanden es, den Kampf unter beispiellos schweren Bedingungen zu organisieren.

Bereits im Jahre 1929 begannen neue erbitterte Streikkämpfe des kubanischen Proletariats, die von Bauernerhebungen gegen die Gewaltherrschaft des Latifundismus und die Willkür der Machado-Diktatur begleitet waren. Im März 1930 brach ein allgemeiner politischer Streik aus, an dem sich rund 200000 Arbeiter beteiligten. Etwas später, im August 1931, kam es zu einem neuen Generalstreik. Das kubanische Proletariat trat immer häufiger in das Rampenlicht des politischen Geschehens im Lande und spielte eine hervorragende Rolle im Kampf gegen das tyrannische proimperialistische Regime. „Im Kampf für den Sturz des Machado-Regimes“, stellte Blas Roca fest, „war die Arbeiterklasse nicht nur die aktive Hauptkraft, sondern auch der Bannerträger eines Programms für die Beseitigung des halbkolonialen latifundistischen Regimes.“[42] Sie war führend in den entscheidenden Auseinandersetzungen mit der Diktatur, die am 12. August 1933 in den machtvollen politischen Generalstreik mündeten, der dem Regime des „tropischen Mussolini" ein Ende setzte. Der Streik war ein wichtiger Sieg der kubanischen Werktätigen im Kampf für Freiheit und nationale Unabhängigkeit, obgleich er nur eine Stufe zu den künftigen Siegen und zum Triumph der Sache der Werktätigen darstellte. Die revolutionären Ereignisse von 1933 waren der Beginn der bürgerlich-demokratischen Revolution auf Kuba.

Nach dem Sturz Machados nahm Carlos Manuel de Céspedes, ein Vertreter der agrarkapitalistischen Opposition, den Präsidentenposten ein. Er orientierte sich ebenfalls auf die monopolistischen Kreise der USA. Die Regierung Céspedes, die sich aus kompromißlerischen und konservativen Elementen zusammensetzte, ging nicht über die formale Aufhebung einiger Gesetze aus der Zeit des Machado-Regimes hinaus. Sie ergriff keine einschneidenden Maßnahmen zur Demokratisierung der Staatsordnung und verbesserte die Lage der Werktätigen nur unwesentlich. Die Unzufriedenheit des Volkes wuchs weiter an.

Am 4. September 1933 nutzte eine von Fulgencio Batista geführte Gruppe von Sergeanten der hauptstädtischen Garnison diese Unzufriedenheit zu einem Militärputsch, durch den die Regierung Céspedes gestürzt wurde. „Eine vor der Revolution unbekannte Person, der bescheidene Stenograph des Generalstabs, Fulgencio Batista, machte innerhalb weniger Wochen die schwindelerregende Karriere vom Sergeanten zum Stabschef der Armee und legte den Weg von der Leitung des Sergeantenaufstandes am 4. September bis zum offenen Verrat der Interessen des Heimatlandes an die Imperialisten der USA zurück. Der ehrgeizige Politikaster, der die Verfügungsgewalt über die Streitkräfte bekam, erklärte absichtlich, ‚im Schatten bleiben' zu wollen, und blieb außerhalb der Regierung. Gleichzeitig nahm er enge Kontakte zum USA-Botschafter auf Kuba, Sumner Welles, auf ... Die Großbourgeoisie begriff recht bald, daß sich ihr in Gestalt Batistas ein gefügiges Instrument zur Verwirklichung der eigenen Pläne anbot", schreibt die kubanische Historikerin Olga Cabrera García[43].

Am 10. September 1933 wurde die provisorische Regierung mit dem Präsidenten Ramón Grau San Martín an der Spitze gebildet. Die Regierung Grau San Martín verwirklichte eine Reihe wichtiger gesetzgeberischer Maßnahmen im politischen und wirtschaftlichen Leben. Die politischen Parteien, die die Machado-Diktatur unterstützt hatten, wurden aufgelöst, die Güter und Unternehmen, die Machado-Beamten gehört hatten, konfisziert. Es wurden eine Reihe von Gesetzen verabschiedet, die die Lage der Werktätigen erleichtern sollten, darunter die Gesetze über den 8-Stunden-Tag, den Mindestlohn, die Arbeiterversicherung usw. Die Regierung nahm ferner die großen ausländischen Gesellschaften Cubana de Electricidad, Cuban American Sugar Comp. und verschiedene Zuckerzentralen unter ihre Kontrolle und führte eine Reihe anderer fortschrittlicher Maßnahmen durch.

Die Durchführung einiger progressiver Reformen erklärte sich keineswegs aus den radikalen Ansichten des neuen Präsidenten. Im Gegenteil, Grau San Martín selbst neigte zum Kompromißlertum. Er war Professor der Universität von Havanna und Interessenvertreter jenes Teils der kubanischen Bourgeoisie, der sich von übermäßiger Knechtung durch das Auslandskapital befreien wollte.[44]

Jene relativ radikalen Umgestaltungen, zu denen sich die Regierung Grau gezwungen sah, wurden vorgenommen vor allem angesichts des beispiellosen Aufschwungs der revolutionären Bewegung, der dringenden Forderungen der breiten Volksmassen sowie unter direktem Druck des linken Flügels der Regierung unter Führung von Antonio Guiteras. Ein revolutionärer Demokrat und Führer der revolutionären Studentenschaft, gründete Guiteras später die populäre Organisation „Junges Kuba". Guiteras und die Schichten, auf die er sich stützte, zwangen die Regierung

Grau, radikale Dekrete zu erlassen, die den nationalen Bestrebungen des kubanischen Volkes entsprachen.[45]

Aber diese von inneren Widersprüchen zerrissene Regierung war nicht nur einem ständigen Druck der Armeeführung mit Batista an der Spitze ausgesetzt, sondern zugleich auch den Angriffen der Latifundistas und der Großbourgeoisie sowie der imperialistischen Monopole der USA. Diese drohten nicht nur mit ökonomischen Sanktionen, sondern auch mit direkter bewaffneter Intervention zur Unterstützung der inneren Konterrevolution. Sie lehnte gleichzeitig die Empfehlungen der progressiven Kräfte ab, darunter auch die A. Guiteras', sich auf die breiten Volksmassen zu stützen und der Einmischung der von Batista geführten Armee in den innenpolitischen Kampf im Lande ein Ende zu setzen. Dadurch wurden die Positionen der Regierung untergraben. Am 15. Januar 1934 trat die Regierung Grau auf ein direktes Ultimatum Batistas hin, hinter dem die kubanische Reaktion und die nordamerikanischen Monopole standen, zurück.

In der heftigen politischen Auseinandersetzung gewann die Reaktion die Kontrolle über die Lage. Die linken Kräfte waren trotz ihrer Erfolge im Kampf nicht organisiert und geschlossen genug. Den Präsidentenposten nahm eine Kreatur Batistas, der Vertreter der agrarkapitalistischen Parteien, Oberst Carlos Mendieta, ein. Wieder brach eine Periode der Reaktion und des Terrors an. Die Bewohner des Präsidentenpalastes in Havanna wechselten häufig, das Land aber wurde faktisch von Batista regiert.[46] Terror paarte sich mit sozialer Demagogie und Massenbetrug.

„Batista, der den Weg der Demagogie einschlug, gab vor, ein umfassendes Programm der Volksbildung auf dem Lande, der Verteilung von Grund und Boden sowie des ‚Gleichgewichts' zwischen Kapital und Arbeit zu verwirklichen. Tatsächlich aber repräsentierte er die alte Gestalt des ‚Caudillo', der sich als ‚objektiver Vermittler' zwischen den Unternehmern und den Arbeitern aufspielte. Schon damals wurde Batista durch Mißbrauch seiner

Macht zu einem der reichsten Leute auf Kuba. Er war faktisch der Allein- oder der Mitbesitzer des Kapitals einer großen Anzahl von Unternehmen.“[47]

Die bürgerlich-demokratische Revolution von 1933 bis 1935, eine Fortsetzung des Befreiungskampfes des kubanischen Volkes im 19. Jahrhundert, war gleichzeitig der Prolog für die siegreiche Revolution von 1959.[48] Eine wichtige Errungenschaft der Revolution zu Beginn der dreißiger Jahre war die Aufhebung der erniedrigenden Platt-Klausel, die die nationale Souveränität Kubas stark beeinträchtigt hatte. Und obwohl das Auslandskapital seine Positionen in der Wirtschaft des Landes im wesentlichen behauptete und sie in den vierziger, fünfziger Jahren beträchtlich festigte, bedeutete diese Maßnahme zweifellos einen großen Schritt vorwärts auf dem Wege zur nationalen Souveränität. Das nationale Selbstbewußtsein des Volkes insgesamt erfuhr eine wesentliche Stärkung; die Erfahrungen im antiimperialistischen und antioligarchischen Kampf mehrten sich.

In der Zeit, da auf Kuba zu Beginn der dreißiger Jahre die revolutionären Wogen hochschlugen, wurden zum Schutz der Rechte der Werktätigen mehr gesetzgeberische Akte angenommen als in der ganzen vorangegangenen Geschichte der Republik Kuba.

Im gesamten gesellschaftlichen Leben zeichneten sich bestimmte progressive Wandlungen ab, die im Ergebnis des weiteren Kampfes des Volkes zur Annahme der Verfassung von 1940 führten.[49] Auch wenn die Verfassung deklarativ und in einigen ihrer Bestimmungen demagogisch war, hatte allein schon die Tatsache ihrer Annahme große Bedeutung.

Die Revolution 1933–1935 verlieh den Werktätigen die Zuversicht, daß die Massen in den kommenden revolutionären Kämpfen neue Siege erringen würden.

Unter Berücksichtigung der Erfahrungen aus den revolutionären Ereignissen entfaltete die Kommunistische Partei Kubas, von der Theorie des Marxismus-Leninismus geleitet, eine große Aktivität unter den Massen und rief sie zur Schaffung einer antiimperialistischen Volksfront auf. In Anbetracht der gesamten Situation sah sich Batista in jener Periode gezwungen, die legale Tätigkeit der kommunistischen Partei zu gestatten. Am 13. September 1938 trat die Kommunistische Partei Kubas aus der Illegalität heraus. 1940 vereinigte sie sich auf der Grundlage der Prinzipien des Marxismus-Leninismus mit der von Juan Marinello geführten Revolutionären Kubanischen Union (Unión Revolucionaria Cubana). Die neue Organisation, der Revolutionäre Kommunistische Bund (Unión Revolucionaria Comunista), wurde mit rund 90000 Mitgliedern[50] zu einer der stärksten kommunistischen Parteien Lateinamerikas. Sie war ein kämpferischer und in Klassenschlachten bereits recht erfahrener Vortrupp der Werktätigen. Im Januar 1944 wurde der Revolutionäre Kommunistische Bund in Sozialistische Volkspartei (SVP; Partido Socialista Popular – PSP) umbenannt.

Anfang 1939 fand der Gründungskongreß der Konföderation der Werktätigen Kubas (Confederación de Trabajadores de Cuba – CTC) statt, die mehr als 800 Gewerkschaften mit rund 500000 Mitgliedern vereinte. Im Sommer desselben Jahres tagte der I. Bauernkongreß, auf dem der Nationale Bauernbund geschaffen wurde. Der Kongreß forderte entschieden die Durchführung einer demokratischen Agrarreform. Die Arbeiter- und Bauernbewegung wurde zu einem überaus wichtigen politischen Faktor im Leben des Landes, dem die herrschenden Klassen bereits Rechnung tragen mußten.

Stark beeinflußt wurde die wirtschaftliche und politische Lage Kubas wie auch die aller anderen Länder Lateinamerikas in den Jahren 1939–1945 durch den zweiten Weltkrieg und den dadurch ausgelösten mächtigen Aufschwung der Befreiungsbewegung in der ganzen Welt. Im Dezember 1941 erklärte Kuba – gleichzeitig mit den Vereinigten Staaten von Amerika – Deutschland, Italien und Japan den Krieg. Praktisch lief die Teilnahme Kubas am

Krieg auf die Lieferung militärisch-strategischer Rohstoffe nach den USA sowie die Bereitstellung neuer Marine- und Luftstützpunkte für die USA hinaus.

Der von der Antihitlerkoalition im zweiten Weltkrieg geführte Kampf gegen die faschistischen Achsenmächte trug dazu bei, daß die breiten werktätigen Massen Kubas beträchtlich aktiver wurden.[51] Auf Kuba wie auch in ganz Lateinamerika entfaltete sich eine breite Bewegung der Solidarität mit der UdSSR, für die Unterstützung der Opfer der faschistischen Aggression, für eine baldige Eröffnung der zweiten Front. Im Oktober 1942 nahmen die UdSSR und Kuba diplomatische Beziehungen auf.

Während des zweiten Weltkriegs und in den ersten Nachkriegsjahren erstarkten die demokratischen und patriotischen Kräfte der kubanischen Gesellschaft. Aber bereits in dieser Zeit traf die an der Macht stehende kubanische Reaktion Vorkehrungen, um zu einer neuen Offensive gegen die von den Werktätigen im langen und aufopfernden Kampf errungenen Rechte überzugehen. Sie stützte sich dabei auf die agrarkapitalistischen Parteien und nutzte die Atmosphäre des von den imperialistischen Kreisen entfesselten kalten Krieges. In der Geschichte der Republik Kuba begann eine neue Periode revolutionärer Kämpfe, die Periode des heldenhaften Kampfes des Volkes gegen die Batista-Tyrannei, die durch den vollen Sieg der Volksmassen unter Führung standhafter und treuer Revolutionäre mit Fidel Castro an der Spitze gekrönt wurde.

Im vorliegenden Buch wird der Versuch unternommen, die Voraussetzungen und Triebkräfte des revolutionären Kampfes des kubanischen Volkes gegen die Reaktion und die Übermacht des Auslandskapitals zu erhellen und die Gesetzmäßigkeit des Sieges der Revolution auf Kuba zu zeigen, was sowohl wissenschaftlich als auch politisch von großer Bedeutung ist.

Ohne Anspruch auf eine erschöpfende Analyse dieses Problems zu erheben, war die Verfasserin bestrebt, die von der sowjetischen Geschichtsschreibung gebotenen Informationen durch neue Daten zu ergänzen und die untersuchten Ereignisse im historischen Zusammenhang mit den aktuellen Prozessen des sozialistischen Aufbaus in der Republik Kuba zu betrachten.

Anmerkungen:

1 Siehe A. N. Jiménez. La Liberación de las Islas. La Habana 1959, S. 459; Robert Merle, Moncada. Fidel Castros erste Schlacht, Berlin und Weimar 1968, S. 31.
2 W. I. Lenin, Werke, Bd. 15, S. 350.
3 Ausführlicher siehe: W. I. Jermolajew, Heldenhafte Epopöe des Volkes. Zum 100. Jahrestag des ersten Krieges um die Unabhängigkeit Kubas (1868–1878), Moskau 1968 (russ.).
4 K. S. Schustow, Der Befreiungskrieg auf Kuba (1895–1898) und die Politik der USA, Moskau 1970, S. 12 (russ.).
5 Ebenda.
6 Fidel Castro, Um der kommenden Generationen willen. In: Latinskaja Amerika, 1974, Nr. 1, S. 10 (russ.).
7 Siehe L. J. Sljoskin, Der Spanisch-Amerikanische Krieg von 1898, Moskau 1956 (russ.): L. S. Wladimirow, Die Diplomatie der USA während des Spanisch-Amerikanischen Krieges von 1898, Moskau 1957 (russ.).
8 W. I. Lenin, Werke, Bd. 23, S. 103.
9 E. R. de Leuchsenring. Los Estados Unidos contra Cuba Republicana, t. I. La Habana 1960, S. 117.
10 H. P. Vila. El General Wood en la Historia de Cuba. Bohemia v. 5. 12. 1954.
11 A. D. Bekarewitsch, Kuba: Die Außenwirtschaftsbeziehungen, Moskau 1970, S. 194 (russ.).
12 Ebenda, S. 17.
13 H. P. Vila. Historia de Cuba en sus relaciones con los Estados Unidos y España, t. IV. La Habana 1941, S. 547.
14 Ch. Magoon verließ Kuba auf Weisung des USA-Präsidenten Th. Roosevelt Ende 1908, doch die letzten Kontingente der amerikanischen Truppen wurden erst im April 1909 abgezogen.
15 J. Zalamea. Cuba optimida y liberada. La Habana, 1962, S. 41.
16 S. Portuondo Linares. Los independientes de color. La Habana 1959, S. 55.
17 A. N. Jiménez, Die Republik Kuba. Historischer Abriß, Moskau 1963, S. 52 (russ.).
18 50 Jahre Große Sozialistische Oktoberrevolution. Thesen des Zentralkomitees der KPdSU, Berlin 1967, S. 8.

19 Viva Kuba! Fidel Castro Ruz besucht die Sowjetunion, Moskau 1963, S. 21 (russ.).
20 Prawda v. 6. 1. 1964.
21 R. Guerra y Sánchez. Azucar y población en las Antillas, La Habana, 1961, S. 263.
22 A. N. Jiménez, Die Republik Kuba. Historischer Abriß, Moskau 1963, S. 81 (russ.).
23 L. H. Jenks. Our Cuban Colony, a Study in Sugar. New York, 1928, S. 228.
24 Siehe A. Sorina, Die revolutionäre Bewegung auf Kuba. 1917–1925, Moskau 1971, S. 15 (russ.).
25 J. Le Riverend, Der erste Widerhall der Großen Sozialistischen Oktoberrevolution im kubanischen Volk. In: Nowaja i nowejschaja istorija, 1963, Nr. 5, S. 23f. (russ.).
26 L. Primelles. Cronica cubana, t. I., 1915–1918, La Habana 1955.
27 Ebenda, p. 503.
28 Kostete Mitte Mai 1920 ein Pfund Rohzucker 22,5 Centavos, so sank der Preis im Oktober des gleichen Jahres auf 7 Centavos und Mitte Dezember auf 3,75 Centavos.
29 Fidel Castro, Fanal Kuba, Berlin 1963, S. 59.
30 F. Portuondo del Prado. Historia de Cuba. La Habana, 1957, S. 642.
31 L. H. Jenks, a. a. O., S. 139.
32 W. Robertson. History of the Latin American Nations. New York, 1932, S. 574f.
33 Zitiert nach: E. L. Nitoburg, Raub der Perle, Moskau 1968, S. 61 (russ.). Crowder verließ Havanna Ende 1922, wurde jedoch bereits im Februar 1923 auf Drängen monopolistischer Kreise der USA zum Botschafter auf Kuba ernannt.
34 P. Serviat. 40 Aniversario de la Fundación del Partido Comunista. La Habana, o. J., S. 63.
35 J. Le Riverend, a. a. O., S. 25.
36 B. Roca, Die Grundlagen des Sozialismus auf Kuba, Moskau 1961, S. 172 (russ.).
37 Prawda v. 25. 4. 1970.
38 J. Le Riverend. La Republica: Dependencia y Revolución. La Habana, 1961, tema XVIII, S. 2.
39 R. Guerra y Sánchez, a. a. O., S. 263.
40 Siehe J. Pogossow, Mella, Moskau 1968 (russ.); E. Dumpierre. Mella, La Habana, 1966; R. Tibol. Julio Antonio Mella en „El Machete“, México, 1968.
41 Comité de jeunes revolucionaires cubais. La Terreur a Cuba. Paris, 1933, S. 47.
42 B. Roca, Die Grundlagen des Sozialismus auf Kuba, Moskau 1961, S. 125 (russ.).
43 Nowaja i nowejschaja istorija, 1967, Nr. 6, S. 68. In der Tat spielte Batista im weiteren eine verbrecherische Rolle in der Geschichte des Landes, wurde zum blutigen Henker des kubanischen Volkes, zum getreuen Interessenvertreter der wütendsten inneren und äußeren Reaktion.
44 Später glitten Grau San Martín und die von ihm 1934 geschaffene Revolutionäre Kubanische Partei (oder wie sie gewöhnlich genannt wird, die Authentische Partei: von dem Wort „auténtico“ – „echt“), die sich als die Nachfolgerin der von José Martí gegründeten Revolutionären Kubanischen Partei aufspielte, immer mehr auf volksfeindliche, reaktionäre Positionen ab und gerieten letztendlich in das Lager der Feinde des kubanischen Volkes.
45 Ausführlicher siehe O. C. García, Antonio Guiteras und die Revolution von 1933. In: Nowaja i nowejschaja istorija, 1969, Nr. 6 (russ.).
46 Allein im Jahre 1934 lösten sich auf Kuba drei Präsidenten und zehn Regierungen ab.
47 A. N. Jiménez, a. a. O., S. 71.

48 Ausführlicher über den Charakter und die Triebkräfte der bürgerlich-demokratischen Revolution von 1933–1935 siehe J. A. Tabares, Die kubanische Revolution der 30er Jahre, ihre letzten zwei Jahre, Moskau 1974 (russ.).
49 Ausführlicher siehe E. L. Nitoburg, a. a. O.
50 Der Kampf für die einheitliche antiimperialistische und Arbeiterfront in den Ländern Lateinamerikas, Moskau 1963, S. 233 (russ.).
51 Ausführlicher siehe E. A. Grinewitsch, Seiten aus der Geschichte Kubas. 1939 bis 1952, Moskau 1964 (russ.).

Kuba in den ersten Nachkriegsjahren

Bankrott der bürgerlichen Parteien

Der Staatsstreich vom 10. März 1952

> Mild ist mein Vaterland von außen;
> im Innern Bitternis und Schmerzen;
> süß ist mein Vaterland von außen
> mit seinem grünen Frühlingsbrausen
> und einer Sonne ganz aus Bitternis im Herzen.*
>
> Nicolás Guillén, 1945

Kennzeichnend für die Nachkriegsentwicklung Kubas war bis zum Sieg der Revolution eine scharfe und anhaltende Krise der sozialökonomischen und politischen Struktur des Landes. Übermacht des Auslandskapitals in buchstäblich allen Bereichen des wirtschaftlichen und politischen Lebens; Herrschaft des Latifundiensystems in der Landwirtschaft; engspezialisierte, in ihrer Entwicklung deformierte Wirtschaft, im wesentlichen abhängig vom Export von Zucker, Tabak und mineralischen Rohstoffen; morscher, korrupter Staatsapparat; Krise der zu Kompromissen und direktem Verrat an den Interessen des eigenen Volkes neigenden bürgerlichen politischen Parteien; Inflation, unausgeglichenes Budget, Arbeitslosigkeit, die gewaltige Ausmaße erreicht hatte – all das sind nur Fragmente des bedrückenden und freudlosen Bildes, das Kuba in den ersten Nachkriegsjahren bot. „Die Hauptursache der Krise, die Kuba durchmacht", so hieß es im Programm der Sozialistischen Volkspartei im Jahre 1958, „ist die

* Übertragen von Erich Arendt

amerikanische Herrschaft, die unsere Wirtschaft deformiert hat, die Industrialisierung des Landes verhindert, der Entwicklung der Landwirtschaft und dem nationalen Fortschritt den Weg versperrt.“[1]

Die akutesten sozialökonomischen und politischen Probleme des Landes hingen mit dem Eindringen des nordamerikanischen Kapitals in alle Bereiche seiner Wirtschaft zusammen. Das vorrevolutionäre Kuba stand bezüglich der Gesamthöhe der Direktinvestitionen der USA unter den lateinamerikanischen Ländern – nach Venezuela – an zweiter Stelle. Trotz der ohnehin riesigen Ausmaße wiesen die Investitionen weiterhin eine steigende Tendenz auf: Beliefen sie sich 1946 auf 553 Millionen Dollar, so war diese Summe bis 1950 auf 642 Millionen und bis 1956 auf 774 Millionen Dollar angewachsen. 1958, am Vorabend der Revolution, hatten die Kapitalinvestitionen der USA auf Kuba insgesamt nahezu 1 Milliarde Dollar erreicht.[2] Die ausländischen Investoren konnten riesige Profite verbuchen. In den 13 Jahren vor der Revolution erzielten allein die amerikanischen Monopole 827,7 Millionen Dollar Profit, wobei mehr als eine halbe Milliarde Dollar außer Landes gebracht wurde.[3]

Inwieweit das amerikanische Kapital in die Wirtschaft Kubas und ihre einzelnen Zweige eingedrungen war, geht aus folgenden Zahlen hervor: Nordamerikanische Monopole kontrollierten auf Kuba 90 Prozent des Telegraphen- und Elektrizitätsnetzes, 50 Prozent der Eisenbahnen, 90 Prozent der Montanindustrie, 80 Prozent der Kommunalbetriebe, fast 10 Prozent der erdölverarbeitenden Industrie und 25 Prozent der Bankeinlagen; 30 Prozent der landwirtschaftlichen Nutzfläche befanden sich in ihrem Besitz. 25 Prozent des investierten Kapitals strichen die Zuckermonopole auf Kuba jährlich als Profit ein.[4]

Die Spezialisierung des Landes auf die Zuckerproduktion zu einer Zeit, da sie von der „Politik“ der durch die USA-Monopole festgelegten Zuckerquoten abhing, bedingte die extreme Labilität und zuweilen auch die katastrophale Lage der nationalen Wirtschaft, die Krise der gesamten Wirtschaftsstruktur und gleichzeitig die Verschärfung der sozialen Konflikte.

Nach Beendigung des zweiten Weltkrieges trat Kubas Wirtschaft in die Periode einer regelrechten Stagnation ein, ausgelöst einerseits durch das Nachlassen der Kriegskonjunktur und den schroffen Rückgang der Rohstoff- und Nahrungsmittelkäufe und andererseits durch die verstärkte Expansion der ausländischen Monopole, die jegliche Konkurrenzkampfversuche der nationalen Industrie mit allen erdenklichen Mitteln erbarmungslos erstickten. Kein Wunder, daß all dies zu einem starken Rückgang in der Förderung von Eisen- und Kupfererzen, Chrom, Mangan und Nickel führte. Eine Reihe großer Fabriken und Betriebe wurde stillgelegt, darunter ein Nickelanreicherungswerk, ein Werk zur Gewinnung von Aluminium aus örtlichen Bauxiten usw. Die Produktion von Tabak, einer der wichtigsten landwirtschaftlichen Kulturen, die im Export des Landes an zweiter Stelle stand, ging von 92 Millionen auf 77 Millionen Pfund zurück. Die Einschränkung der Produktion in vielen Betrieben der Zucker- und der Tabakindustrie ließ die Arbeitslosigkeit katastrophale Ausmaße annehmen: 500 000 Menschen oder ein Viertel der gesamten erwerbstätigen Bevölkerung des Landes waren ohne Arbeit, die Kaufkraft des Peso sank.[5] Die wahrhaft erschreckende Lage der Volksmassen änderte sich auch dann nicht, als Kubas Wirtschaft mit dem Ansteigen der Exportpreise für Zucker in die Periode einer relativen Stabilisierung eintrat. Nicht weniger als 65 Prozent der Landarbeiter (etwa 600 000 Menschen) hatten nur drei bis vier Monate im Jahr Arbeit. 86,4 Prozent der ländlichen Bevölkerung entbehrten der medizinischen Hilfe, nur 11 Prozent der Kinder wußten, wie Milch schmeckt, und nur 4 Prozent der kubanischen Dorfbewohner konsumierten Fleisch. 80 Prozent der bäuerlichen Behausungen waren wohnuntaugliche Elendshütten mit Lehmboden. Im Grunde unterschieden sie sich in nichts von den Indianerhütten aus den Zeiten Christoph Columbus'. Im Jahre 1952 konnten rund 50 Prozent der Bevölkerung weder lesen noch schreiben, und 64 Prozent der Kinder im Schulalter waren infolge der schweren materiellen Lage vom Schulbesuch ausgeschlossen.[6]

Bei einer Analyse der Lage der Volksmassen im vorrevolutionären Kuba gab Fidel Castro eine erschöpfende Charakteristik der Lebensbedingungen der ausgebeuteten und unterdrückten Schichten der kubanischen Gesellschaft jener Zeit. „Wenn wir vom Volk sprechen", betonte er, „verstehen wir darunter nicht die wohlhabenden, konservativen Kreise der Nation, denen jedes Unterdrückungsregime, jede Diktatur, jede Gewaltherrschaft recht ist und die sich dem jeweiligen Herrn zu Füßen werfen und womöglich noch die Stirn am Boden zerschlagen ... Unter Volk verstehen wir, wenn wir vom Kampf sprechen, die sechshunderttausend arbeitslosen Kubaner, die ihr Brot ehrlich verdienen wollen, ohne auf der Suche nach einem Lebensunterhalt aus ihrem Vaterland auswandern zu müssen; die fünfhunderttausend Landarbeiter, die in elenden Hütten hausen, die nur vier Monate im Jahr Arbeit finden und die übrigen Monate Hunger leiden und das Elend mit ihren Kindern teilen, die keine Handbreit Land besitzen und deren Dasein mehr Mitleid erregen müßte, gäbe es nicht so viele Herzen aus Stein. Unter Volk verstehen wir die vierhunderttausend Industriearbeiter und Tagelöhner, für deren Altersversorgung kein Geld vorhanden ist, denen die mühsam erkämpften Errungenschaften wieder entrissen werden, deren Wohnung die erbärmlichsten Löcher in den Elendsvierteln sind, deren Löhne aus der Hand des Unternehmers in die Hände der Wucherer und Spekulanten wandern, deren Zukunft Lohnabbau und Entlassung ist ... Unter Volk verstehen wir die hunderttausend Kleinbauern, die ihr Leben lang ein Land bearbeiten, das ihnen nicht gehört ... Das Volk sind für uns die dreißigtausend selbstlosen, opferbereiten Lehrer und Professoren, die für ein besseres Los zukünftiger Ge-

Kubanische Landschaft; im Vordergrund Trinidad

nerationen so notwendig sind und doch so schlecht behandelt und bezahlt werden. Zum Volk gehören auch die zwanzigtausend verschuldeten Kleinhändler, die durch die Krise ruiniert werden und denen eine Meute bestechlicher Staatsbeamter den Todesstoß gibt. Das Volk sind die zehntausend jungen Intellektuellen, die Ärzte, Ingenieure, Rechtsanwälte, Tierärzte, Pädagogen, Zahnärzte, Chemiker, Journalisten und bildenden Künstler, die nach Beendigung des Studiums hoffnungsvoll und tatendurstig aus den Hörsälen kommen und sich in einer Sackgasse wiederfinden, vor verschlossenen Türen und Ohren, die taub sind gegen alle Forderungen und Bitten. Das ist das Volk, dem alles Leid aufgebürdet wird und das gerade deshalb fähig ist, mit dem größten Mut zu kämpfen ...“[7]

Kennzeichnend für die Entwicklung des bürgerlichen Kuba nach dem Krieg waren: eine Verschärfung der Klassenwidersprüche, ein Anwachsen der demokratischen und antiimperialistischen Bewegung, die sich infolge des Sieges des Sowjetvolkes über den deutschen Faschismus jäh verstärkte, der Bankrott und die Prestigeeinbuße der traditionellen bürgerlichen Parteien und eine weitere Polarisation der Kräfte bei gleichzeitiger Verstärkung der Expansion der ausländischen Monopole, die sich unverfroren in die inneren Angelegenheiten des Landes einmischten.

Der Aufschwung der demokratischen antiimperialistischen Bewegung auf Kuba in den ersten Nachkriegsjahren veränderte das politische Kräfteverhältnis im Lande. Die alten bürgerlichen Parteien, die Liberale und die Demokratische Partei, die die Interessen der Vertreter der Ausbeuterklassen – der Zuckerfabrikanten, der Latifundistas, der Finanzoligarchie – wahrnahmen, die in den dreißiger Jahren eng mit der reaktionären Machado-Diktatur zusammengearbeitet hatten, konnten angesichts des Aufschwungs der demokratischen Bewegung nicht mit irgendeinem Einfluß unter den Massen rechnen.

An Einfluß gewann gegen Ende des zweiten Weltkrieges die kleinbürgerliche Revolutionäre Kubanische Partei

(Authentische Partei), die sich weitgehend sozialer Demagogie, antiimperialistischer und nationalistischer Losungen bediente. Die soziale Stütze der Partei waren das Kleinbürgertum und ein Teil der nationalistisch gesinnten Intelligenz. Am 10. Oktober 1944 kamen die Auténticos durch den Sieg des Kandidaten der Revolutionären Kubanischen Partei, Grau San Martín, bei den Präsidentenwahlen an die Macht. Nach ihrem Machtantritt vergaßen die Führer der Revolutionären Kubanischen Partei, die auch in den Nachkriegsjahren an der Spitze der Regierung standen, die von ihnen deklarierten, im Geist der liberalbürgerlichen Phraseologie gehaltenen Versprechungen und schlugen offen den Kurs ein, die progressiven Kräfte zu unterdrücken, die Rechte der Werktätigen zu schmälern, die Gewerkschaften zu spalten, angesichts der Offensive des nordamerikanischen Kapitals Positionen aufzugeben sowie die antikommunistische und antisowjetische Kampagne zu schüren.

Dem bürgerlichen politischen Lager stand, geführt von einer marxistischen politischen Partei, der Sozialistischen Volkspartei (SVP), die Arbeiterklasse Kubas gegenüber, die ebenfalls eine kämpferische und geschlossene Organisation, die Konföderation der Werktätigen Kubas (CTC) besaß.[8] Die volksfeindliche, proimperialistische Politik der Regierung Grau San Martín äußerte sich besonders anschaulich in der Terror- und Unterdrückungspolitik gegenüber den Kommunisten, im Kampf gegen die demokratischen Gewerkschaften, in der Korruption, die den Regierungsapparat zerfraß, und im treuen Dienst an den herrschenden Klassen. Am 11. Oktober 1949 wurde die Konföderation der Werktätigen Kubas faktisch verboten. Als legitim anerkannt wurde eine Parallelorganisation gleichen Namens, an deren Spitze sich der Gangster E. Mujal[9] stellte.

Als Antwort auf den Proteststreik, der von den Mitgliedern der verbotenen Konföderation der Werktätigen Kubas ausgerufen worden war, verhaftete die Regierung

Hunderte von Arbeitern und verbot den Rundfunksender der Sozialistischen Volkspartei. Polizei und mit Wissen der Behörden operierende Terroristen ermordeten die Arbeiterführer und -funktionäre Jesús Menéndez, Fernández Roig, Arascelio Iglesias und viele andere. „In der Gewerkschaftsbewegung“, stellte Raúl Castro, die damals im Lande entstandene politische Situation analysierend, fest, „nahm der Prozeß der Beseitigung der echten Arbeiterführer immer größere Ausmaße an, es wurden immer mehr käufliche Arbeiterführer aus Gangsterkreisen eingesetzt, es häuften sich bewaffnete Überfälle auf die Gewerkschaften; die Arbeiterklasse büßte nach und nach viele ihrer Errungenschaften ein, und die von den Unternehmern im Bündnis mit Mujal unternommenen Angriffe auf die Rechte der Arbeiter dauerten an; getarnt durch das Schreckgespenst des Antikommunismus, den die US-Botschaft und deren Agenten eifrig anfachten, – sie hatten sich führender Posten in der Konföderation der Werktätigen Kubas bemächtigt –, setzte der Imperialismus den Kurs auf die Spaltung der Gewerkschaftsbewegung fort.“ [10]

Doch ungeachtet der verbrecherischen Spalterumtriebe der „Mujalisten“ [11], des Terrors und der Repressalien der Behörden stellte die Arbeiterklasse Kubas den mutigen Kampf für ihre ökonomischen und politischen Rechte nicht einen Tag lang ein.

Der Bankrott des Authentizismus, der den herrschenden Klassen auf Treu und Glauben diente, wurde noch offensichtlicher, als am 10. Oktober 1948 im Ergebnis der nächstfolgenden Präsidentenwahlen Carlos Prío Socarrás, der bisherige Arbeitsminister, ein Erzreaktionär und Antikommunist, an die Spitze der Regierung gelangte.[12]

Die politische Willkür, die Unterschlagung staatlicher Mittel, die Ausplünderung der werktätigen Massen und der Verrat an den nationalen Interessen des Landes nahmen immer größere Ausmaße an. Der kubanische Historiker O. P. Santos charakterisiert das Wesen der Regimes von

Grau San Martín und Prío Socarrás wie folgt: „Das waren moralisch, politisch und finanziell total korrumpierte Regimes; ihre prominentesten Vertreter erwiesen sich als regelrechte Räuber am staatlichen Eigentum, als zweifelhafte Menschen, die unter dem Deckmantel der Macht die übelsten Operationen vollziehen konnten ... Korruption und Laster griffen auf die höchsten staatlichen Sphären über."[13] – „Für die Politik der Regierungen der Auténticos", stellte Fidel Castro fest, „waren Betrug, Diebstahl und absolute Korruption charakteristisch."[14]

Auf außenpolitischem Gebiet schalteten sich die Auténticos aktiv in den kalten Krieg ein, der in der internationalen Arena von den aggressiven imperialistischen Kreisen entfesselt worden war. Sie unterstützten in den interamerikanischen Beziehungen den Kurs, unter dem Vorwand des Kampfes gegen „die kommunistische Gefahr" und der „Verteidigung der westlichen Hemisphäre" einen militärisch-politischen Block der lateinamerikanischen Länder zusammenzuzimmern.

Im September 1947 unterzeichnete Kuba gemeinsam mit den meisten anderen lateinamerikanischen Ländern den Interamerikanischen Vertrag über die gegenseitige Hilfe („Pakt von Rio")[15], der auf die Unterdrückung der Befreiungsbewegung in Lateinamerika abzielte und das erste Glied in einer Kette aggressiver militärisch-politischer Blöcke war, die die Imperialisten in den Nachkriegsjahren schmiedeten.

Im April 1948 unterzeichnete der Vertreter Kubas auf der IX. Interamerikanischen Konferenz in Bogotá das Statut der Organisation der Amerikanischen Staaten sowie die Resolution „Über den Schutz der Demokratie", mit der die antikommunistische Hysterie auf dem Kontinent angefacht werden sollte.[16]

Im März 1952 schloß die Regierung Prío Socarrás mit den USA einen zweiseitigen Pakt über militärischen Beistand ab.[17]

Unterstützung des Abenteuers der USA in Korea,

konsequente Durchführung der Linie des State Department und des Weißen Hauses in der Organisation der Vereinten Nationen, „herzliche Beziehungen“ zur Franco-Diktatur in Spanien und zu den reaktionären Militärregimes in Lateinamerika, Unterzeichnung antikommunistischer Resolutionen im Rahmen des „interamerikanischen Systems“, aktive Teilnahme an der von den imperialistischen Kreisen auf der internationalen Ebene entfesselten antisowjetischen und antikommunistischen Kampagne – das sind in groben Zügen die Grundrichtungen des außenpolitischen Kurses der Regierung der Authentischen Partei.

Príos Innen- und Außenpolitik lösten eine breite Protestbewegung aus. Kubanische Werktätige organisierten wiederholt ökonomische und politische Streiks zum Schutze ihrer Rechte und gegen die Politik des kalten Krieges. Es streikten Textilarbeiter, Arbeiter der Verkehrsgesellschaften, der Zuckerzentralen, die Hafenarbeiter von Cárdenas, Matanzas und anderer Städte. Die Volksaktionen vereitelten den Versuch Príos, im Kongreß die Frage der Entsendung kubanischer Truppen nach Korea zur Erörterung einzubringen.[18]

Auf dem 1951 einberufenen Kongreß kubanischer Friedenskämpfer, an dem 2500 Delegierte aus allen Provinzen des Landes teilnahmen, wurde eine Resolution angenommen, in der es hieß: „Im Kampf gegen den Krieg und bei der Verteidigung des derzeit bedrohten Friedens unterstreichen wir erneut unsere Treue zu den Prinzipien der nationalen Souveränität. Wir sind gegen jegliche erniedrigenden Abkommen, gegen jegliche Kolonialisierung unserer Wirtschaft und gegen die Übergabe unserer Reichtümer in die Hände von Ausländern.“[19]

Die antinationale Politik der Auténticos untergrub nicht nur deren Einfluß unter den Massen, sondern führte auch zur Spaltung der Revolutionären Kubanischen Partei. Im Jahre 1946 trat aus ihr die von Senator Eduardo Chibás geführte Gruppe der am radikalsten gesinnten Mitglieder aus und gründete die Partei des Kubanischen Volkes (Partido del Pueblo Cubano), später auch Partei der Orthodoxen genannt, das heißt der Träger der ursprünglich von den Auténticos verkündeten progressiven antiimperialistischen Losungen. Die Partido del Pueblo Cubano „ortodoxo", die scharfe Erklärungen gegen die Regierung abgab, wurde rasch populär und stärkte wesentlich die Reihen der Opposition zur Regierung Prío Soccarás. Sie wurde jedoch im weiteren durch innere fraktionelle Kämpfe ernsthaft geschwächt.

Im Juni 1952 waren auf Kuba Präsidentschafts- und Kongreßwahlen fällig. Die Wahlkampagne verlief in einer Atmosphäre entschiedener Opposition der breiten Volksmassen zum morschen Regime der Regierung Prío Socarrás. Die zunehmende Unzufriedenheit des Volkes trat besonders deutlich bei der vor den Wahlen erfolgenden Wählerregistrierung zutage. Diese ließ ganz deutlich erkennen, daß im Lande Kräfte herangereift waren, die dem reaktionären Regime eine Abfuhr erteilen konnten. Der Verlauf der Wahlkampagne zeugte davon, daß die Regierungsparteien an Einfluß verloren hatten. Viele Tausende Wähler hatten diesen Parteien die Unterstützung entzogen. Im Vergleich zu der Zahl der Wähler, die 1948 in den Listen der regierenden Parteien registriert worden waren, hatten diese Parteien insgesamt über 300 000 Wähler verloren.

Kurz vor den Wahlen wurde klar, daß der Kandidat der Regierung für das Amt des Präsidenten der Republik, Carlos Hevia, wenig Erfolgschancen hatte. Die Sympathien vieler Wähler galten Roberto Agramonte, einem Kandidaten der Opposition, dem Vertreter der Partido del Pueblo Cubano „ortodoxo".

Unter diesen Umständen entschlossen sich die proimperialistische Großbourgeoisie, die Gutsbesitzer und die interessierten Kreise der USA zu einem Militärputsch, einem in den lateinamerikanischen Ländern bewährten Mittel zur Unterdrückung der antiimperialistischen Bewegung.

„Im Verlauf der Wahlkampagne", schrieb die Zeitschrift „Fundamentos", „neigten sich die Hauptkräfte der Großbourgeoisie und der Gutsbesitzer Batista zu, einem Mann, der nach ihrer Ansicht der Rettungsanker sein konnte in einer Situation, da die Regierung katastrophal an Prestige eingebüßt hatte und die Unzufriedenheit des Volkes sowie der Kampf der Massen ununterbrochen wuchsen ... Sie gedachten, einen Staatsstreich zu vollziehen und eine Regierung an die Macht zu bringen, die weder von Abstimmungsergebnissen noch von Wahlmachenschaften abhängig wäre und die verfassungsmäßige, auf Gesetzen beruhende Ordnung ignorieren könnte."[20]

Bei der Vorbereitung des Staatsstreichs setzten die Reaktion und das State Department der USA auf General Fulgencio Batista, einen erfahrenen politischen Geschäftemacher, der die scheinrevolutionäre Phraseologie geschickt zur Täuschung des Volkes zu nutzen verstand.

Fulgencio Batista war ja bereits Anfang der dreißiger Jahre, da er in der kubanischen Armee im Range eines Sergeanten gedient hatte, auf der politischen Bühne erschienen. Mit Unterstützung amerikanischer Monopole hatte er sich an die Spitze des sogenannten Sergeantenaufstandes gestellt, der für ihn zum Sprungbrett für eine rasche politische Karriere geworden war. Im September 1933 hatte er den Rang eines Obersten „für militärische Verdienste und für außerordentliche Tätigkeit zum Wohle der Heimat" erhalten.[21] Gleichzeitig war er zum Generalstabschef ernannt worden. Soziale Demagogie im Verein mit politischen Machenschaften nach Gangsterart hatten ihm dazu verholfen, letztendlich uneingeschränkter Herr über Kuba und ein treuer Schildknappe der ausländischen Monopole zu werden. Von 1940 bis 1944 war er Präsident der Republik. Dann reiste er ins Ausland und schuf, nach Kuba heimgekehrt, im Jahre 1949 die sogenannte Partido de Acción Unitaria, in der er die buntscheckigsten reaktionären Elemente vereinte. Die neue Partei genoß das Wohlwollen der USA-Botschaft in Havanna, spielte aber dennoch in der politischen Arena keine wesentliche Rolle. Im Jahre 1950 landete sie bei der Vorausregistrierung von Anhängern politischer Parteien auf dem vorletzten Platz. Doch Batista wartete geduldig auf seine Stunde. Während der Wahlkampagne befand er sich im Lager der Regierungsopposition, was ihm die Möglichkeit bot, sich demagogisch als „Retter" des Landes vor der unvermeidlichen Katastrophe aufzuspielen. Batista genoß Einfluß in der Armee, deren reaktionäre Elemente unter den Bedingungen Lateinamerikas eine große Rolle bei der Organisierung von Verschwörungen spielen. Die innere Reaktion und die amerikanischen Monopole sahen in Batista den „starken Mann", der nach ihrer Meinung „mit eiserner Hand" Ordnung im Lande schaffen konnte.

Die politische Lage im Lande spitzte sich zu. Die Großbourgeoisie und die Latifundistas befürchteten, daß die für Juni 1952 angesetzten Wahlen und der mögliche Sieg des Kandidaten der Orthodoxen zu einer Schmälerung ihrer Interessen führen könnten.

„Die Furcht vor dem Verlust der eigenen Privilegien", bemerkte der kubanische Historiker J. A. Tabares del Real, „veranlaßte die herrschenden Klassen und in erster Linie den amerikanischen Imperialismus, den Ausweg aus der Krise in einem volksfeindlichen Kurs zu suchen. Die Monopole der USA hielten den Augenblick für gekommen, die demokratische Fiktion eines Kolonialregimes auf Kuba durch eine reaktionäre Militärdiktatur zu ersetzen, die dem Aufschwung der Volksbewegung ein Ende bereiten und noch enger mit dem amerikanischen Kapital verbunden sein sollte."[22]

Batista war bereit, den Staatsstreich zu vollziehen, aber nicht im Interesse von Prío Socarrás oder Carlos Hevia, sondern um selbst an die Macht zu gelangen. Er verfälschte die Geschichte, als er später die „Unvermeidlichkeit" des Putsches damit „erklärte", daß im Falle der Durchführung der Wahlen „die Machtergreifung durch linke Extremisten möglich und wahrscheinlich gewesen ist"[23].

Die Regierung Prío Socarrás, die unter den Massen weder Autorität noch Einfluß genoß, stieß bei den Werktätigen auf entschiedenen Widerstand und konnte nicht damit rechnen, daß sich das Volk im Falle eines Militärputsches zu ihrem Schutz erhob. Sie vermochte die Aktion Batistas nicht zu verhindern.

Als der Putsch ausbrach, waren die Regierung Prío Socarrás, die Revolutionäre Kubanische Partei und die anderen der Regierungskoalition angehörenden Parteien außerstande, die Massen zu mobilisieren und irgendeine feste Position zu beziehen. Das war eine logische Folge der antinationalen, arbeiter- und volksfeindlichen Politik der Regierung.

Im Morgengrauen des 10. März 1952 traf Batista im Armeelager Camp Columbia ein und versicherte sich der Unterstützung der Mehrheit der Offiziere. Noch am gleichen Tag bemächtigten sich seine Anhänger des internationalen Flughafens und des Präsidentenpalastes. Prío Socarrás floh nach Mexiko. Bald darauf strahlten die kubanischen Sender die Mitteilung Batistas aus, daß die Macht in die Hände der von ihm gebildeten provisorischen Regierung übergegangen sei. So wurde der Militärputsch vollzogen, der eine der düstersten Perioden der kubanischen Geschichte einleitete.

„Noch bevor es dämmerte, wurde der ehemalige Stabssergeant zum neuen Oberbefehlshaber der kubanischen Armee. Am 11. März saß er bereits in einem Sessel im Präsidentenpalast ...“[24] Die francospanische Zeitung „Arriba“ meldete am 12. März 1952, daß Batista „sich auf ökonomische und militärische Kreise der USA stützt, die in ihm den starken Mann sehen ..., der die Einlösung der Verpflichtungen und der amerikanischen militärischen Forderungen im karibischen Raum zu garantieren vermag.“[25] Sofortige Unterstützung fand der Staatsstreich bei den kubanischen Latifundistas und der Großbourgeoisie, in deren Interessen er ja auch vollzogen worden war. Antonio Núñez Jiménez charakterisiert das soziale und ökonomische Wesen des Batista-Putsches wie folgt: „Im Jahre 1952 führte ein Militärputsch zur Errichtung eines antinationalen blutigen Tyrannenregimes. Die vom amerikanischen Imperialismus unterstützte Militärclique trachtete danach, sich in den uneingeschränkten Besitz unserer Reichtümer zu setzen, um diese den ausländischen Monopolen auszuliefern."[26] Der Staatsstreich wurde, wie R. Castro betonte, „vollzogen, um Kubas halbkoloniale Stellung zu konservieren und den Wahlsieg der Orthodoxen Partei zu verhindern"[27].

Batistas Staatsstreich lähmte die Tätigkeit der Parteien. Obwohl einige ihrer Führer die Gewaltakte Batistas in Worten verurteilten, wies keine von ihnen konkrete und reale Wege, um aus der entstandenen Lage herauszukommen.

Der Staatsstreich bewirkte eine Spaltung im Lager der ehemaligen Regierungsparteien, die die proimperialistische Politik Prío Socarrás' unterstützt hatten: Die meisten ihrer Führer trafen offene Abmachungen mit Batista und suchten die Diktatur in konstitutionelle Gewänder zu hüllen; nur eine unbedeutende Minderheit reihte sich in die Opposition zur Militärdiktatur ein.

Auch in der Revolutionären Kubanischen Partei verstärkte sich die Krise. Ein großer Teil ihrer Führer setzte sich dafür ein, die Partei auf der Basis eines Bündnisses mit Batista zu reorganisieren. Für sie war die Reorganisation der Revolutionären Kubanischen Partei ein Mittel, um am politischen Spiel teilzunehmen, dessen Zentrum sich nach Camp Columbia (Stabsquartier Batistas) und später in den Präsidentenpalast verlagert hatte.

Die traditionellen „Westentaschenparteien", die der Regierung Prío Socarrás angehört hatten, verrieten ihn und nahmen die Zusammenarbeit mit dem Diktator auf. „Von den vier Parteien", bemerkte Raúl Castro, „die in der Zeit, da Carlos Prío Socarrás an der Macht war, zusammen mit den Auténticos der Regierungskoalition angehört hatten, schloß sich zwei Tage vor dem Putsch die Republikanische

Partei Batista an, ihr folgten noch vor Jahresende die Liberale und die Demokratische Partei, die an der Seite des Diktators erneut an die Macht kamen. Das ist ein anschaulicher und sicher der beste Beweis dafür, daß die Politik auf Kuba in der Vergangenheit ganz einfach Banditen ausgeliefert war."[28]

Fünf Tage nach dem Staatsstreich richtete der junge Rechtsanwalt Fidel Castro an Batista ein Schreiben, in dem er erklärte, daß der Putsch vom 10. März dem Land neue Leiden und Gaunereien, Blutvergießen und Morde bringe, daß aber das Volk dem letztlich ein Ende setzen und die Macht des Diktators stürzen werde. Alsdann erhob Fidel Castro beim Tribunal für konstitutionelle und soziale Garantien eine Dringlichkeitsklage gegen den Diktator und forderte dessen Verurteilung auf Grund der geltenden Gesetzgebung, die verbietet: die Verfassung durch Gewalt zu verändern; zur bewaffneten Meuterei gegen verfassungsmäßige Behörden anzustiften; an einem Aufstand gegen verfassungsmäßige Behörden teilzunehmen; die Durchführung der Wahlen zu behindern; den Senat, den Kongreß, den Präsidenten und das Oberste Gericht an der Ausübung ihrer in der Verfassung vorgesehenen Funktionen zu hindern; die Armee zum Aufstand gegen die Regierung anzustiften.

„Falls Batista für alle diese Verbrechen nicht abgeurteilt und bestraft wird", schrieb Fidel Castro, „wie soll dann ein Gericht irgendeinen Bürger wegen Meuterei und Aufstand gegen dieses durch Gewalt errichtete Regime der Gesetzwidrigkeit anklagen können? Falls es auf Kuba eine Gerechtigkeit gibt, muß Batista bestraft werden, und falls er nicht bestraft wird, falls er in seiner Person weiterhin das Staatsoberhaupt, den Präsidenten, Ministerpräsidenten und Senator, den General, zivilen und militärischen Führer des Landes, die Exekutive und die Legislative verkörpert, den Mann, der über das Leben, über das Hab und Gut der anderen verfügt, gibt es also keine Gerechtigkeit."[29]

Fidel Castros Protest wurde in den Archiven begraben,

weil im Lande von Gerechtigkeit und Einhaltung der demokratischen Normen gar keine Rede sein konnte.

Die zahlenmäßig stärkste und einflußreichste oppositionelle Partei, die Partido del Pueblo Cubano „ortodoxo", deren Wahlprogramm mit seinen antiimperialistischen Losungen bei den Volksmassen starke Unterstützung gefunden hatte, nahm ebensowenig wie die anderen Parteien einen entschlossenen Kampf gegen die Diktatur auf. Die Führung dieser Partei begnügte sich damit, den Staatsstreich zu verurteilen. Sie wies den Massen keine konkreten Formen des Kampfes gegen die Batista-Regierung.

Das Programm der Partei wurde in ihrem Manifest vom 20. März 1952 dargelegt. In diesem Dokument rief die Führung der Partei das Volk auf, „von dem in Artikel 40 der Verfassung von 1940 deklarierten Recht auf ‚erzwungenen Widerstand' Gebrauch zu machen und folgende Maßnahmen durchzusetzen: Bildung einer wirklichen neutralen Regierung; Wiederherstellung aller konstitutionellen Garantien durch diese Regierung; Durchführung von Wahlen zu allen zentralen wie provinzialen Organen der Zivilmacht unter Wahrung voller Garantien, damit diese Wahlen den vom Volk frei gewählten Vertretern der Macht gestatten, in der durch Verfassung und Gesetz festgelegten Frist an die Ausübung ihrer Pflichten zu gehen"[30].

In Wirklichkeit aber taten die Parteiführer nichts, um diese Forderungen durchzusetzen und die Batista gegenüberstehenden progressiven Kräfte zu konsolidieren. Die äußerlich anziehenden Losungen waren leeres Geschwätz.

Außerdem gab es innerhalb der Parteiführung die stark ausgeprägte Tendenz, mit keiner anderen Partei – und schon gar nicht mit den Kommunisten – im Kampf gegen die Batista-Diktatur zusammenzugehen. Einige Parteiführer handelten allzu zaghaft und unentschlossen und waren mehr um ihre eigenen Interessen besorgt als um die Sache.

Noch vor dem Staatsstreich hatten die Führer dieser Partei den Vorschlag der Kommunisten zurückgewiesen, eine Einheitsfront im Kampf um Frieden, Demokratie, Volkswohlstand und Arbeitereinheit zu schaffen, deren Herstellung den Staatsstreich unmöglich gemacht hätte. Nach dem Tode des Begründers der Partei, Eduardo Chibás, lehnten die Orthodoxen ein Abkommen mit der Sozialistischen Volkspartei ab, die sich bereit erklärt hatte, den Kandidaten der Orthodoxen bei der Präsidentenwahl zu unterstützen. Während sie Bündnisse mit anderen politischen Kräften ablehnten, öffneten sie, wie R. Castro mit Recht feststellte, „vielen alten Politikastern, Latifundistas und Bankiers Tür und Tor und boten ihnen wichtige Posten in ihrer Führung an“[31]. Nur ein geringer Teil der Orthodoxen trat dem Diktaturregime unter der Losung der Wiederherstellung der Verfassung von 1940 entgegen. Gemäßigte Orthodoxe, von Carlos Marques Sterling geführt, setzten auf die Durchführung „freier“ Wahlen und hofften, auf verfassungsmäßigem Wege an die Macht zu gelangen. Sterling und ihm nahestehende Politiker beantragten beim Tribunal für konstitutionelle und soziale Garantien, Batistas Vorgehen für verfassungswidrig zu erklären.[32] Doch das Tribunal wies diese Anträge auf Anordnung des Diktators zurück.

Die Führung der Arbeiterkommission der Orthodoxen betrieb beharrlich eine Politik, mit der sie die Einheitsfront der Arbeiter unterminierte; sie nahm die korrumpierte Führung der Föderation der Werktätigen Kubas in Schutz, deren spalterische, abenteuerliche Politik die rechtzeitige Mobilisierung der Arbeiterklasse zum Kampf gegen Batista verhindert hatte.

Wie unentschlossen und zaghaft die politische Linie der Orthodoxen Partei in dieser komplizierten und kritischen Periode des Kampfes der kubanischen Werktätigen gegen die Batista-Diktatur war, geht aus folgender Tatsache hervor.

In den ersten Tagen nach dem Staatsstreich rief die

Partei ihre Funktionäre zusammen. Emilio Ochoa, ein leitender Funktionär der Orthodoxen, brandmarkte in seiner Rede die Ungesetzlichkeit des Staatsstreichs und rief die Parteimitglieder auf, der Tyrannei gegenüber eine Haltung der moralischen Mißbilligung einzunehmen und einen Feldzug des zivilen Widerstandes gegen Batista zu führen. Als „zivilen Widerstand" bezeichnete Ochoa folgende Maßnahmen: Die Orthodoxen sollten aufhören, Kinos und Theater zu besuchen; sie sollten in einen Käuferstreik treten, nicht mehr rauchen, keine Steuern mehr zahlen ... Ochoa empfahl ferner, entsprechende Anträge vor die Organisation der Amerikanischen Staaten zu bringen.

Allein schon diese Tatsache zeugt beredt davon, daß die allgemeine Linie der Partei nicht zielstrebig gewesen ist.

Nur der am radikalsten gestimmte Jugendflügel der Orthodoxen, die Juventud Ortodoxa, wandte sich gegen das von Ochoa vorgeschlagene „Programm" und seine läppischen Losungen. Fidel Castro entlarvte die kapitulantenhafte Position der Führung der Orthodoxen. „Unter allem, was man vorgeschlagen habe, sei nichts, was auch nur einem ‚alcalde de barrio', einem Dorfgendarmen, Angst machen könnte ... Die Idee, sich an die Organisation der Amerikanischen Staaten zu wenden, sei, gelinde gesagt, ungereimt, denn hinter der OAS stehe ja dieselbe Macht wie hinter Batista: die USA."[33]

Die Passivität und die Ohnmacht der Orthodoxen Partei angesichts der Batista-Tyrannei lösten zunehmende Unzufriedenheit unter den jungen Parteimitgliedern aus. Sie gelangten zu dem Schluß, daß der einzige Weg zur Wiederherstellung der Würde Kubas die Revolution sei, und widmeten sich ganz und gar deren Vorbereitung.

Indessen entstand in Artemisa, in der Provinz Pinar del Río, die erste konspirative revolutionäre Gruppe. Eine weitere folgte in Havanna. Sie wurde von Abel Santamaría geleitet. Die Versammlungen dieser Gruppe fanden in einer konspirativen Wohnung im Stadtteil Vedado statt.

Die jungen Patrioten begannen mit der Herausgabe der illegalen Zeitung „Son los Mismos" („Es sind dieselben"), in der die Käuflichkeit und Grausamkeit der neuen Machthaber des Landes angeprangert wurde. Später gründete die Gruppe auf Initiative Fidel Castros die neue Zeitung „El Acusador" („Der Ankläger"), die in einer Auflage von mehreren tausend Exemplaren erschien. „Wir waren bereit", sagt Fidel Castro von dieser Periode, „uns als einfache Kämpfer am Kampf zu beteiligen, und sei es für begrenzte Ziele, einfach für die Wiederherstellung der Rechtsordnung, die durch den Staatsstreich vom 10. März hinweggefegt worden war. Die ersten organisatorischen Maßnahmen des Initiativkerns unserer Bewegung galten der Ausbildung von Kampfgruppen, um zusammen mit allen oppositionellen Kräften am Kampf teilzunehmen, ohne jedwede Absicht, uns an die Spitze dieses Kampfes zu stellen oder ihn zu leiten. Als einfache Soldaten pochten wir an die Haustüren der politischen Führer, boten unsere Mitwirkung, unser Leben an und riefen sie zum Kampf auf. Damals schienen die Vertreter der Öffentlichkeit und die oppositionellen politischen Parteien dazu geneigt, eine Schlacht zu schlagen. In ihren Händen waren ökonomische Ressourcen, Verbindungen, Einfluß und Kampfmittel, die wir überhaupt nicht besaßen. Mit Feuereifer der revolutionären Arbeit hingegeben, warb unsere Gruppe, aus der später die militärische und politische Führung der Bewegung hervorging, neue Mitglieder, organisierte sie in Gruppen und bildete sie zu Kämpfern aus. Nach Ablauf eines Jahres angespannter Arbeit in der Illegalität wurde uns klar, daß das Volk von den politischen Parteien und den Politikern ungeniert betrogen wurde. In allerlei Intrigen und Dispute, in ein Spiel der Eitelkeit und Herrschsucht verstrickt, zeigten sie weder den Wunsch noch den Willen zum Kampf, dachten sie gar nicht daran, Batista zu stürzen.

Allen diesen Parteien und politischen Führern gemeinsam war ihr einträchtiges Bemühen, nach McCarthys

Pfeife zu tanzen und Washington recht zu tun, ohne auch nur den Gedanken an eine Zusammenarbeit mit den Kommunisten oder gar deren Teilnahme am gemeinsamen Kampf gegen die Tyrannei zu dulden.“[34]

Zum Zeitpunkt des von Batista verübten Staatsstreichs zeigten faktisch alle bürgerlichen Parteien Schwankungen, Unentschlossenheit, Neigung zu Kompromissen und bisweilen auch zum direkten Komplott und Verrat an den Interessen des Volkes.

Die einzige politische Partei, die nicht nur das Wesen des Militärputsches richtig einschätzte und die sozialen Wurzeln des Batista-Regimes aufdeckte, sondern auch alle demokratischen Kräfte des Landes dazu aufrief, sich zum Kampf gegen Batista zusammenzuschließen, war die Sozialistische Volkspartei. „Am selben Tag, am 10. März 1952“, bezeugt Blas Roca, „wandte sich die Sozialistische Volkspartei ungeachtet der schweren Verfolgungen, denen sie durch die während des Staatsstreichs gestürzte Regierung ausgesetzt gewesen war, und ungeachtet der Tatsache, daß viele Mitglieder und Führer der Partei auf Befehl dieser Regierung gemeuchelt worden waren, ohne Schwanken gegen den Putsch. Die Partei rief dazu auf, für die Bildung einer verfassungsmäßigen Regierung und den Schutz der gesellschaftlichen Freiheiten zu kämpfen, und zeigte klar, daß die durch den Staatsstreich gebildete proimperialistische, antinationale, arbeiter- und volksfeindliche Regierung eine Regierung der blutigen Tyrannei sein wird.“[35]

Bereits im Jahre 1952 unterbreitete die Sozialistische Volkspartei Kubas ein Programm, das darauf gerichtet war, die Arbeiterklasse, die Bauernschaft und die nationale Bourgeoisie im Kampf um die Lösung der innerpolitischen Krise im Lande zusammenzuschließen. Das Nationale Exekutivkomitee der Partei erhob folgende Forderungen:

Durchführung einer Agrarreform mit unentgeltlicher Übergabe des Bodens an Bauern und Landarbeiter; Verbesserung der Arbeitsbedingungen der Arbeiter und Erhöhung der Arbeitslosenunterstützung; Schutz der nationalen Industrie und Landwirtschaft vor ausländischen Monopolen; Durchführung einer unabhängigen Friedenspolitik und Herstellung von Handelsbeziehungen mit den Ländern des sozialistischen Lagers; Wiederherstellung der Verfassung von 1940.[36]

Die SVP rief zur Bildung einer nationalen demokratischen Front gegen die Batista-Diktatur auf. Im Manifest wurde auf die verhängnisvollen Folgen des Staatsstreichs für das ökonomische und politische Leben des Landes hingewiesen.[37]

Die Partei stellte den werktätigen Massen neben den politischen auch ökonomische Aufgaben: Kampf für die Wiedereinstellung der Entlassenen, für die Erhöhung der Löhne um 30 Prozent, für bezahlten Urlaub, garantierte Renten und für die Durchsetzung der spezifischen Forderungen der Arbeiter eines jeden Industriezweiges.

Die Sozialistische Volkspartei war um eine Koordinierung der Aktionen bemüht. Bereits am 12. November 1951 wandte sich das Exekutivkomitee der SVP an alle oppositionellen Kräfte und schlug ihnen gemeinsame Aktionen vor, um eine Vereinigung der Anstrengungen im Kampf herbeizuführen. Wenn die SVP die oppositionellen Parteien zur Koordinierung der Aktionen aufrief, verschleierte sie keineswegs die Meinungsverschiedenheiten, die sie mit anderen Parteien hatte. Sie unterstrich vielmehr, daß die Meinungsverschiedenheiten kein Hindernis sein dürften für gemeinsame Aktionen, die das Land aus der katastrophalen Lage herausführen sollten.

Während die „traditionellen Parteien“ sich entweder im Zustand der Ratlosigkeit befanden oder offen auf Batistas Seite übergingen, war die Sozialistische Volkspartei, die Partei der Arbeiterklasse und aller Werktätigen, die sich von den Prinzipien des Marxismus-Leninismus leiten ließ, die politische Kraft, die konsequent den reaktionären Maßnahmen des Diktators entgegentrat.

Eine wichtige Rolle bei der Mobilisierung der Massen spielte die Parteipresse: Das waren die Zeitungen „La última Hora“, „Noticias de Hoy“ und die theoretische Zeitschrift der SVP „Fundamentos“. Nach dem Verbot des Zentralorgans der Partei, der Zeitung „Noticias de Hoy“, begann die Sozialistische Volkspartei die illegale Wochenzeitung „Carta Semanal“ mit einer Auflage von 13 000 bis 20 000 Exemplaren herauszugeben. Die Kommunisten gaben ferner das politische Flugblatt „Respuestas“ („Antworten“) und Sonderbulletins heraus: für die Bauern, „El Campesino“ („Der Bauer“), für die Intelligenz „Mensajes“ („Nachrichten“), spezielle Ausgaben für die Jugend, die Frauen sowie zahlreiche Aufrufe und Flugblätter.

Über ihre Presseorgane erläuterte die Sozialistische Volkspartei dem Volk systematisch, daß der reaktionäre, proimperialistische Staatsstreich möglich geworden war, weil es keine Einheit der Volkskräfte, vor allem keine Einheit in der Arbeiterbewegung, gab. Die opportunistische und reformistische Politik der Führer der gelben Gewerkschaften hatte die Arbeiterbewegung geschwächt und der Reaktion zum Zeitpunkt des Staatsstreichs freie Hand gelassen. „Wäre die Arbeiterklasse einig gewesen“, sagte Blas Roca auf dem VIII. Parteitag der SVP, „und hätte sich demzufolge die Leitung des Gewerkschaftsapparats in den Händen ehrlicher, revolutionärer Führer befunden – Führer, die ihrer Klasse ergeben sind, die für ihre Überzeugung Opfer zu bringen bereit sind, die Pfründen, Pöstchen und persönliche Vorteile verschmähen, die stets bereit sind, die gemeinsamen Interessen sowohl der Arbeiterklasse wie der ganzen Nation gegen den Imperialismus zu verteidigen –, so hätten die Putschisten das Bubenstück nicht gewagt oder wären mit Sicherheit bei einem Versuch zerschlagen worden.“[38]

Viele Arbeiterorganisationen im ganzen Lande verurteilten den Staatsstreich Batistas und forderten Neuwahlen in den Gewerkschaftsorganisationen, um die Gangsterelemente davonzujagen.

Einer der bekanntesten Funktionäre der Gewerkschaftsbewegung, Lázaro Peña, schrieb, daß „die von der Regierung Prío Socarrás in der Konföderation und den Gewerkschaften mit Gewalt in leitenden Funktionen eingesetzten Mujal, Irigoyen und Konsorten für die Spaltung der Gewerkschaftsbewegung eintraten, aus dem Versicherungsfonds Gelder stahlen, Morde an Arbeiterführern organisierten und die Interessen der Arbeiterklasse verrieten“[39].

Die kubanischen Werktätigen kämpften für die demokratischen Rechte des Volkes und der Arbeiterklasse, für die Säuberung der Gewerkschaften von den verräterischen mujalistischen Elementen und für die Wiederherstellung der Gewerkschaftsdemokratie, für Bedingungen, unter denen die Werktätigen unterschiedlicher politischer Anschauungen ihre Führer ohne Einmischung der Regierung oder äußerer Kräfte wählen konnten.

Als Mujal und Konsorten vom Staatsstreich Batistas erfuhren, suchten sie Zuflucht in der USA-Botschaft und warteten dort ab, bis sich die Situation geklärt hatte. Bereits am 14. März wurde Mujal von Batista auf dessen Gut Kuquine empfangen. Er fand rasch eine gemeinsame Sprache mit dem Diktator und ging vollends auf dessen Seite über. Mujal erklärte, daß es zwischen ihm und Batista völlige Übereinstimmung in der Frage des „Kampfes gegen den Kommunismus“ gäbe. Batista seinerseits beschloß, die bürokratische Oberschicht der Gewerkschaft im eigenen Interesse auszunutzen. Das Arbeitsministerium und der sogenannte Arbeiterblock der Batista-Partei, der Partei der Progressiven Aktion, der sich mit Fragen der Arbeiterbewegung befaßte, stellten engen Kontakt zur Mujalgruppe her. Die Abmachung wurde auf antikommunistischer, volksfeindlicher Grundlage getroffen. Mit seiner Gewerkschaftspolitik suchte Batista das starre System der Regierungskontrolle über die Gewerkschaftsbewegung aufrechtzuerhalten und die freie Wahl der Führer, die von den Werktätigen gefordert wurde, zu vereiteln.

Mujal zögerte nicht lange, sein kompromißlerisches Glaubensbekenntnis zu bekräftigen. Er erklärte unumwunden: „Wir werden die Arbeiterbewegung den Erfordernissen der Unternehmen anpassen, die breiteste Zusammenarbeit und die volle Harmonie zwischen den Unternehmen und den Arbeitern herstellen ..."[40] Diese Erklärung war ein weiterer anschaulicher Beweis dafür, daß Mujal die Interessen der Werktätigen verriet.

Mit der Zeit diskreditierten sich die mujalistischen Elemente vollends in den Augen der werktätigen Massen und wurden mit Schimpf und Schande auf den Kehrichthaufen der Geschichte geworfen.

Der Erfolg des Staatsstreichs vom 10. März wurde in gewissem Maße auch dadurch gefördert, daß es unter einem Teil des Volkes immer noch bestimmte Illusionen hinsichtlich Batistas gab. Aber diese Illusionen wurden durch das Leben selbst rasch zerstört. Das von Batista errichtete Militär-Polizei-Regime löste bei der absoluten Mehrheit der Bevölkerung des Landes Haßgefühle aus. Unter den schweren Bedingungen der Repressalien und Verfolgungen wuchs der mutige Kampf des kubanischen Volkes gegen die Diktatur unentwegt an.

Anmerkungen:

1 Programa del Partido Socialista Popular. La Habana, 1958, S. 5.
2 R. Aregui Copello. La clase media en Cuba. Factor del progreso económico. Habana, 1959, S. 20.
3 O. Pino Santos. El imperialismo norteamericano en la economia de Cuba. La Habana, 1960, S. 25.
4 U. S. Department of Commerce. U. S. Investment in Cuba. Washington, 1959, S. 10.
5 Fundamentos, Agosto de 1952, S. 57.
6 Perfil de Cuba. La Habana, 1963, S. 123.

7 Fidel Castro, Fanal Kuba, Berlin 1963, S. 18f.

8 Ausführlicher über die Herausbildung, Organisation und Tätigkeit der Sozialistischen Volkspartei siehe B. Roca, Die Grundlagen des Sozialismus auf Kuba, Moskau 1961 (russ.); W. Ch. Wladimirow, Über den historischen Weg des Marxismus-Leninismus auf Kuba. In: Nowaja i nowejschaja istorija, 1972, Nr. 5, S. 29–42 (russ.).

9 Siehe „Die Gewerkschaften Kubas", Moskau 1963 (russ.).

10 Hoy v. 27. 7. 1961.

11 Als Mujalismus wurde die käufliche Politik E. Mujals, der zum bezahlten Agenten der inneren und äußeren Reaktion geworden war und die Losung des Kampfes gegen den Kommunismus in den Reihen der Arbeiterklasse ausgegeben hatte, bezeichnet: Mujalisten wurden seine Handlanger genannt.

12 „Zusammen mit der Authentischen Partei gehörten der Regierung Prío, um an der Futterkrippe der Macht einen möglichst großen Brocken zu ergattern, die Liberalen, die Demokraten und die Republikaner an. Ihre Organisationen, bekannt unter der Bezeichnung ‚Westentaschenparteien', repräsentierten eine kümmerliche Minderheit durchtriebener, in der Korruption versumpfter alter Politikaster – Vertreter der traditionellen herrschenden Klassen der kubanischen Gesellschaft." (R. Castro, Moncada und die kubanische Revolution. In: Latinskaja Amerika, 1973, Nr. 4, S. 8.)

13 O. P. Santos. Historia de Cuba. La Habana, 1965, S. 316.

14 Fidel Castro, Die Stärke der Revolution liegt in der Einheit, Moskau 1972, S. 234 (russ.).

15 United Nations, Treaty Series, vol. 21, N 324. Washington, 1948, S. 77–125.

16 Siehe B. I. Gwosdarjow. Die Organisation Amerikanischer Staaten, Moskau 1960 (russ.).

17 El Convenio de ayuda militar entre Cuba y los Estados Unidos de America. La Habana, 1952.

18 L. J. Sljoskin, Die Geschichte der Republik Kuba, Moskau 1966, S. 284 (russ.).

19 Die Völker Lateinamerikas im Kampf gegen den amerikanischen Imperialismus, Moskau 1951, S. 333 (russ.).

20 Fundamentos, 1952, N 118, p. 33.

21 Gaceta oficial de la Republica v. 8. 9. 1933.

22 J. A. Tabares del Real. La Revolución Cubana. La Habana, 1961, p. 84.

23 F. Batista, The Growth and Decline of the Cuban Republic, New York, 1964, S. 38.

24 R. San Martín. El grito de le Sierra Maestro. Buenos Aires, 1960, S. 121.

25 Zitiert nach S. A. Gonionski, Lateinamerika und die USA. 1939–1959, Moskau 1960, S. 261 (russ.).

26 Antonio Núñez Jiménez, Die Bodenreform auf Kuba, Berlin 1961, S. 24.

27 Kuba, 1965, Nr. 7/11, S. 10.

28 R. Castro, Moncada und die kubanische Revolution. In: Latinskaja Amerika, 1973, Nr. 4, S. 11 (russ.).

29 Zitiert nach M. Hill, Cuba si, yanqui no! Moskau 1961, S. 91 f. (russ.).

30 Noticias de Hoy v. 21. 3. 1952.

31 Kuba, 1965, Nr. 7/11; S. 10.

32 Recurso de inconstitucionalidad establecido ante el Tribunal de garantias constitucionales y sociales por mas de 25 ciudadanos contra la Ley Constitucional de 4 abril de 1952. La Habana, 1953.

33 Zitiert nach Robert Merle. Moncada. Fidel Castros erste Schlacht, Berlin und Weimar 1968, S. 84.

34 Fidel Castro, Um der kommenden Generationen willen. In: Latinskaja Amerika, 1974, Nr. 1, S. 7f. (russ.).
35 B. Roca, Die Grundlagen des Sozialismus auf Kuba, Moskau 1961, S. 20 (russ.).
36 Fundamentos, 1952, N. 129, p. 1104.
37 Noticias de Hoy v. 25. 7. 1952.
38 Blas Roca, Kuba festigt seinen Sieg, Berlin 1961, S. 35.
39 Noticias de Hoy v. 12. 3. 1952.
40 Noticias de Hoy v. 28. 3. 1952.

Die Batista-Diktatur im Dienste der Reaktion

Verstärkung der Repressalien gegen die demokratischen Kräfte

> Ich glaube, daß es in der Welt keinen Staat, auch nicht unter den kolonial beherrschten Ländern, gibt, wo die ökonomische Kolonisation, die Erniedrigung und Ausbeutung drückender wären als auf Kuba unter dem Batista-Regime infolge der Politik meines Landes.
>
> John F. Kennedy

Batistas Machtantritt wurde von den imperialistischen Kreisen der USA mit Befriedigung aufgenommen. Der bürgerliche amerikanische Historiker A. Thomas gab zu, daß „die Positionen Batistas erstarkten dank der Unterstützung der Vereinigten Staaten, die unter anderem in einer raschen Anerkennung seiner Regierung zum Ausdruck kam“[1].

Die Unterstützung des Batista-Regimes war ein Glied der Lateinamerikapolitik der USA in der Epoche des kalten Krieges, mit der in lateinamerikanischen Ländern reaktionäre Diktatoren eingesetzt wurden. Die USA unterstützten und förderten die Diktaturen in Venezuela, in der Dominikanischen Republik, in Nikaragua und einigen anderen Ländern dieser Region. Die Monopole der Vereinigten Staaten taten alles nur Mögliche, um die Bildung von Regierungen, die den wahren Willen des Volkes zum Ausdruck brachten und sich an eine antiimperialistische Orientierung hielten, in den lateinamerikanischen Ländern zu verhindern.[2]

Batistas Staatsstreich wurde unter unmittelbarer Mitwirkung des amerikanischen Geheimdienstagenten Chester und anderer Offiziere der USA vorbereitet. Die USA versicherten Batista direkt ihrer Förderung und Unterstützung. Das Sprachrohr der amerikanischen Geschäftskreise, das „Magazine of Wall Street“, schrieb dazu: „General Batista wird, gestützt auf die Armee, die hinter ihm steht, das Land besser regieren. Gerade deswegen sind die Geschäftskreise geneigt, die Ereignisse als eine Wende zum Besseren anzusehen.“[3] Ein zynisches, aber offenes Eingeständnis.

Am 27. März 1952 teilte der USA-Botschafter in Havanna mit, daß die USA die Regierung Kubas anerkannt haben. Der Vertreter des State Department ließ in diesem Zusammenhang die Frage unbeantwortet, ob die USA nicht meinten, ihre Anerkennung des Batista-Regimes könnte der Anstoß sein, weitere Regierungen durch Militärputsche wie auf Kuba zu stürzen. Er erklärte, die USA hätten Zusicherungen erhalten, daß die kubanische Regierung alle nationalen Verpflichtungen einhalten werde, daß die bestehende Regierung die Kontrolle über das Land ausübe und die Bevölkerung sie akzeptiere[4].

An die Macht gelangt, öffnete der Diktator in der Tat dem Auslandskapital Tür und Tor.

Die berühmte Standard Oil Company erhielt das Recht, auf dem gesamten Landesterritorium Erdöl zu fördern. Den Monopolen Moa Bay und Freeport Sulfer wurden Konzessionen für die reichen Nickelerzvorkommen im Raum von Niquero erteilt. Diese Gesellschaften erhielten Steuerfreiheit und eine Reihe anderer Vergünstigungen. Der Kubanischen Telefongesellschaft, einer Filiale der American Telephone and Telegraph Co., wurde eine Verdoppelung der Fernsprechgebühren genehmigt. Das Viehzuchtmonopol King Ranch erhielt als Konzession mehr als 1000 Caballerías[5] Land. Die Filiale der riesigen amerikanischen Electric Bond and Share Co. erhielt Hilfsgelder in Höhe von 12 Millionen Dollar.

Den amerikanischen Monopolen zuliebe begann Batista mit der Verwirklichung des sogenannten Truslowplans, eines „Plans für die Reorganisation der kubanischen Wirtschaft“ gemäß den Empfehlungen der amerikanischen Wirtschaftsmission auf Kuba.[6] Dieser Plan trug den Namen des Leiters der ökonomischen und technischen Mission Francis A. Truslow. Die Mission war auf Ersuchen der Regierung Prío Socarrás von der Internationalen Bank für Wiederaufbau und Entwicklung (Weltbank) eingesetzt worden und hatte – nach einer „Untersuchung“ der kubanischen Wirtschaft – eine Reihe von Empfehlungen unterbreitet. Sie liefen im wesentlichen darauf hinaus, die Profite der auf Kuba wirkenden amerikanischen Monopole durch verstärkte Ausbeutung der Werktätigen zu erhöhen. Die „Empfehlungen“ sahen eine Revision der kubanischen Sozialgesetzgebung zwecks Abbau der Errungenschaften der Werktätigen, eine allgemeine Senkung der Löhne, die Einführung des amerikanischen Antreibersystems der „Produktionsorganisation“ und vieles andere vor.

Was nicht einmal die korrupte Regierung Prío Socarrás wagen konnte, wurde nunmehr durch das Batista-Regime verwirklicht.

Batista ging diensteifrig daran, diese „Empfehlungen“ zu realisieren. In erster Linie wurden geeignete Maßnahmen ergriffen, um die Löhne der Werktätigen zu senken und den ausländischen Investoren neue Privilegien zu sichern.

Die Regierungszeit Batistas war eine regelrechte „Wohlstandsära“ für die amerikanischen Unternehmer.

Bereits im ersten Jahr der Herrschaft Batistas nahmen rund 100 weitere amerikanische Gesellschaften ihre Tätigkeit auf der Insel auf, später erreichte ihre Gesamtzahl 300. Insgesamt verbuchten die USA-Monopole in den sieben Jahren der Batista-Diktatur auf Kuba nicht weniger als 500 Millionen Dollar Reinprofit, die Zinsen aus Anleihen und anderen Operationen nicht eingerechnet. Vom Augenblick der Machtergreifung Batistas und bis zum Sieg der kubanischen Revolution ist das amerikanische Kapital der wahre Herr des Landes gewesen.

Den Interessen der USA-Monopole war der gesamte Außenhandel Kubas untergeordnet. So kamen im Jahre 1958 auf den Anteil der USA mehr als 70 Prozent des kubanischen Imports und mehr als 60 Prozent des Exports. Die Handelsbilanz war für Kuba negativ, das Minussaldo belief sich in den Jahren 1952–1957 auf 416 Millionen Peso, was sich aus den Knebelbedingungen der kubanisch-amerikanischen Handelsbeziehungen erklärte. Das Hauptmittel der Importkontrolle waren die Zölle, die durch besondere Abkommen festgelegt wurden. So war zum Beispiel der Handelsvertrag zwischen den USA und Kuba im Jahre 1957 ganz und gar von den Interessen des amerikanischen Kapitals diktiert. Da die amerikanischen Monopole die Preise für ihre Waren in die Höhe trieben und die Preise für kubanische Erzeugnisse drückten, verlor Kuba durch den nichtäquivalenten Austausch von 1950 bis 1959 mindestens 1 Milliarde Dollar.

Ungeheuerliche Ausmaße nahm die Korruption an. Aus den Materialien einer 1959 angestellten Untersuchung ging hervor, daß Batista für die Gewährung von Konzessionen oder für die Genehmigung zur Gründung neuer Gesellschaften 50 Prozent der Aktien erhielt. Er wurde Aktionär von 40 Kapitalgesellschaften. Für die Erhöhung der Fernsprechgebühren erhielt Batista persönlich von der Telefongesellschaft – neben einer Bestechungssumme von 3 Millionen Dollar – einen Telefonapparat aus massivem Gold. Das war gewiß ein Symbol, aber ein recht charakteristisches. Kein Geschäft, kein Vertrag und kein Konzessionsabkommen wurde geschlossen, ohne daß Batista und Personen seiner Umgebung beträchtliche Geldsummen einstrichen.

So wurde der ehemalige Sergeant zu einem der reichsten Männer Lateinamerikas, obwohl niemand genau sagen konnte, wie groß sein Vermögen war.

Dem Diktator eiferten seine Minister nach, die bei einem

Jahresgehalt von 10000 Dollar Hunderttausende Dollar auf ihre Bankkonten überwiesen. Auch kleinere Handlanger des Regimes bereicherten sich, darunter sogenannte Arbeiterführer vom Schlage E. Mujals.[7]

Gegen Ende der Regierungszeit Batistas kontrollierte amerikanisches Kapital 80 Prozent der kubanischen Betriebe der Kommunalwirtschaft, 90 Prozent der Gruben und Bergwerke, 40 Prozent der Zuckerindustrie usw.[8]

Das diktatorische Regime betrieb eine spekulative, die Volksinteressen ignorierende „Zuckerpolitik“, die nicht darauf gerichtet war, die Wirtschaft des Landes zu festigen, sondern die Interessen der amerikanischen Monopole zu schützen und von ihnen dafür riesige Summen als Geschenk für den Diktator und seine Kamarilla zu erhalten.

Kuba wurde unter dem Druck der USA gezwungen, zum Quotensystem zurückzukehren. Das zog eine Reduzierung der Zuckerrohranbauflächen und folglich auch der Zuckerproduktion nach sich. Bei einer relativ günstigen Marktkonjunktur gingen der Umfang und der Wert des kubanischen Exports infolge der Teilnahme Kubas am Londoner Abkommen von 1953 stark zurück.[9]

Die USA, nach wie vor die Hauptabnehmer des kubanischen Zuckers, hemmten gleichzeitig die Entwicklung der Zuckerindustrie Kubas, indem sie von Kuba fast ausschließlich Rohzucker kauften (auf den Anteil der Raffinade entfielen nur 12,5 Prozent). Natürlich wirkte sich die Einschränkung der Zuckerproduktion nachteilig auf die Lage der kubanischen Werktätigen aus. Sie beeinträchtigte in erster Linie die Interessen der Kolonen, da sie den Umfang ihrer Produktion verringerte, sowie der Arbeiter, denn das bedeutete für sie weniger Arbeitstage im Jahr, weniger Verdienst, und außerdem drohte in der Perspektive die Arbeitslosigkeit.

Im Jahre 1958 erhöhte sich, wie im Bericht der Revolutionären Regierung „Über den Entwurf des Wirtschaftsplans 1962“ festgestellt wurde, die Zahl der Arbeitslosen und Kurzarbeiter auf 657 000, was über 40 Prozent der erwerbstätigen Bevölkerung Kubas ausmachte. Eine so hohe Arbeitslosenquote war nicht einmal in den großen kapitalistischen Ländern während der Weltwirtschaftskrise von 1929 – 1933 zu beobachten.[10]

„Das bestehende Regime", so stellte zu jener Zeit der bekannte kubanische Ökonom R. Cepero Bonilla fest, „hat das verhängnisvolle System der Spekulation mit Zucker und den Zuckerfabriken weder erfunden noch vervollkommnet. Doch entsprach die Zuckerpolitik führwahr noch nie so vollständig den Interessen von Spekulanten wie zur Zeit jener Männer, die den Putsch vom 10. März vollzogen und unterstützt haben."[11]

Nachteilig wirkten sich auf die wirtschaftliche Lage des Landes die Politik aus, Gesellschaften, die kostspielige Regierungsgebäude und Luxushotels wie Hilton Habana und Riviera bauten, mit staatlichen Mitteln zu stützen, sowie der Bau eines Kriegshafens und die Inbetriebnahme eines militärischen Nachrichtensystems auf Televisionsbasis. Außerdem wurden Millionen Peso für den Ankauf von Waffen ausgegeben.[12]

Auf diese Weise trug die Wirtschaftspolitik der Regierung nicht zur Lösung der nationalen Probleme bei, sondern vertiefte und verstärkte vielmehr die traditionellen Gebrechen der Wirtschaftsstruktur des Landes.

In der Periode der Batista-Diktatur schloß die Regierung Kubas mit den Vereinigten Staaten eine Reihe von Abkommen, darunter auch Militärabkommen, die voll den Interessen der USA entsprachen. So wurde am 26. September 1952 in Washington das am 22. Dezember 1950 zwischen Kuba und den USA geschlossene Abkommen über den Einsatz einer Luftwaffenmission der USA auf Kuba verlängert. Am 26. Februar 1953 trat eine amerikanisch-kubanische Vereinbarung in Kraft, die den privaten Flugverkehr regelte und ausschließlich darauf abzielte, die Interessen der amerikanischen Flugzeugbesitzer zu sichern.[13] Am 2. Juli 1953 wurde nach einem Notenwechsel zwischen dem kubanischen Botschafter in den USA, A. Concheso, und dem Staatssekretär John F. Dulles ein neues Abkommen in Kraft gesetzt, durch das der Einsatz der amerikanischen Luftwaffenmission um weitere zwei Jahre verlängert wurde[14].

Am 13. Oktober 1953 trat das amerikanisch-kubanische Abkommen über den Einsatz einer Militärmission der USA auf Kuba in Kraft.[15] Es erweiterte die Bedingungen der Vereinbarungen vom 28. August 1951 und sah zusätzliche Vergünstigungen für das amerikanische Militärpersonal vor.

Am 30. Juli 1957 wurden das amerikanisch-kubanische Abkommen über den Luftverkehr und am 29. November 1957 das über die Garantie für private Kapitalanlagen in Kraft gesetzt.[16]

Diese rechtsungleichen und volksfeindlichen Vereinbarungen zeugten davon, daß Batista in der Außenpolitik gehorsam alle Weisungen der monopolistischen Kreise der USA ausführte. Batista, der die proimperialistische und antikommunistische Orientierung seines außenpolitischen Kurses unterstrich, gab selbst zu, daß Kuba „herzliche Beziehungen zu allen Völkern der Welt mit Ausnahme der kommunistischen Länder“ unterhalte[17].

„Kaum an die Macht gekommen, machte das Regime des 10. März die volle Unterstützung der internationalen Linie des amerikanischen Imperialismus zu seinem Glaubenssymbol“, unterstrich der kubanische Forscher E. G. Galbe, „und begann den USA-Gesellschaften, der Latifundien- und Kompradorenelite die bedeutendsten Konzessionen zu gewähren.“[18]

Der von der Diktatur eingeschlagene reaktionäre außenpolitische Kurs trat besonders deutlich während der Ereignisse zutage, die zum Abbruch der diplomatischen Beziehungen zwischen Kuba und der Sowjetunion führten.

Die kubanische Regierung verweigerte am 21. März 1952 zwei sowjetischen diplomatischen Kurieren, die in Havanna eingetroffen waren, ohne jeglichen Grund die Einreise. Die Kuriere durften den Flughafen nicht verlassen und wurden mit einem anderen Flugzeug nach Mexiko abgeschoben. Angesichts dieser groben Verletzung der Völkerrechtsnormen durch Kuba brach die Sowjetunion am 3. April 1952 die diplomatischen Beziehungen zu Kuba ab. „Die Kubaner müssen die Provokationen brandmarken", schrieb „Noticias de Hoy", „die die UdSSR veranlaßt haben, die Beziehungen zur Regierung Kubas abzubrechen... Das muß gerade jetzt geschehen, weil Beziehungen abgebrochen worden sind, die ohnehin gespannt waren, und zwar nicht durch Verschulden der UdSSR, sondern durch Verschulden von Regierungen, die sich kubanisch nennen...

Die Beleidigung sowjetischer diplomatischer Vertreter war eine von vielen Provokationen gegen die sowjetische Vertretung, die es in jüngster Zeit auf Kuba gegeben hat."[19]

Das reaktionäre Wesen des außenpolitischen Kurses der Regierung Batista wie auch der vorangegangenen bürgerlichen Regierungen offenbarte sich besonders deutlich in der Position, die Kuba in der UNO und der OAS bezog, wo seine Vertreter automatisch alle antidemokratischen und aggressiven Aktionen der imperialistischen Mächte unterstützten.

Batista stellte enge Kontakte zu solchen blutbefleckten lateinamerikanischen Diktatoren wie Somoza, Trujillo und Odría her; er unterstützte die von der OAS 1954 angenommene „antikommunistische Resolution" usw.

Im Inland ging Batista mit brutalen Repressalien gegen die demokratische Massenbewegung vor. Viele fortschrittliche Organisationen – das Friedenskomitee, die Demokratische Föderation kubanischer Frauen, der Sozialistische Jugendverband und andere – wurden verboten. Besonderen Verfolgungen wurde die Sozialistische Volkspartei ausgesetzt. Die Friedensbewegung wurde zu einer „kommunistischen" Bewegung erklärt und verboten. Die

Sammlung von Unterschriften für den Friedensappell wurde als ein Staatsverbrechen angesehen.

Batista richtete auf Kuba mehrere Spitzel- und Untersuchungsorgane – das „Büro zur Unterdrückung kommunistischer Tätigkeit" und das „Büro für politische Aufklärung" – ein, erweiterte den Personalbestand des Geheim- und des Abwehrdienstes und schuf ein Netz spezieller Agenten, die in die Gewerkschaften und in verschiedene andere Organisationen eingeschleust wurden, um dort Patrioten aufzuspüren und zu bespitzeln. Einen traurigen Ruhm erlangte auf Kuba der Militärische Überwachungsdienst, der SIM (Servicio de Inteligencia Militar). Seine Tätigkeit stand unter der unmittelbaren Anleitung und Kontrolle durch die CIA. R. Merle bemerkte in diesem Zusammenhang: „Die USA hatten im Jahre 1952 für Kuba eine Lösung, die in drei Worte zu fassen war: Batista, Ejército und SIM."[20]

„Kennzeichnend für die oligarchische Batista-Diktatur", bezeugt Antonio Núñez Jiménez, „war vor allem die Vernichtung von Freiheitskämpfern. Morde wurden in den Straßen von Havanna und anderen Städten nicht selten vor den Augen der Bevölkerung verübt. 20 000 Tote und zu Tode gequälte, in ihrer Mehrheit junge Menschen – das ist die tragische Zahl der Opfer der Tyrannei. Alle Organisationen und Gruppen, die zur Diktatur in Opposition standen, wurden Verfolgungen und Repressalien ausgesetzt; darunter auch kulturelle Einrichtungen, zum Beispiel das Alicia-Alonso-Ballett und die Universität del Ayre; die Archive und Laboratorien der Universität von Havanna wurden demoliert, die Höhlenforschergesellschaft und das Orchester der kubanischen Philharmonie aufgelöst. Und das sind nur einige wenige der von der Batista-Regierung verübten Vandalenakte. Die Tyrannei schloß viele Schulen und Institute und ordnete die restlose Verbrennung der Auflagen mehrerer Bücher an, sie demolierte die Bibliothek von Dr. Carlos Rafael Rodriguez. Über die Presse wurde die Zensur verhängt."[21]

Durch ein Sonderdekret wurden alle fortschrittlichen Zeitungen und Zeitschriften verboten, ihre Druckereien und Redaktionen wurden demoliert. Tausende von Kommunisten, von Funktionären der Gewerkschaften, der Jugend- und Frauenorganisationen wurden verhaftet, viele mußten auswandern. Die Sozialistische Volkspartei Kubas ging in die Illegalität.

Den gewaltsamen Sturz der Regierung Prío Socarrás suchte Batista mit der demagogischen Behauptung zu rechtfertigen, Ziel des Staatsstreichs sei es vor allem gewesen, „die verfassungsmäßige Ordnung im Lande wiederherzustellen, die freie Tätigkeit der politischen und gewerkschaftlichen Organisationen zu sichern und den Banditismus auszurotten". In Wirklichkeit aber wurde ein Regime absoluter Willkür errichtet. Um die Regierung scharten sich Gangster oder mit Gangstern liierte Elemente. Gesagt sei nur, daß zu den persönlichen Leibwächtern des Diktators der in ganz Havanna bekannte Gangster Hevaristo Venereo gehörte.

Sofort nach dem Staatsstreich löste die Regierung Batista den Nationalkongreß auf.

Zum neuen Bürgermeister von Havanna wurde Batistas alter Freund Justo Luis del Poso und zum Stabschef der kubanischen Armee General Francisco Tabernilla ernannt.

Wie nicht anders zu erwarten, ging die bürgerliche Presse auf die Seite des Diktators über: Die Zeitungen „El Mundo" und „Diario de la Marina" unterstützten offen den Staatsstreich. „Und selbst solche, die vor dem Exsergeanten nicht auf die Knie fielen, ließen sich ihre Gegnerschaft nicht anmerken. Die Sorge für das Fortkommen wurde wichtiger als die Rücksicht auf Grundsätze. Der Mund blieb geschlossen. Die Presse schwieg. Der junge Dichter Raúl Gómez García, der kurz vor dem Staatsstreich einen Artikel gegen Batista geschrieben hatte, fand in Havanna keine Zeitung, die ihn bringen wollte"[22], schrieb R. Merle.

Durch ein Dekret der neuen Regierung wurde den Führern und aktiven Mitgliedern der alten Parteien, die der Diktatur nicht paßten, für 30 Jahre das Recht auf Teilnahme am politischen Leben Kubas entzogen.

Am brutalsten verfolgt wurde die SVP. Kurz nach dem Staatsstreich gingen aus verschiedenen Provinzen Nachrichten ein, daß Räumlichkeiten der SVP überfallen und Parteiführer verhaftet worden seien. So drangen am 14. März in Santa Clara Soldaten unter Führung batistahöriger Offiziere in die Räumlichkeiten der SVP ein und verhafteten die Führer der örtlichen Parteiorganisation Israel Tomás, Enrique Rodríguez, Osvaldo Gómez und Carlos González. In Oriente wurden die Kommunisten Juan Taquochel und José Canisti festgenommen. Ohne diese Festnahme zu begründen, stellten sie die Militärbehörden vor ein Sondertribunal. In Camagüey wurden die Führer der Ortsorganisation der SVP Orestes Morales und Antonio Alonso bestialisch gefoltert. Überfälle auf Räumlichkeiten der SVP, Verhaftungen und Mißhandlungen der Parteiführer wurden zu einem Teil jener Offensive gegen die fortschrittlichen Kräfte des Landes, die Batista nach der Machtergreifung begann.

Im August 1953 wurde das sogenannte Gesetz über die öffentliche Ordnung verabschiedet, am 10. November 1953 erließ Batista ein besonderes Dekret über das Verbot der kommunistischen Tätigkeit. Dennoch verstand es die Partei, ihre Verbindungen zu den Massen auch in dieser schweren Periode aufrechtzuerhalten. Mehr noch, es reihten sich neue Mitglieder ein, die bereit waren zum Kampf gegen die Tyrannei und für die Befreiung des Heimatlandes vom Joch ausländischer Monopole. Mit ihrer illegalen Presse, der Wochenzeitung „Carta Semanal", entlarvte die Sozialistische Volkspartei konsequent die Pläne der kubanischen Reaktion sowie ihrer imperialistischen Schirmherren und Agenten.

Im Februar 1953 gab die Regierung Batista bekannt, daß die auf den November angesetzten Wahlen des Präsidenten von Kuba für unbestimmte Zeit verschoben würden. In der Erklärung hieß es, die Wahlen zum Kongreß fänden am 1. Juni 1954 statt, und einige Monate danach würde der neue Kongreß die nächsten Präsidentenwahlen ansetzen.

Weitere Dekrete sahen die Auflösung aller politischen Parteien vor; sie „legalisierten" die Auflösung des Kongresses durch Batista und die Schaffung des sogenannten Konsultativen Rates, der „ein beratendes Organ der Regierung" sein sollte.

Anfang April 1953 wurde das Konstitutionelle Statut veröffentlicht, das die Verfassung von 1940 zu ersetzen hatte. Das war ein Dokument mit 257 Artikeln. Allerlei Vorbehalte zu den deklarativen Artikeln des Statuts machten faktisch alle Garantien für die Rechte der Persönlichkeit und die freie Organisierung der politischen Parteien zunichte.

Die ersten drei Kapitel des Statuts, die sich auf die Menschenrechte bezogen, waren eine fast wörtliche Wiederholung der entsprechenden Abschnitte von 1940. Doch dann wurde der Artikel 41 „eingefügt", der diese Rechte praktisch aufhob: Darin hieß es nämlich, die Artikel über die Menschenrechte könnten „auf dem gesamten Landesterritorium oder in einzelnen Landesteilen für eine Frist, die im Interesse der Gewährleistung der Sicherheit des Staates erforderlich ist, im Falle des Krieges oder der Invasion, im Falle der Störung der öffentlichen Ordnung und in anderen Fällen aufgehoben werden, wenn die öffentliche Ruhe gestört sein oder wenn der Kampf gegen Terrorismus oder Raub das erforderlich machen sollte ..."[23] Die vagen Formulierungen sollten den reaktionären Inhalt des Dokuments tarnen.

Überhaupt nicht aufgenommen wurde in das Konstitutionelle Statut der Abschnitt über den Nationalkongreß, weil der ehemalige Kongreß zu einer Fiktion geworden war. Er sollte nach Plänen der Batista-Anhänger durch den bereits genannten, aus 80 Mitgliedern bestehenden Konsultativen Rat ersetzt werden. Die gesamte legislative und exekutive Gewalt wurde dem Ministerrat übertragen. Der Konsultative Rat hatte nur beratende Funktionen. Bestätigt wurden die Mitglieder des Konsultativen Rates vom Ministerrat, der überdies immer unter dem Vorsitz Batistas tagen mußte. Zu den Mitgliedern des Konsultativen Rates zählten die Präsidenten der Vereinigungen der Zuckerfabriken- und Zuckerplantagenbesitzer, der Generalsekretär der CTC, der Handlanger des Diktators, E. Mujal, Großgrundbesitzer, Industrielle, ehemalige Minister und Bürgermeister. Dem Rat gehörten direkte Vertreter der Oligarchie an und so durchtriebene Politikaster wie Carlos Saladrigas Zayas, Gaston Godoy, Loret de Mola, Justo García Rayneri, General Campos Marquetti und andere Vertrauenspersonen Batistas.

Batista war nicht abgeneigt, für die treuen Diener der Reaktion zu sorgen. Die Mitglieder des Konsultativen Rates und des Ministerrates sollten ebenso wie die Mitglieder des ehemaligen Kongresses die parlamentarische Immunität genießen.

In Artikel 102 des Konstitutionellen Statuts hieß es, daß „Parteien und politische Organisationen frei gegründet werden können", jedoch unter dem anschließenden Vorbehalt „in der vom Gesetz festgelegten Form"[24]. Und das Ziel dieses Paragraphen? „Er verfolgt ein ganz klares Ziel", so beantwortete „Noticias de Hoy" diese Frage. „Nach dem geltenden Statut wird das ‚Gesetz' vom Ministerrat, das heißt von General Batista selbst, erlassen. Er ist es, der die Bedingungen für die Organisierung der politischen Parteien diktieren wird."[25]

Die Autoren des genannten Statuts sahen unverfroren die Möglichkeit einer Änderung des Wahlsystems vor. Die Verfassung von 1940 legte ganz bestimmte Bedingungen für die Gründung politischer Parteien fest: Eine Partei durfte an den Wahlen teilnehmen, sofern sich während der Wahlkampagne mindestens 2 Prozent aller Stimmberechtigten in ihre Liste eintragen ließen. Im Statut war davon nicht mehr die Rede.

Die Verfassung von 1940 sah Änderungen an der Wahlgesetzgebung nur auf Antrag des Obersten Wahltribunals und nur vor Beginn der Wahlen vor. Diese Änderungen traten nach ihrer Bestätigung durch die Zweidrittelmehrheit des Kongresses in Kraft. Nach dem neuen Statut waren Änderungen an der Wahlgesetzgebung nur durch den Ministerrat zu bestätigen, der sich aus Batistas Kreaturen zusammensetzte.

In Artikel 255 des Konstitutionellen Statuts, der den bestehenden Wahlkodex außer Kraft setzte, hieß es unumwunden und zynisch, daß die Rechte der auf der Grundlage des geltenden Kodexes organisierten politischen Parteien aufgehoben werden.[26] Das alles bedeutete, daß das Verfahren für die Annahme des Wahlkodexes, auf dessen Grundlage die Parteien zu organisieren und die Wahlen durchzuführen waren, voll und ganz von der Regierung Batista abhing. Das Oberste Wahltribunal hatte den Entwurf des Kodexes auszuarbeiten und ihn dem Ministerrat zur Bestätigung vorzulegen. Mit anderen Worten:

Batistas Ministerrat bestimmte den Inhalt des neuen Wahlkodexes.

Die Änderungen am Konstitutionellen Statut traten nach ihrer Bestätigung durch die Zweidrittelmehrheit des Ministerrates in Kraft.

Somit konnte Batista selbst das Konstitutionelle Statut praktisch jederzeit abändern; dazu brauchte er lediglich den Ministerrat einzuberufen und durch diesen die jeweiligen Änderungen billigen zu lassen. Das waren die wichtigsten Bestimmungen des Konstitutionellen Status, dieser zynischen Parodie auf Gesetzlichkeit.

In seiner berühmten Rede „Die Geschichte wird mich freisprechen“ begründete Fidel Castro mit glänzender politischer Argumentation, daß die Aufhebung der Verfassung von 1940 gesetzwidrig und daß die Entscheidung des Tribunals für konstitutionelle und soziale Garantien, die das Batista-Statut als Grundgesetz der Republik bestätigte, unhaltbar und ungerechtfertigt war. „Das Tribunal für konstitutionelle und soziale Garantien", sagte er, „wurde auf Grund des Artikels 172 der Verfassung von 1940, ergänzt durch das Gesetz Nr. 7 vom 31. Mai 1949, geschaffen. Die Gesetze, auf Grund derer dieses Gericht geschaffen wurde, gaben ihm bestimmte und spezifische Kompetenzen: durch Maßnahmen außerhalb des Wirkungsbereichs der Verfassung Fragen zu entscheiden, die verbunden sind mit Gesetzen, Dekreten, Anordnungen oder Anweisungen, die den konstitutionellen Rechten und Garantien widersprechen, sie beeinträchtigen, verletzen oder schmälern und die eine freie Tätigkeit der staatlichen Organe behindern. In Artikel 194 hieß es ganz eindeutig: ‚Richter und Gerichte sind verpflichtet, die Widersprüche zwischen den geltenden Gesetzen und der Verfassung nach dem Prinzip zu lösen, daß die Verfassung stets die Priorität vor den Gesetzen hat.' Somit mußte das Tribunal für konstitutionelle und soziale Garantien, gemäß den Gesetzen, die es mit seinen Befugnissen ausstatteten, alle Fragen stets zugunsten der Verfassung entscheiden. Wenn aber dieses Gericht das neue Statut über die Verfassung der Republik stellte, so hatte es damit seine Befugnisse überschritten, und seine Entscheidungen hatten im Grunde keine Rechtskraft. Außerdem ist diese Entscheidung an sich absurd, und Absurdes hat weder faktische noch juristische Kraft, es existiert nicht einmal metaphysisch. Wie ehrenwert dieses Gericht in seiner Zusammensetzung auch sein mag, es kann dennoch nicht behaupten, daß ein Quadrat ein Kreis ist und daß diese lächerliche Absurdität, die am 4. April das Licht der Welt erblickte, sich als Verfassung eines Staates bezeichnen darf.

Wir verstehen unter der Verfassung das oberste, das Grundgesetz der Nation, das ihre politische Struktur definiert, die Tätigkeit aller Organe des Staates regelt sowie die Bereiche und den Rahmen ihrer Funktionen bestimmt. Sie muß beständig, dauerhaft, vielleicht sogar starr sein. Das Statut aber entspricht keiner dieser Forderungen. Es beinhaltet vor allem den ungeheuerlichen, dreisten und zynischen Widerspruch bei der Lösung der wesentlichsten Frage, der Frage der Integrität der Republik und ihrer Souveränität. In Artikel 1 heißt es: ‚Kuba ist ein unabhängiger und souveräner Staat, organisiert als eine unitäre und demokratische Republik ...‘ In Artikel 2 heißt es: ‚Die Souveränität liegt dem Volk inne, und vom Volk geht alle öffentliche Macht aus.‘ Aber dann folgt Artikel 118, in dem es heißt: ‚Der Präsident der Republik wird vom Ministerrat ernannt.‘ Nun ist es nicht mehr das Volk, sondern der Ministerrat, der den Präsidenten ernennt ... Und wer wählt den Ministerrat? Schauen wir in Artikel 120, Punkt 13 nach: ‚Der Präsident hat das Recht, Minister zu ernennen und abzusetzen, wenn er es für notwendig erachtet.‘ Wer wählt nun letztendlich wen? Gleicht das nicht dem klassischen Problem vom Ei und vom Huhn, das bis heute noch niemand gelöst hat?

Und es ging nicht nur darum, die Macht zu usurpieren, nicht allein darum, die Minister, die Generäle, den Präsidenten zu ernennen; nein, ein Mann erklärte sich im Statut zum absoluten Herrn nicht nur über die Souveränität, sondern auch über Leben und Tod eines jeden Bürgers und die Existenz der Nation selbst. Deshalb erkläre ich, daß das Verhalten des Tribunals für konstitutionelle und soziale Garantien nicht nur eine verräterische, niederträchtige, feige und widerliche, sondern auch eine absurde Komödie ist.“[27]

Aus der obigen Analyse der „Gesetzgebung“ Batistas geht also hervor, daß die Staatsordnung des Landes mit Hilfe einer Meute korrupter Juristen den Erfordernissen der reaktionären Diktatur angepaßt wurde. Die gesamte Machtfülle – die Legislative und die Exekutive – wurde in die Hände von Batistas Kreaturen gelegt. Auch der zur Täuschung der Öffentlichkeit geschaffene Konsultative Rat war in Wirklichkeit kein Vertretungsorgan, sondern ein willfähriges Werkzeug in den Händen Batistas. „Der Konsultative Rat“, schrieb „Noticias de Hoy“, „soll zu einem korporativen Organ faschistischen Typs werden ..."[28] Mit der Reform des Wahlkodexes wurde vor allem das Ziel verfolgt, das bisherige Verfahren für die Organisierung von Parteien außer Kraft zu setzen und die Beteiligung der Partei der Werktätigen, der SVP, an den Wahlen ganz unmöglich zu machen.

Das Mittel zur Erreichung der gesteckten Ziele sah die Reaktion vor allem darin, den zur Schaffung einer Partei erforderlichen Prozentsatz der registrierten Wähler zu erhöhen. Nach dem neuen Wahlkodex waren es 8 bis 10 Prozent.

Das Heuchlerische dieser Maßnahmen des Regimes lag auf der Hand.

„Man beginnt wieder mit dem Gerede", schrieb Blas Roca, „daß es zu viele Parteien gäbe. Man beginnt wieder mit dem Gerede, daß man ‚kleine' Parteien auflösen sollte, und dabei hätte die Partei der Progressiven Aktion (die Partei Batistas), die derzeitige ‚Regierungspartei', vor zwei Jahren wohl kaum die zwei Prozent Wähler registrieren können, die für die Schaffung einer Partei erforderlich sind."[29]

Die reaktionären Kreise Kubas hätten den ganzen Wahlkampf auf Kuba am liebsten auf den Scheinkampf zwischen den zwei traditionellen Parteien zurückgeführt, in denen die Bourgeoisie, die Großgrundbesitzer und die Imperialisten herrschten. Sie wollten zu dem alten Zweiparteiensystem zurückkehren, dem System der Liberalen und der Konservativen, die um die Macht stritten oder untereinander Absprachen trafen.

Um Zeit für eine Änderung der Wahlgesetzgebung und Umgruppierung der politischen Kräfte, die den „Wahl"-sieg „erleichtern" sollten, zu gewinnen, vertagte Batista die Wahlen. „Die jetzigen Machthaber", schrieb Blas Roca, „überschlagen, wieviel Zeit sie brauchen werden, um die reaktionären Kräfte, die früher Prío Socarrás und dessen Kandidaten Carlos Hevia unterstützt hatten, umzugruppieren, um die Kräfte des Volkes zu desorganisieren und zu schwächen und bei den Wahlen, die sie letztlich werden durchführen müssen, mittels einer Reihe von Machenschaften zu siegen.“[30]

Neben der Reform der konstitutionellen und der Wahlgesetzgebung griff Batista zu einer ganzen Reihe anderer Maßnahmen gegen die progressive Bewegung. Der Ministerrat erließ das Dekret Nr. 209, nach dem alle Fälle von Verbrechen, die Militärangehörige verübt hatten oder eventuell in Zukunft verüben würden, vor Militärgerichten zu verhandeln waren. Dieses Dekret entzog all jene der Bestrafung, die in der Uniform der Batista-Armee Freiheitskämpfer terrorisierten und mordeten. Für diejenigen aber, die für die Interessen der Werktätigen kämpften, wurde die Todesstrafe eingeführt.

Das Produkt des Staatsstreichs – die Regierung Batista – verschlimmerte lediglich alle sozialen Gebrechen der vorangegangenen Regierung Prío Socarrás.

„Nach dem Staatsstreich vom 10. März“, stellte Fidel Castro fest, „gab es keine tiefgreifenden Veränderungen in der Sozialstruktur des Landes, nicht einmal an der Oberfläche dieses gesellschaftlichen Sumpfes regte sich etwas. Waren für das vorangegangene Regime viele politische Machenschaften, Diebstähle, Willkür und völlige Mißachtung der menschlichen Persönlichkeit kennzeichnend, so verfünffachte das gegenwärtige Regime diese Machenschaften, verzehnfachte die Willkür und verhundertfachte die Mißachtung der menschlichen Rechte.“[31]

Die Regierung Batista dachte an keinerlei Reformen, die die Lage der Werktätigen erleichtern konnten. Sie hatte nicht die Absicht, eine Agrarreform durchzuführen, die dem Großgrundbesitz ein Ende setzen würde. Sie war gegen die Aufteilung von Grund und Boden unter die Bauern. Diese Regierung war weder am Schutz der nationalen Industrie und an der Entwicklung des Außenhandels noch an der Ausarbeitung und Entwicklung eines Plans für die Industrialisierung Kubas interessiert und dachte schon gar nicht an eine Verbesserung der Lage der Werktätigen.

Das Batista-Regime hatte nicht die Absicht, die Rassendiskriminierung aufzuheben. Im Gegenteil, es suchte auf Kuba die gleiche Diskriminierung wie im Süden der USA einzuführen, wo die Hauptarbeitskraft die Neger waren, die schwere Arbeiten verrichteten. In vielen Betrieben und Dienststellen durften Neger nicht eingestellt werden. Es war ihnen nicht gestattet, öffentliche Posten zu bekleiden. Es gab zum Beispiel nicht einen einzigen Neger unter den hochgestellten Beamten, im Diplomatenkorps, an den Gerichten, in den Universitätsräten und unter den Universitätsdozenten. Eine analoge Situation war auch in der Armee zu verzeichnen. Unter den Offizieren gab es keine Farbigen. Bei Aufnahme eines Hochschulstudiums hatten Neger neben den ökonomischen Schwierigkeiten auch noch eine Reihe anderer Hindernisse zu überwinden, die ihnen von der Leitung der Lehranstalten in den Weg gelegt wurden. In den Großstädten gab es Wohnviertel, in denen sich die Hauswirte weigerten, Zimmer an Kubaner mit dunkler Hautfarbe zu vermieten.

Auf die Unterdrückung der früheren konstitutionellen Freiheiten und Institute durch die Diktatur eingehend, charakterisierte Fidel Castro das Wesen des Batista-Regimes wie folgt: „Batista hat weder die Verfassung noch die Bürgerrechte, weder den Kongreß noch das Stimmrecht und schließlich nicht ein einziges der im Lande aufgehobenen Bürgerrechte wiederhergestellt ... Zusammen mit Vertretern der traditionellen Parteien präsentierte sich in der Regierung das Korrupteste, Räuberischste, Konservativste und Archaischste, das es im politischen Leben gab ... Das Batista-Regime warf Kuba in allen Bereichen um 20 Jahre zurück. Das kam alle teuer zu stehen, besonders die einfachen Menschen ...“[32]

Während die Geheimpolizei Batistas mit Repressalien gegen Andersdenkende vorging, begannen die Unternehmer eine erbitterte Offensive gegen die Werktätigen, indem sie Arbeiter und Angestellte in Massen entließen und Aussperrungen organisierten. Noch grausamere Formen nahm die Batista-Tyrannei auf dem Lande an, wo die sogenannte Dorfpolizei – in Wahrnehmung der Interessen der Latifundistas – Gewalt und Willkür gegen die Bauern übte.

Doch trotz der Repressalien verstärkte sich im Lande unter den oppositionellen Kräften die Tendenz, sich zum gemeinsamen Kampf gegen das verhaßte Regime zusammenzuschließen. Unter schwersten Bedingungen rief die SVP alle demokratischen Kräfte konsequent dazu auf, gegen das reaktionäre Regime zu kämpfen, sich zum gemeinsamen Kampf gegen die Diktatur zu vereinigen.

Die reaktionäre Politik Batistas wurde von solchen fortschrittlichen Gruppen wie dem Nationalen Friedenskomitee, der Demokratischen Föderation kubanischer Frauen und dem Studentenbund entschieden verurteilt. Alle diese Organisationen forderten, bevor sie verboten wurden, die unverzügliche Wiederherstellung der konstitutionellen Freiheiten und die Durchführung allgemeiner Wahlen.

Der Studentenbund veröffentlichte eine besondere Erklärung, in der er sich gegen das Batista-Regime wandte und die Wiederherstellung der konstitutionellen Ordnung forderte. Kubanische Jugendorganisationen verurteilten die reaktionären Umtriebe des Batista-Regimes und entlarvten die von Batista angeführte Clique; sie protestierten „gegen die brutale Willkür und die zynische Verhöhnung der öffentlichen Meinung Kubas ...“[33].

Nach dem Staatsstreich verstärkte sich die Verfolgung fortschrittlicher Persönlichkeiten des Landes. So überfiel am 18. März – von der Polizei ungehindert – eine Terroristengruppe die Teilnehmer einer Versammlung, auf der Studentenführer und Vertreter der Intelligenz über die mit dem Staatsstreich Batistas verbundenen Ereignisse berieten. Der Vorsitzende des Nationalen Friedenskomitees, Dr. Elías Entralgo, der Führer der Universitätsstudenten, Armando Hart, und andere Personen wurden dabei verletzt.

Diesem Überfall, der eine Welle der Empörung im

ganzen Land auslöste, folgte eine Reihe gleichartiger rechtswidriger Akte.

Am 7. Mai 1952 überfiel die Polizei die Zentrale sowie 43 Räume der örtlichen Organisationen der SVP, verhaftete 40 Personen und beschlagnahmte große Bestände an Literatur, in der das Batista-Regime kritisiert wurde. Überfallen wurden auch die Räume der Zeitung „Noticias de Hoy".

Am 28. Mai 1952 ging die Polizei gegen eine kommunistische Demonstration in der Umgebung von Havanna vor und nahm 9 Demonstranten fest, die ein Transparent mit der Losung „Fort mit den amerikanischen Imperialisten!" trugen. Die Demonstranten forderten die Wiederherstellung der durch das Batista-Regime aufgehobenen Verfassung von 1940. Am 29. Mai 1952 jagte die Polizei eine Demonstration vor dem Munizipalitätsgebäude auseinander, die aus Protest gegen eine Regierungsanordnung organisiert worden war, wonach alle Munizipalräte Kubas entweder der neuen, von der Batista-Regierung in Kraft gesetzten Verfassung zustimmen oder zurücktreten sollten.

Batistas Maßnahmen stießen bei den Volksmassen auf Widerstand. Besonders nachdrücklich offenbarte sich die Solidarität der Werktätigen am Ersten Mai 1952. Die Regierung Batista hatte Maidemonstrationen und -meetings verboten. Rund fünftausend bewaffnete Polizisten und Soldaten überschwemmten die Straßen von Havanna. Die Streitkräfte wurden in Kampfbereitschaft versetzt. Die Reaktion konnte es aber nicht verhindern, daß der Tag der internationalen Solidarität der Werktätigen dennoch begangen wurde. Sowohl in der Hauptstadt als auch in der Provinz kam es zu Massenmeetings, die unter den Losungen „Es lebe der 1. Mai!", „Nieder mit der Diktatur!", „Es lebe die Gewerkschaftsdemokratie!", „Es lebe die Verfassung!" standen. Die Art und Weise, wie der Erste Mai begangen wurde, bestätigte, daß der Wille der Werktätigen zum Kampf für Einheit, Frieden, Demokratisierung der

Staatsordnung und radikale fortschrittliche Umgestaltungen erstarkte.

Die Reaktion schwenkte erneut das schwarze Panier des Antikommunismus. Kubas Propagandaminister Ernesto de la Fe erklärte, die Regierung Batista habe eine Kampagne „zur Ausrottung und Ausmerzung des Kommunismus" beschlossen. De la Fe erläuterte, diese Ankündigung stehe im Zusammenhang mit der Äußerung des USA-Unterstaatssekretärs für interamerikanische Angelegenheiten, Miller, wonach die kommunistische Infiltration auf Kuba bedenklichen Charakter annehme. Die Regierung Batista, betonte de la Fe, habe beschlossen, die Lage, von der Miller sprach, „realistisch einzuschätzen".

Der „Kampf gegen den Kommunismus" war der Vorwand, um eine Welle von Repressalien über alle politischen Gegner der Diktatur hereinbrechen zu lassen. Im Juni 1952 überfiel die kubanische Polizei die Räumlichkeiten der Partido del Pueblo Cubano und nahm viele Führer dieser Partei fest, darunter auch den ehemaligen Präsidentschaftskandidaten Roberto Agramonte. Der Überfall wurde zu einem Zeitpunkt verübt, da die Parteiführer das Andenken des Helden des kubanischen Unabhängigkeitskampfes, General Antonio Maceo, ehrten. Auf einen Protest gegen diesen Überfall hin eröffnete die Polizei das Feuer gegen eine Gruppe von Anwesenden.

Die Repressalien wurden noch hemmungsloser. Am 9. Juli verhafteten Organe des Abwehrdienstes der kubanischen Armee Rafael García Barcena, Professor an der Universität von Havanna, und vier weitere Personen unter der falschen Anschuldigung, an einer Verschwörung zur Ermordung Batistas teilgenommen zu haben. Offiziere des Abwehrdienstes behaupteten ferner, diese fünf Personen hätten Spionage zugunsten der ehemaligen Regierung betrieben. Die Verhafteten wurden unmenschlich gefoltert.

Am 1. August 1952 teilte die Polizei mit, daß es ihr gelungen sei, eine Verschwörung aufzudecken, die den Sturz der kubanischen Regierung und die Ermordung Batistas zum Ziel gehabt habe, und daß der ehemalige Präsident Kubas, Prío Socarrás, die Verschwörung mit 2 Millionen Dollar finanziert habe. Die Verschwörung habe, so lautete die in Umlauf gesetzte Version, die Ermordung General Batistas vorgesehen. Zuvor habe man strategisch wichtige Punkte Kubas durch Flugzeuge bombardieren wollen, die bei der kubanischen Armee erbeutet werden sollten.

Zum Führer der angeblichen Verschwörung gegen Batista wurde der Spanier Valentín González erklärt. Zu den Verhafteten gehörten der ehemalige Polizeimajor Luis Varona, der Bruder des ehemaligen Ministerpräsidenten Antonio Varona, der ehemalige Major Roberto Gutiérrez und 6 Polizisten. Einer der verhafteten Zivilisten war der ehemalige Munizipalrat Cándido de la Torre.

Die Kommission des Konsultativrates für rechtliche und gesetzgeberische Fragen billigte eine Resolution, in der die Einsetzung einer Kommission zur Untersuchung der Tätigkeit der Kommunisten gefordert wurde.

Der katholische Munizipalrat Fernández González, der für diese Resolution sprach, zitierte die bereits erwähnte Erklärung des Unterstaatssekretärs für interamerikanische Angelegenheiten, Miller.

Ein Militärgericht verurteilte fünf der Organisierung einer Verschwörung angeklagte Polizisten zu 4 Jahren und 2 Monaten Gefängnishaft: 8 Zivilisten, die ebenfalls im Zusammenhang mit einer angeblichen Verschwörung verhaftet worden waren, wurden mangels Beweises auf freien Fuß gesetzt ...

Bald darauf verübte der Geheimdienst Batistas einen Überfall auf das Kubanisch-Sowjetische Institut für kulturelle Beziehungen. Der regierungsfeindlichen Tätigkeit beschuldigt, erklärte Mario Cashilan, Redakteur der Zeitung „Prensa libre“ und Funktionär des Instituts, er sei am 18. August von drei „Unbekannten“ verschleppt und bewußtlos geschlagen worden. Die Nationale Journalistenvereinigung Kubas rief im Zusammenhang mit dem Überfall auf Mario Cashilan zu einem dreitägigen Streik auf. Die Sozialistische Volkspartei erhob zornigen Protest gegen Überfälle auf Journalisten wie Cashilan, die sich gegen das Batista-Regime wandten.[34]

Im August 1952 nahm die Polizei 20 Demonstranten fest, die sich vor dem Gebäude der Partido del Pueblo Cubano anläßlich des Geburtstags des 1951 verstorbenen Begründers der Partei, Eduardo Chibás, versammelt hatten.[35]

Am 21. August 1952 protestierte der Sozialistische Jugendverband Kubas gegen den Besuch des amerikanischen Obersten Kenneth Jones. Sein Besuch hing mit der Unterzeichnung eines Militärabkommens zwischen den USA und Kuba zusammen, da die kubanische Regierung sich an dem Militärabenteuer der USA-Regierung in Korea zu beteiligen gedachte. Als Antwort darauf veranstaltete die Polizei eine Razzia unter den Führern und Funktionären des Verbandes. Dutzende von ihnen wurden festgenommen, eingekerkert und gefoltert.

An den Repressalien beteiligten sich nicht nur Polizeieinheiten und Agenten verschiedener Sicherheitsdienste, sondern auch von batistahörigen Offizieren geführte Armee-Einheiten. So verhafteten die Militärbehörden beispielsweise 31 Personen, die der „Verschwörung" zum Sturz des Regimes beschuldigt wurden, darunter den ehemaligen Ministerpräsidenten Manuel Antonio de Varona sowie die Kongreßmitglieder Aniceto Cabezas und Oscar Alvarado.

Im Dezember 1952 meldete die Ortspolizei von Mamaroneck (Staat New York) die „Aufdeckung einer Verschwörung", die sich angeblich den Aufstand gegen die Batista-Regierung zum Ziel gesetzt hatte; sie meldete ferner die Festnahme zweier Personen und die Beschlagnahme großer Bestände an Waffen und Munition, die diese Personen gekauft und bis zur Absendung nach Kuba gelagert hatten.

Presse und Rundfunk auf Kuba widmeten den provokatorischen Meldungen über die Aufdeckung eines Waffenlagers in Mamaroneck viel Aufmerksamkeit; mit diesen Waffen sollte „nach vorliegenden Meldungen" auf Kuba zu Weihnachten ein Aufstand entfesselt werden. „Es liegt auf der Hand", schrieb „Noticias de Hoy", „daß dieser provokatorische Rummel auf den Wunsch zurückzuführen ist, einen Vorwand für die Festnahme immer neuer Gegner des Regimes und einfach Batista nicht genehmer Personen zu finden."[36]

Unter diesem Vorwand gaben die Behörden Kubas auch die Verhaftung von 10 ehemaligen Marineoffizieren, darunter des ehemaligen Oberkommandierenden der Marine, Agila Ruiz, bekannt. Die Polizei überfiel und demolierte die Räumlichkeiten der Gewerkschaften in Luyano (Provinz Havanna), San Leopoldo, San Ignazis, Monserrat, Marianao und anderen Orten. Die Polizei verbrannte nicht nur die Einrichtungen und den sonstigen Besitz dieser Gewerkschaftszentren, sondern vernichtete auch die Porträts des Nationalhelden Kubas, José Martí.

Diese und andere Provokationen lösten breite Proteste aus. Auch in „Noticias de Hoy" wurden sie am 1. Februar 1953 entschieden verurteilt. Proteste erhoben ferner Vertreter der Jugendorganisation der Orthodoxen, des Sozialistischen Jugendverbandes und vieler anderer Organisationen.

Am 15. Januar 1953 wurden bei einer Protestdemonstration gegen die Schändung des Denkmals für den Mitbegründer der Kommunistischen Partei Kubas, Julio Antonio Mella, 11 Studenten verletzt. Die Studenten zogen durch die Straßen und riefen in Sprechchören: „Nieder mit der Batista-Diktatur!" Sie führten eine Strohpuppe Batistas mit, der sie das Schild „Mörder!" umgehängt hatten. Die Polizei nahm viele Studenten und Oberschüler fest.

Einen Monat später, am 10. Februar 1953, fand in Havanna eine Massendemonstration der Jugend anläßlich des 100. Geburtstags von José Martí statt. Diese Demonstration war ein Beweis für die hohe Moral der kubanischen Jugend angesichts des im Lande herrschenden Polizeiterrors. Es beteiligten sich Mitglieder der Jugendsektion der Partido Revolucionario Cubano, der verbotenen Organisationen der sozialistischen Jugend, des Studentenbundes, verschiedener Theatergruppen, der Demokratischen Föderation kubanischer Frauen und anderer Organisationen. Als die Demonstration vorüber war, wurden Dutzende ihrer Teilnehmer verhaftet.

Kurz vor dem ersten Jahrestag der Machtergreifung durch Batista trafen die Polizei und die Streitkräfte in ganz Kuba außerordentliche Vorsichtsmaßnahmen, um eventuellen Protestaktionen vorzubeugen. Dennoch kam es in Havanna und anderen Städten zu Protestdemonstrationen und -meetings. Am 2. März 1953 verletzte die Polizei drei gegen die Regierung demonstrierende Studenten. Die Demonstranten erklärten diesen Tag zum „Tag der nationalen Trauer", weil die Regierung noch einmal deutlich gemacht hatte, daß es für sie keine elementaren Bürgerrechte mehr gab. Wenig später, am 23. April 1953, jagte die Polizei eine Demonstration von Schülern auseinander und nahm dabei 175 Teilnehmer fest.

Im April 1953 rief der Studentenbund im ganzen Land den Proteststreik gegen die Folterungen politischer Häftlinge aus.

Am 25. Mai 1953 verbarrikadierten sich die Studenten in der Nationalen Universität von Havanna aus Protest gegen die Urteile, die gegen Professor García Barcena und andere Oppositionsführer gefällt worden waren. Die Polizei sperrte das Gebäude ab und nahm zahlreiche Verhaftungen vor.

Im Juni 1953 überfiel die Polizei die Räumlichkeiten der Kulturgesellschaft der Ukrainer und Belorussen in Havanna und beschädigte sie. Im Juli und August desselben Jahres wurden die Räume der Gewerkschaften der Bauarbeiter, der Bäcker, der Möbeltischler und Lagerarbeiter überfallen. Demoliert wurden die Gebäude der Demokratischen Föderation kubanischer Frauen, der Gewerkschaften der Arbeiter der Konfektionsbetriebe sowie der Ortsorganisationen der SVP in Santiago de Cuba, Santa Clara und anderen Städten.

Überfallen wurden auch die Wohnungen des Vorsitzenden der SVP, Juan Marinello, ihres Generalsekretärs, Blas Roca, und Hunderter anderer Personen.

Dennoch reiften in dieser schweren Zeit der ersten Jahre der Diktatur, die die gesamte Opposition unterdrückt und zerschlagen zu haben schien, im Land allmählich mächtige Kräfte des Widerstands heran. Ihnen war es letztendlich beschieden, das diktatorische Regime zu Grabe zu tragen und die erste sozialistische Revolution in der westlichen Hemisphäre zu vollziehen. In einer Zeit, da ein bedeutender Teil der Auténticos und der Orthodoxen noch mit einem Erfolg im Kampf um „ehrliche Wahlen" rechnete, da die Arbeiterbewegung noch zersplittert war und die Studentenbewegung der Diktatur nicht aktiv entgegentreten konnte, in einer Zeit, da die Sozialistische Volkspartei ihre Tätigkeit zur Mobilisierung und zum Zusammenschluß der Arbeitermassen für den Kampf gegen die Diktatur gerade erst begonnen hatte, beschloß eine Gruppe junger Menschen (überwiegend Orthodoxe), geleitet von dem Rechtsanwalt Fidel Castro Ruz, den bewaffneten Kampf gegen die Diktatur aufzunehmen.[37]

Anmerkungen:

1 A. Thomas, Die Geschichte Lateinamerikas, Moskau 1960, S. 507 (russ.).
2 Kuba. Zehn Jahre Revolution, Moskau 1968, S. 75 (russ.).
3 Magazine of Wall Street v. 22. 3. 1952, p. 35.
4 The New York Times v. 23. 3. 1952.
5 1 Caballería = 13,43 Hektar.

6 Report on Cuba. Figures and Recommendations of Economic and Technical Mission Organised by the International Bank for Reconstruction and Development of Cuba in 1950. Francis Adams Truslow Chef of Mission Organised Published for Reconstruction and Development. Baltimore, 1951.

7 Durch Aneignung von Gewerkschaftsgeldern sowie aus Zuwendungen der Regierung und der Besitzer amerikanischer Unternehmen raffte E. Mujal in kurzer Zeit ein Vermögen von 4 Millionen Peso zusammen.

8 A. Jefimow, A. Antschischkin, Kuba plant seine Wirtschaft, Moskau 1963 (russ.); H. Matthews. The Cuban Story. New York, 1961, p. 246.

9 Dieses zwischen zuckerproduzierenden Ländern geschlossene Abkommen berechtigte Kuba, 2,25 Millionen Tonnen Zucker auf den Weltmarkt zu bringen.

10 Obra revolucionaria, 1961, N. 41, S. 12.

11 R. C. Bonilla. Obras historicas. La Habana, 1963, S. 309/310.

12 J. Le Riverend. La Republica: dependencia y revolución. La Habana, 1966, S. 362.

13 U. S. Treaties and other International Acts Series (im weiteren – TIAS). Washington, 1953, N 2779, vol. 4, S. 210.

14 TIAS, N 2836, vol. 4, S. 1697.

15 TIAS, N 2692, vol. 5, S. 737.

16 TIAS, N 3953, vol. 8, S. 2375.

17 F. Batista. The Growth and Decline of the Cuban Republic. New York, 1964, S. 42.

18 E. G. Galbe. Sintesis republicana de Cuba. La Habana, 1959, S. 53, 54.

19 Noticias de Hoy v. 15. 4. 1952.

20 Robert Merle, Moncada. Fidel Castros erste Schlacht, Berlin und Weimar 1968, S. 81.

21 A. N. Jiménez, Die kubanische Revolution. In: Kuba. Historisch-ethnographische Skizzen, Moskau 1961, S. 28f. (russ.).

22 Robert Merle, a. a. O., S. 89.

23 Ley constitucional para la Republica de Cuba. Aprobada por el consejo de ministros 4 de abril y publicada en edición extraordinaria de la „Gaceta oficial" del mismo dia. La Habana, 1953, S. 18.

24 Ebenda, S. 32.

25 Noticias de Hoy v. 6. 8. 1952.

26 Ley constitucional…, S. 75.

27 F. Castro, Reden und Aufsätze, S. 81 f.

28 Noticias de Hoy v. 16. 8. 1952.

29 Noticias de Hoy v. 23. 3. 1952.

30 Noticias de Hoy v. 6. 8. 1952.

31 F. Castro, Reden und Aufsätze, S. 76.

32 Ebenda, S. 77.

33 Noticias de Hoy v. 29. 3. 1952.

34 Noticias de Hoy v. 19. 8. 1952.

35 Noticias de Hoy v. 21. 8. 1952.

36 Noticias de Hoy v. 25. 12. 1952.

37 Siehe L. J. Sljoskin, a. a. O., S. 302f.

Der Sturm auf die Moncada und seine historische Bedeutung

> Wenn Karl Marx von den Pariser Kommunarden sagte, sie wären bereit gewesen, den Himmel zu stürmen, so muß man von einigen Dutzend junger Menschen, welche die Moncada mit Jagdflinten attackierten, sagen, sie hätten versucht, den Himmel zu überrumpeln.
>
> Raúl Castro

Am 26. Juli attackierte eine von Fidel Castro befehligte Abteilung bewaffneter kubanischer Patrioten die Militärkasernen Moncada und Bayamo in der Provinz Oriente, das Bollwerk der volksfeindlichen proamerikanischen Diktatur im Osten des Landes. Damals vernahm ganz Kuba, und bald darauf die ganze Welt, die Namen der furchtlosen Kämpfer, die in nicht allzu ferner Zukunft eine hervorragende Rolle im Befreiungskampf des kubanischen Volkes und in der siegreichen Entwicklung der kubanischen sozialistischen Revolution spielen sollten. Die revolutionäre Jugend wollte sich der Moncada, dieser Bastion der Tyrannei, bemächtigen und das Volk zu einer Erhebung mitreißen. Vom Gefühl der staatsbürgerlichen Pflicht, von der Liebe zu ihrem leidgeprüften Heimatland und dem von einheimischen und ausländischen Ausbeutern unterdrückten Volk durchdrungen, setzten die jungen Patrioten all ihre Kräfte und Mittel für die Vorbereitung des Sturms ein. Fidel Castro erläuterte in seiner Rede anläßlich des 20. Jahrestages des Sturms auf die Moncada die Ziele der jungen Patrioten folgendermaßen:

„Der Staatsstreich vom 10. März als höchster Ausdruck der Verzweiflung und der Unzufriedenheit des Volkes, vor allem aber des feigen Schwankens der bürgerlichen Parteien und ihrer renommiertesten Führer, das unsere Bewegung zwang, die Verantwortung für den Kampf zu übernehmen, schuf günstige Voraussetzungen für die Durchsetzung dieser Ideen. Auf ihnen beruhte die politische Strategie des am 26. Juli begonnenen Kampfes:

Die ersten revolutionären Verordnungen sollten in Kraft treten und über alle Medien verbreitet werden, sobald die Stadt Santiago de Cuba in unserer Hand war.

Es war geplant, das Volk aufzurufen gegen Batista und für die praktische Verwirklichung dieser Ziele zu kämpfen.

Die Arbeiter des ganzen Landes sollten – über die Köpfe der regierungshörigen Gewerkschaften und ihrer verräterischen Führer hinweg – zu einem revolutionären Generalstreik aufgerufen werden.

Die Kriegstaktik wollte man der Entwicklung der Ereignisse anpassen.

Wenn die Stadt, die wir besetzen wollten, gegenüber dem Feind in Santiago de Cuba mit 1000 Soldaten nicht gehalten werden konnte, wollten wir den Guerillakrieg in der Sierra Maestra beginnen."[1]

Die Führer der kubanischen Revolution betonten wiederholt, das Hauptziel des Sturms auf die Moncadakaserne sei das Bestreben gewesen, den vom diktatorischen Regime unterdrückten Massen ein Signal zu geben, sie zum bewaffneten Kampf zu mobilisieren und alsdann radikale sozialökonomische Umgestaltungen zu vollziehen.

Insbesondere sei betont, daß der Sturm auf die Moncadakaserne nicht die Machtergreifung durch eine Handvoll Kämpfer zum Ziel hatte. Der Angriff war nur als erster Schritt zum Beginn der Revolution gedacht; er war nicht geplant als ein isolierter Akt zur Erringung eines leichten Sieges ohne Mitwirkung der Massen. Es war, um mit Raúl Castro zu sprechen, ein Überraschungsangriff, um den Feind zu entwaffnen und die Waffen an das Volk zu übergeben, damit es den bewaffneten Kampf beginne.

Der Sturm auf die Moncada wurde nicht nur dazu unternommen, Batista zu stürzen und seine Komplicen von ihren

Machtpositionen zu entfernen. Er sollte vielmehr den Prozeß der Umgestaltung der gesamten politischen und sozialökonomischen Ordnung auf Kuba einleiten.

Die Teilnehmer des Sturms auf die Moncada verfolgten weitreichende Ziele. Am vollständigsten und exaktesten legte sie Fidel Castro während des Prozesses gegen die Teilnehmer an diesem Sturm dar. Das Wesentliche bestand in folgendem: Verteilung von Grund und Boden unter die Bauern, Ausrottung des Latifundismus, volle Souveränität und Unabhängigkeit Kubas, Erweiterung der demokratischen Rechte für das Volk, Beseitigung der Arbeitslosigkeit, Industrialisierung des Landes und Aufhebung seiner halbkolonialen Abhängigkeit vom Auslandskapital sowie eine Reihe anderer Maßnahmen auf dem Gebiet der sozialen und politischen Umgestaltungen.

Das war ein revolutionär-demokratisches Programm.

Bei der Einschätzung der historischen Bedeutung des Sturms auf die Moncada darf man nicht allein davon ausgehen, daß er vom militärischen Standpunkt aus mißlang, bedeutete er doch den Beginn der kubanischen Revolution. Der Sturm auf die Moncada weckte das Bewußtsein breiter Bevölkerungsschichten. Mit ihm begann die Periode des bewaffneten Kampfes, der zum Sturz der Batista-Tyrannei führte; er zeigte die Untauglichkeit des bürgerlichen Reformismus und war der Prolog zum Landeunternehmen „Granma" und zum Partisanenkrieg in den Bergen der Sierra Maestra.

„Wenn wir heute von den Sternstunden der kubanischen Geschichte sprechen", unterstrich der Generalsekretär des ZK der KPdSU, L. I. Breshnew, in seiner Rede auf der Großkundgebung in Havanna am 29. Januar 1974, „so müssen wir die heldenhaften Bannerträger Ihrer Revolution würdigen. Unter den Bedingungen harter Diktatur trat eine Handvoll Kämpfer mutig gegen die Unterdrücker an, entzündete die Volksmassen mit ihren Ideen und führte sie in den siegreichen Kampf. Das war eine wahrhaft große Heldentat."[2]

Die Größe der Heldentat der kubanischen Patrioten besteht ferner in ihrer weitblickenden Erkenntnis, daß zur Führung des Kampfes gegen die Batista-Tyrannei eine revolutionäre Organisation geschaffen werden mußte. Es war nicht von der Gründung einer politischen Partei im allgemein üblichen Sinne die Rede, was vom politischen Scharfblick der jungen Revolutionäre zeugt. Sie hatten begriffen, daß es zu einer Zeit, da die bürgerlich-politischen Parteien ihre Autorität in den Augen des Volkes endgültig untergraben hatten, darauf ankam, in kürzester Frist eine revolutionäre demokratische Organisation neuen Typus zu schaffen. Diese durfte mit der Praxis bürgerlichen Politikastertums nichts gemein haben. Auf Kuba wirkte zu jener Zeit bereits eine proletarische Organisation neuen Typus, die Sozialistische Volkspartei, die die Interessen des kubanischen Proletariats zum Ausdruck brachte. Es war das Verdienst der Helden des Moncadasturms, daß sie das unterirdische Grollen des revolutionären Stroms des Befreiungskampfes vernahmen und sich an seine Spitze stellten. Sie schufen eine Organisation, die die revolutionär-demokratischen Interessen des Volkes zum Ausdruck brachte. Im Prozeß des Voranschreitens der Revolution vereinte sich der volksdemokratische Strom mit dem proletarischen, dem sozialistischen Strom in den gemeinsamen Bahnen des Marxismus-Leninismus. So entstand die führende Kraft der kubanischen sozialistischen Revolution, die Kommunistische Partei Kubas.[3]

Im Jahre 1952 gründeten Fidel Castro und Abel Santamaría die Organisation „Jugendgeneration des Jahrhunderts", der ehemalige Mitglieder der Jugendfraktion der Orthodoxen Partei angehörten.[4] Diese Bewegung formierte sich ursprünglich als unabhängiger „revolutionärer Flügel" der Partei der Orthodoxen. Nachdem sie den Weg des bewaffneten Kampfes gegen die Diktatur eingeschlagen hatte, distanzierte sich die „Bewegung des 26. Juli", so genannt zu Ehren des denkwürdigen Tages des Sturms auf die Moncada, entschieden von der opportunistischen

Führung der Orthodoxen Partei und brach offen mit dieser.

Der Angriff auf die Moncadakaserne wurde von Fidel Castro, Abel Santamaría und ihren Mitstreitern seit Dezember 1952 in Artemisa (Provinz Pinar del Río) und Havanna vorbereitet.

„Man muß einen kleinen Motor anlaufen lassen, damit der große anspringt“[5], sagte Fidel Castro in der Periode der Vorbereitung des Sturms auf die Moncada. Die Einnahme der Moncadakaserne sollte nach den Plänen Fidel Castros und seiner Mitstreiter zum revolutionären Impuls werden, der die Massen der Kubaner in Bewegung setzte und zum Kampf gegen die Tyrannei mobilisierte.

Die Wahl, so berichtet ein Teilnehmer am Sturm, das heutige Mitglied des ZK der KP Kubas Jesús Montané, war deswegen auf die Moncadakaserne gefallen, weil sie die zweitgrößte und zweitwichtigste Militärfestung auf Kuba war. „Wir begriffen sehr wohl“, erinnerte sich später Jesús Montané, „daß es ein recht schwerer Schlag für die regierenden Kräfte gewesen wäre, wenn wir es fertiggebracht hätten, uns eines so wichtigen strategischen Punktes zu bemächtigen ... Der psychologische Effekt von der Eroberung der Moncadakaserne hätte gute Dienste beim Sturz der Diktatur leisten können. Wir wollten Kräfte in Oriente sammeln, um den Kampf in anderen Provinzen des Landes fortsetzen zu können.“[6]

Der Sturm auf die Kaserne wurde auf den Sonntag, den 26. Juli 1953, festgesetzt. An diesem Tag erreicht der traditionelle Karneval in Santiago seinen Höhepunkt, und Scharen von Karnevalsteilnehmern überschwemmen die Straßen der Stadt. Im festlichen Trubel konnte die Ankunft der Teilnehmer am geplanten Überfall aus Havanna – und ein großer Teil der Anhänger Fidel Castros befand sich in der Hauptstadt – von den Agenten der Geheim- und Sicherheitsdienste Batistas unbemerkt bleiben, kamen doch Tausende von Kubanern aus dem ganzen Land in der Karnevalswoche nach Santiago. Als Touristen getarnt, konnten die jungen Revolutionäre Santiago erreichen und ihre Waffen dorthin befördern.

Für den Angriff auf die Moncadakaserne wurde ein von Fidel Castro geleiteter Stab geschaffen. Ihm gehörten Abel Santamaría (Stellvertreter des Stabschefs), José Luis Tasende, Renato Guitart, Antonio López Fernández („Nico“), Pedro Miret und Jesús Montané an.

Zum Kauf der Waffen, die für die geplante Operation erforderlich waren, wurde Geld gebraucht. „Um Gewehre und Munition kaufen zu können, mußten wir sogar am Essen sparen; unsere Kameraden gaben das Rauchen auf; sie leisteten sich nicht einmal eine Tasse Kaffee für drei Centavos; das Geld für einige wenige Waffen mußte vom Munde abgespart werden“[7], erinnert sich Haydée Santamaría. Teilnehmer der Bewegung versagten sich das Allernotwendigste, um der Kasse Geld zuführen zu können. Abel Santamaría verkaufte seinen Kraftwagen, Fernando Chenard ein Fotostudio mit Ausrüstung, Jesús Montané steuerte seine ganzen Ersparnisse bei. Es wurden 16480 Peso gesammelt.[8] Für dieses Geld konnten nur alte Waffen gekauft werden: einige Dutzend fünfschüssige automatische Jagdflinten, Kaliber 12, etwa ebensoviel halbautomatische Karabiner 22, eine Browning-Maschinenpistole, Kaliber 45, ein Ml-Karabiner und einige Winchesterbüchsen mit gestutztem Rohr, Kaliber 44.[9]

Nach Beschaffung der Waffen ergab sich für die jungen Revolutionäre die nicht minder komplizierte Aufgabe, deren Gebrauch zu erlernen. Zu diesem Zweck traten einige junge Leute Jagdklubs bei, andere richteten Schießstände außerhalb der Stadt, auf den Farmen ihrer Freunde, ein. Auch an kleineren Schießständen wurde geübt. Zur Lagerung der Waffen und zur Vorbereitung des Überfalls wurde eine Farm unweit von Santiago, an der Straße zum Strand Siboney gepachtet.[10] Auf ebendieser Farm versammelten sich die Kämpfer am Vorabend des Angriffs, um Waffen, die dort in einem Brunnen versteckt waren, in Empfang zu nehmen. Direkt in Santiago waren ebenfalls

Die „Granja Siboney", heute Revolutionsmuseum

mehrere Häuser zur Unterbringung der Kämpfer gemietet worden. Renato Guitart, der die Stadt gut kannte, machte alle mit dem Festungsplan vertraut.

In der Nacht zum 25. Juli verließen die Kämpfer (165 Mann) die Hotels und Häuser in Santiago und versammelten sich auf der Farm. Alle trugen die Uniformen von Soldaten der Batista-Armee, das einzige, was die Teilnehmer am geplanten Angriff von den echten Soldaten unterschied, waren die vorsintflutlichen Gewehre. Fidel Castro machte alle mit dem Gesamtplan bekannt und wies jeder Gruppe ihre Aufgabe zu. Die Kämpfer wurden angehalten, Gefangene human zu behandeln. Unter den auf der Farm Versammelten waren zwei Mädchen – Haydée Santamaría und Melba Hernández. Beide nahmen am Angriff teil und betreuten die verwundeten Kameraden.

Fidel Castro richtete an die künftigen Helden des Sturms auf die Moncada folgende Geleitworte: „Im Kampf ist nicht mehr die zahlenmäßige Stärke des Gegners von Bedeutung, sondern seine Kampfkraft. Durch Abhalten prächtiger Paraden suchte Batista den Schein der Unbesiegbarkeit seiner mit modernsten Waffen ausgerüsteten Armee zu erwecken. Er wollte alle glauben machen, der bewaffnete Kampf des Volkes gegen die Tyrannei sei unmöglich und zum Scheitern verurteilt. Das Volk sollte seine völlige Ohnmacht und Hilflosigkeit spüren. Ihr werdet diesen Mythos zerstören, ihr werdet beweisen, daß dies ein gemeiner Betrug ist und daß keine Armee dem Mut und der Entschlossenheit des Volkes standhalten kann. Und sollten wir auch einen Mißerfolg erleiden – man muß auch diese Möglichkeit voraussehen –, sollten wir einen Mißerfolg erleiden, wird unser Kampf neue Kämpfer auf den Plan rufen, sie werden die unseren Händen entglittenen Waffen aufheben. Martí hat gesagt, daß Helden nicht ohne Nutzen für das Volk sterben und daß die großen Ideen, einmal geboren, niemals mehr aus dem Gedächtnis des Volkes zu löschen sind. Sollten wir den Tod finden, so doch nicht umsonst! Die Ideen, für die wir heute hier, in Oriente, das Banner des Kampfes entrollen, werden niemals sterben!“ [11]

Nach den leidenschaftlichen und flammenden Worten Fidel Castros wandte sich Abel Santamaría an die Kämpfer. Er schloß seine Ansprache mit dem Ruf: „Freiheit oder Tod!“

Um 4.00 Uhr früh waren die Kämpfer angriffsbereit. Für den Stoßtrupp, der den Posten 3 überwältigen sollte, waren Carmelo Noa und Ramiro Valdés aus Artemisa, José Luis Tasende, ein Brauereiarbeiter, Pepe Suárez Blanco, ein Führer der revolutionären Jugend in der Provinz Pinar del Río, Renato Guitart aus Oriente und Jesús Montané Oropesa ausgewählt worden.

Im Morgengrauen fuhren 26 Kraftwagen mit den Teilnehmern am Sturm nach Santiago. Die Vorausabteilung attackierte den Posten 3 der Moncadakaserne. Auf dem Posten befanden sich zwei Soldaten und ein Sergeant. Die Soldaten leisteten keinen Widerstand, doch der Sergeant löste trotz Drohung die Alarmglocke aus.

Die Kaserne geriet in Bewegung. Der Überraschungsangriff war mißlungen. Einer Handvoll schlecht bewaffneter junger Leute standen Hunderte von Soldaten der regulären Armee mit modernen Waffen gegenüber. Der Wagen, in dem Fidel Castro fuhr, stieß auf eine Streife. Nach einem Feuerwechsel mit der Streife nahm die 45 Mann starke, von Fidel Castro geführte Gruppe den Kampf an den Zugängen zur Moncadakaserne auf. Eine 10 Mann starke, von Raúl Castro befehligte Gruppe bemächtigte sich des Justizpalastes, während die Gruppe Abel Santamarías (21 Mann) das Zivilkrankenhaus in der Nähe der Kaserne besetzte.

Der Justizpalast und das Zivilkrankenhaus neben der Moncadakaserne waren taktisch wichtige Punkte. Doch die Übermacht war auf seiten der Batista-Armee. In der Kaserne waren zahlreiche Soldaten zusammengezogen, und die Kaserne selbst war eine Festung, von mehreren Reihen Stacheldraht umgeben.[12] Die Kräfte waren ungleich, das

Überraschungsmoment war mißglückt. Zur Unterstützung der angegriffenen Garnison setzte der Diktator eiligst zusätzliche Kräfte in Marsch, darunter auch Panzereinheiten.

Nach mehrstündigem Kampf entschloß sich Fidel Castro zum Rückzug. Er befahl den Aufständischen, in kleinen Gruppen in die Berge zurückzuweichen. Einige Gruppen zerstreuten sich in der Stadt, anderen gelang es, die Stadt zu verlassen und sich in den umliegenden Bergen, dem höchsten Teil des Gran-Piedra-Gebirgszuges, zu verstekken. Die Revolutionäre versuchten sich in kleinen Grüppchen durch die Sperren zu schlagen, doch am 1. August waren in den Bergen nur noch 3 Kämpfer: Fidel Castro, Pepe Suárez und Oscar Alcalde. Auch sie wurden bald darauf von einer Abteilung Soldaten im Schlaf überrascht und festgenommen.

Am 26. Juli verhängte der Diktator über das ganze Land den Ausnahmezustand.

Massenverhaftungen setzten ein. Teilnehmer des Angriffs und Personen, die man der Sympathie für die Revolutionäre verdächtigte, wurden ohne Gericht und Untersuchung ermordet. Ein großer Teil der Kämpfer, die am Sturm auf die Moncada teilgenommen hatten, starben infolge unmenschlicher Foltern und der Grausamkeit der Batista-Henker.[13] Dabei taten sich der Sergeant Eulogio González, „Tiger" genannt, und Oberst Chaviano besonders hervor. Chaviano hatte sich während der Kämpfe um die Moncadakaserne in sein Appartement zurückgezogen, beteiligte sich aber höchst aktiv an den Repressalien gegen die gefangengenommenen Kämpfer.

Der Beschluß über die Ermordung der Gefangenen wurde von Batista und General Tabernilla am 26. Juli in Havanna gefaßt, und Chaviano führte diesen unmenschlichen Befehl diensteifrig aus.

Am 26. Juli traf um 15.00 Uhr ein Emissär des Diktators mit einem Militärflugzeug in Santiago ein. Er brachte aus Havanna besondere Instruktionen mit: Für jeden gefallenen Soldaten waren zehn Gefangene zu erschießen. Die viehische Ausrottung der Revolutionäre begann: Sie mußten auf Schießständen als „Schießscheiben“ dienen, wurden lebend mit auf dem Rücken gefesselten Händen eingegraben, von Dächern hinabgestürzt, vor Gräbern, die sie selbst ausheben mußten, erschossen; Verwundete wurden aus Krankenhäusern gejagt und über Treppen geschleift, bis sie tot waren. Man ließ Gefangene angeblich frei und schoß ihnen alsdann in den Rücken, man hängte sie, riß ihnen die Augen heraus, spritzte Kampfer und Luft in die Venen, erwürgte sie in Folterkammern mit Soldatenriemen.

Zornig und schmerzerfüllt berichtete Fidel Castro in seiner historischen Rede vor Gericht über die Grausamkeit, Unmenschlichkeit und Barbarei der „Vergeltung“ gegenüber den Teilnehmern am Sturm. Er sagte: „Verzehnfacht das Verbrechen vom 27. November 1871 (an diesem Tag richteten spanische Kolonialisten ein Blutbad unter kubanischen Patrioten an, die für die Unabhängigkeit ihres Heimatlandes gekämpft hatten – E. G.), nur dann könnt ihr euch die Ausmaße der ungeheuerlichen und abscheulichen Verbrechen vorstellen, die am 26., 27., 28. und 29. Juli 1953 in der Provinz Oriente verübt worden sind. Diese Ereignisse sind uns noch frisch in Erinnerung, doch nach Jahren, wenn der Himmel über dem Heimatland wolkenfrei sein, die Erregung sich gelegt haben und die Furcht den Verstand der Menschen nicht mehr trüben wird, dann werden alle die Ausmaße des in der Provinz Oriente angerichteten Gemetzels in seiner ganzen furchtbaren Blöße erkennen. Und die kommenden Generationen werden entsetzt diesen Akt beispielloser Grausamkeit in unserer Geschichte anstarren ...

Dort wurden jegliche Grausamkeit, Bosheit und Barbarei übertroffen. Dort wurde nicht eine Minute, eine Stunde oder einen Tag lang gemordet – das Morden dauerte eine ganze Woche an. Mißhandlungen, Folterungen, Stürze von Dächern und Schüsse nahmen kein Ende. Menschen wurden in Massen durch vortrefflich geschulte Berufsmörder ausgerottet. Die Festung Moncada wurde zu einer Folter- und Todesfabrik, einige Unwürdige verwandelten die Uniform in eine Art Metzgerschürze ...

Nachdem der Kampf vorüber war, stürmten die Söldner des Diktators wie wütende Bestien in die Stadt Santiago de Cuba und ließen ihren ersten Wutanfall an der wehrlosen Bevölkerung aus. In einer Straße, wo gekämpft worden war, erschossen sie ein Kind, das vor der Tür des eigenen Hauses spielte. Als der Vater herbeieilte, um das Kind aufzuheben, wurde auch er durch einen Kopfschuß getötet ...

Als erster der Gefangenen wurde der Arzt Mario Muños, der weder bewaffnet noch uniformiert war ..., ermordet. Auf dem Wege vom Zivilkrankenhaus zur Kaserne wurde er durch einen Schuß in den Rücken getötet und mit dem Gesicht nach unten in einer Blutlache liegengelassen. Die Massenmorde an den Gefangenen begannen jedoch erst nach 15.00 Uhr. Bis zu dieser Stunde wurde auf den entsprechenden Befehl gewartet, und zu diesem Zeitpunkt war General Martin Diaz Tamayo mit bestimmten Instruktionen aus Havanna eingetroffen; diese waren auf einer Beratung, an der Batista, der Stabschef der Armee, der Chef des SIM, Diaz Tamayo selbst und andere teilnahmen, beschlossen worden. Er betrachte es als eine Schande für die Armee, erklärte der General, daß ihre Verluste im Kampf dreimal so hoch waren wie die der Angreifer – für jeden toten Soldaten seien zehn Gefangene zu ermorden. So lautete der Befehl! ...

Mit einem blutigen Menschenauge in der Hand drangen ein Sergeant und mehrere Soldaten in die Zelle ein, wo sich unsere Kameradinnen Melba Hernández und Haydée Santamaría befanden, und sagten zu der letzteren: ‚Das ist das Auge deines Bruders, und sagst du uns nicht das, was er nicht sagen wollte, werden wir ihm auch das zweite herausreißen.‘ Sie, die ihren mutigen Bruder über alles liebte, antwortete würdevoll: ‚Wenn ihr ihm ein Auge herausgerissen habt und er euch nichts gesagt hat, werde ich euch erst recht nichts sagen.‘ Später kamen sie zurück und drückten ihre glühenden Zigarren in Haydées Arm. Schließlich sagten sie zu Haydée Santamaría, durch deren Schweigen in Wut versetzt: ‚Du hast keinen Bräutigam mehr, denn wir haben ihn getötet.‘ Sie aber sagte abermals unerschütterlich: ‚Er ist nicht tot, weil für die Heimat sterben leben heißt.‘ Noch nie ist der Name einer kubanischen Frau mit soviel Würde und Heroismus verbunden gewesen wie der Name Haydée Santamarías.“ [14]

Einige wenige Gefangene überstanden die Folterungen. Ein Teil wurde bei Verhören zu Tode gequält, andere wurden nach stundenlangen Mißhandlungen erschossen. Alsdann wurden die Leichen wieder in Uniformen gekleidet und über das Kasernengelände verstreut; neben jede Leiche wurde eine Maschinenpistole gelegt als anschaulicher „Beweis“ für Chavianos Behauptung, die jungen Männer wären im Kampf getötet worden. In Wirklichkeit aber fielen nur acht Revolutionäre im Kampf, die übrigen starben von der Hand der Henker Batistas.

Selbst einige Feinde konnten nicht umhin, den Heroismus der Aufständischen im Kampf und ihren unbeugsamen Mut in den Folterkammern anzuerkennen.

„Der Angriff war wohlüberlegt“, gab der Kommandeur der Kasernenwache, Morales Sánchez, zu. „Wäre die Alarmglocke nicht ertönt und wäre es nicht zu einem Feuerwechsel am Posten 3 gekommen, dann hätten sie sich der Kaserne bemächtigen können. Aber da das Überraschungsmoment nicht genutzt werden konnte, war das unmöglich geworden. Wir waren besser als sie bewaffnet und hatten bessere Positionen.“

Der Polizeichef von Santiago de Cuba, Izquierdo, erklärte: „Sie legten außerordentlichen Mut an den Tag. Was diese Jugend tat, hätte von uns möglicherweise niemand getan. Stellen Sie sich vor, was das heißt, eine solche Festung wie die Moncada mit kümmerlichen Knallbüchsen anzugreifen!“[15]

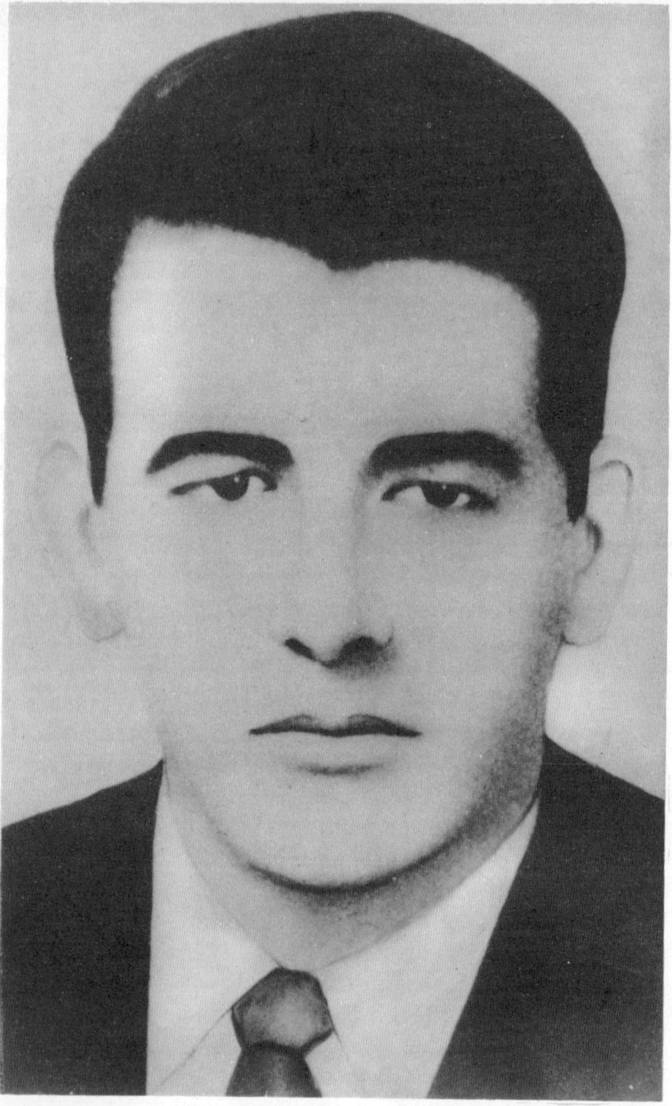

Abel Santamaría

Und die folgende Einschätzung des Angriffs auf die Moncada wird in einem Geheimdokument der Armee gegeben, das nach dem Sieg der Revolution veröffentlicht worden ist.

„Geheimdokument der Armee

Einschätzung des Sturms auf die Moncadakaserne (28. Juli 1953)

Rundschreiben Nr. 4/953

Auf Grund der angestellten Untersuchung kann behauptet werden, daß alle Angreifer gut vorbereitet waren; davon zeugt deren Disziplin sowie die Tatsache, daß sie sich in verschiedenen Positionen festsetzen konnten.

Als gut zu bezeichnen sind die Ausbildung und die Moral der Angreifer bei dieser Aktion trotz verschiedener Fehler, zum Beispiel des Versuchs, sich an einem für die Verteidigung so ungeeigneten Ort wie der Friseurstube festzusetzen.

Die Stunde für den Angriff war richtig gewählt, ebenso geschickt wurde der Umstand genutzt, daß die Stadt im Zusammenhang mit dem Karneval von Auswärtigen überschwemmt war.“ [16]

Am 21. September 1953 begann in Santiago de Cuba der Gerichtsprozeß gegen die Teilnehmer am Sturm. Auf der Anklagebank saßen mehr als 100 Personen, darunter Kämpfer der Abteilung Fidel Castros, Personen, die der Sympathie für die Aufständischen verdächtigt wurden, sowie Politiker der Oppositionsparteien. Fidel Castro wurde von den anderen Häftlingen isoliert und nach seinem Auftreten am ersten Prozeßtag von den batistatreuen Dienern der „Gesetzlichkeit“ nicht mehr zu den folgenden Gerichtsverhandlungen zugelassen.[17] Die zu Freiheitsstrafen von 13, 10 und 3 Jahren verurteilten Revolutionäre wurden ins Gefängnis gebracht und nach einiger Zeit mit einem Flugzeug auf die Insel Pinos befördert.[18]

Batista wollte Fidel Castro und seinen Mitstreitern zunächst aus Furcht vor der Öffentlichkeit keinen Prozeß machen: Die Gerichtsverhandlung wurde erzwungen. Der

Gefängniskomplex auf der Insel Pinos, erbaut unter Diktator Machado nach amerikanischem Muster

bedeutsamste Gerichtsprozeß in der Geschichte Kubas fand im Lehrsaal des Zivilkrankenhauses Saturnino Lora in Santiago de Cuba statt. Er wurde am 16. Oktober 1953 um 9.00 Uhr früh eröffnet.

Fidel Castro und seine Kameraden zeigten vor Gericht keine Furcht. Fidel verzichtete auf einen Verteidiger und hielt am 16. Oktober eine Rede, die unter der Bezeichnung „Die Geschichte wird mich freisprechen“ bekannt ist. Der Führer der kubanischen Revolutionäre gab eine glänzende Analyse der Lage im Land und klagte die blutige Batista-Diktatur zahlreicher Verbrechen am kubanischen Volk an.

Fidel Castro zeichnete ein einprägsames Bild des Elends und Hungers, der Rechtlosigkeit und Abhängigkeit von ausländischen Monopolen; er begründete die Notwendigkeit durchgreifender Umgestaltungen und fuhr fort: „Bodenfrage, Problem der Industrialisierung, Wohnungsproblem, Probleme der Arbeitslosigkeit, des Bildungs- und des Gesundheitswesens – das sind die sechs Punkte, deren Lösung unsere Anstrengungen gelten, dazu gehört ferner die Erringung der Freiheit und der politischen Demokratie. Alle diese Probleme können nur durch Kampf gelöst werden.“[19]

Der Prozeß gegen Castro fand nicht zufällig unter Ausschluß der Öffentlichkeit statt: Batista und seine Lakaien waren bemüht, dem kubanischen Volk die Wahrheit über das Verhalten der Angeklagten sowie die glänzende programmatische Rede ihres Führers zu verheimlichen. Alle Massenmedien und der gesamte Propagandaapparat der Regierung verbreiteten über die Bewegungsteilnehmer Lügen und Verleumdungen. Die batistahörige Presse stellte die Teilnehmer am Sturm auf die Moncadakaserne als Agenten Prío Socarrás' oder als Menschen dar, die „auf Weisung der Kommunisten“ wirkten. Derartig falsche Anschuldigungen ermöglichten es Batista, gegen alle zum Regime in Opposition stehenden Kräfte mit neuen Unterdrückungsmaßnahmen vorzugehen.

Und dennoch: Während der riesige Propagandaapparat des Staates Lügeninformationen verbreitete, berichtete eine kleine Gruppe kühner Zeugen bereits am 26. Juli die Wahrheit über die Ereignisse in der Moncada. An diesem Tag drangen die junge kubanische Journalistin Marta Rojas und der Fotograf Panchito Cano in die Kaserne ein. Marta Rojas gelang es, den Film mit den Aufnahmen, die P. Cano in der Moncada gemacht hatte, aus der Kaserne herauszuschmuggeln und die Fotos in der Zeitschrift „Bohemia“ zu veröffentlichen.[20] Sie waren ein anschaulicher dokumentarischer Beweis für die Bestialitäten der Henker.

Ein Jahr nach dem Angriff auf die Moncadakaserne wurde in einer Havannaer Druckerei die erste Ausgabe der Rede Fidel Castros – „Die Geschichte wird mich freisprechen" – gedruckt. Das war mit größtem Risiko für alle Beteiligten verbunden.

Eine wichtige Rolle bei der Herausgabe dieses historischen Dokuments spielten die Heldinnen des Angriffs auf die Moncada, Haydée Santamaría und Melba Hernández. Haydée und Melba waren noch im Gefängnis, als sie erstmalig von der berühmten Rede Castros hörten. Da sie von der Außenwelt isoliert waren, baten sie die Journalistin Marta Rojas um ihren Besuch. Die Journalistin besuchte unter dem Vorwand, Material für eine Reportage über die Häftlinge sammeln zu wollen, das Gefängnis, in dem Haydée und Melba inhaftiert waren, und berichtete ihnen über den Prozeß gegen Fidel Castro. Zu einer Freiheitsstrafe von 15 Jahren verurteilt, befand er sich im Gefängnis auf der Insel Pinos. Fidel Castro unternahm nicht geringe Anstrengungen, um Zigarettenpapierblättchen mit dem Text seiner Rede nach draußen gelangen zu lassen. In dieser Rede waren im Grunde die Hauptthesen dargelegt, die später zur Grundlage des Programms der „Bewegung des 26. Juli" wurden.

Auf freien Fuß gesetzt, sammelten die jungen Frauen die Blättchen dieser historischen Rede. Sie wurde mit Hilfe von Anhängern der Bewegung in einer Auflage von 20000 Exemplaren gedruckt.

Der Angriff auf die Moncada, dann das Gemetzel unter den Teilnehmern am Sturm und die darauffolgenden Gerichtsprozesse in Santiago lösten einen neuen Aufschwung des Kampfes gegen das Batista-Regime aus. In den folgenden Monaten und Jahren, so betonte der französische Schriftsteller R. Merle, während die Diktatur Verbrechen auf Verbrechen häufte, um sich an der Macht zu halten, erschien der Angriff auf die Moncadakaserne, oder wie man kurz sagte, „Moncada", den Kubanern als eine Wende in ihrem persönlichen Leben und im Leben der Insel.[21]

Und in der Tat schlug dieser Tag eine neue Seite in der Geschichte der Befreiungsbewegung des kubanischen Volkes auf. Raúl Castro unterstrich zu Recht, daß „die

Ereignisse des 26. Juli eine neue Etappe in der Geschichte Kubas einleiteten: die Etappe des bewaffneten Kampfes als Hauptform der Aktionen gegen die Batista-Diktatur und die Fremdherrschaft, die Kuba in eine Halbkolonie verwandelt hatte"[22].

Das Leben hat gezeigt, daß der durch den Sturm auf die Moncadakaserne eröffnete Weg der Weg der Revolution war, die, wie W. I. Lenin sagt, niemals ganz fertig vom Himmel fällt.[23]

Zur Bedeutung des Sturms auf die Moncada für die weitere Entwicklung der Befreiungsbewegung auf Kuba sagte Fidel Castro:

„Die Bedeutung dieses Datums besteht darin, daß an diesem Tag unser Volk – wenn auch in bescheidenem Umfang – den Weg beschritt, der es zur Revolution geführt hat. Mit den Händen im Schoß abwarten hätte unter jenen Bedingungen bedeutet, die Macht der Militärkamarilla, die Macht der reaktionären Parteien der Ausbeuterklassen endlos zu verlängern, wäre gleichbedeutend gewesen mit der Fortsetzung des Wirkens der Politikaster, mit der Fortsetzung der Korruption und der systematischen Ausplünderung unseres Landes.

Die Bedeutung dieses Datums besteht darin, daß es dem Volk neue Wege erschlossen hat; die Bedeutung dieses Datums besteht darin, daß es den Beginn einer neuen Konzeption des Kampfes gekennzeichnet hat, die der Militärdiktatur bald ein Ende setzte und die Bedingungen für die Entwicklung der Revolution schuf."[24]

Trotz des Mißerfolgs in militärischer Hinsicht gaben die jungen kubanischen Patrioten ihre Ideale nicht preis, wichen sie nicht ab vom Weg des revolutionären Kampfes. Fidel Castro stellte fest: „Unser Glaube daran, daß dieser Weg richtig war, blieb fest und unerschütterlich, und wir gingen erneut, nunmehr mit mehr Erfahrungen und nach noch sorgfältigerer Vorbereitung, an die weitere Entwicklung des Kampfes."[25]

Der Sturm auf die Moncadakaserne bedeutete den Be-

Die Moncada heute; Teilansicht

ginn der kubanischen Revolution. Er schlug eine neue Seite in der Geschichte des kubanischen Volkes auf, spielte eine überaus wichtige Rolle bei der Mobilisierung der Volksmassen gegen die Tyrannei und leitete den bewaffneten Kampf ein, der zum Sturz der Batista-Diktatur geführt hat.

Anmerkungen:

1 F. Castro, Ausgewählte Reden, Berlin 1976, S. 52.
2 L. I. Breshnew, Auf dem Wege Lenins, Bd. 4, Berlin 1975, S. 424.
3 Siehe M. I. Mochnatschow, Die Tat der Helden der Moncada lebt in den Leistungen des Volkes. In: Latinskaja Amerika, 1973, Nr. 4, S. 21 (russ.).
4 Die Organisation der jungen Revolutionäre erhielt ihren Namen zu Ehren des hervorragenden Patrioten und Revolutionärs José Martí, dessen Geburtstag sich im Jahre 1953 zum hundertsten Male jährte.
5 Relatos del Asalto el Moncada. La Habana, 1964, S. 17.
6 Kuba, 1965, Nr. 7/11, S. 17 (russ.).
7 Haydée habla del Moncada. La Habana, 1967, S. 23.
8 Moncada: Antecedentes y Preparativos, t. I. La Habana, 1972, S. 149.
9 Relatos del Asalto al Moncada, S. 19.
10 Nuevo Curoso de Instrucción Revolucionaría de las FAR. Cuarder no Tercero, 1964, S. 16.
11 Kuba, 1965, Nr. 7/11, S. 47 (russ.).
12 Relatos del Asalto al Moncada, S. 25.
13 La Sierra y el Llano. La Habana, 1969, S. 47.
14 F. Castro, Reden auf Aufsätze, Moskau 1960, S. 55, 59–61 (russ.).
15 Kuba, 1969, Nr. 7/11, S. 13 (russ.).
16 Ebenda.
17 Realización del Programa del Moncada. La Habana, 1969, S. 28.
18 M. Rojas. La Generacíon del centenario en el Moncada. La Habana 1964, S. 155.
19 Relatos del Asalto al Moncada, S. 34.
20 Wohl wegen dieses Versehens erhielt Oberst Chaviano, der die junge Journalistin unbeaufsichtigt ließ, nicht das „Ehrenkreuz" für seine „hervorragenden" Verdienste.
21 R. Merle, Moncada. Fidel Castros erste Schlacht. Berlin und Weimar 1968, S. 380.
22 Kuba, 1965, Nr. 7/11, S. 9 (russ.).
23 W. I. Lenin, Werke, Bd. 22, S. 117.
24 Kuba, 1965, Nr. 7/11, S. 29 (russ.).
25 Ebenda.

Die Präsidenten„wahlen" von 1954 und die „Legalisierung" der Batista-Diktatur

... Durch Wahlen möchte die Regierung lediglich ihr reaktionäres Regime legalisieren, das auf Terror und Mord, auf Verhaftungen und Verschleppungen beruht.

Aus einer Erklärung der Sozialistischen Volkspartei

Nachdem Batista den Aufstand vom 26. Juli 1953 niedergeschlagen hatte, bemühte er sich, seinem Regime den Schein der Gesetzlichkeit und Verfassungsmäßigkeit zu verleihen. Zu diesem Zweck wurden im Lande für den 1. November 1954 Wahlen angesetzt. Die Anhänger des Diktators schufen die Nationale Progressive Koalition, der die Partei der Progressiven Aktion, die Liberale Partei, die Demokratische Partei und die Partei der Radikalen Union angehörten. Diese „Westentaschenparteien" bestanden aus „einer Handvoll gewissenloser, korrupter alter Politikaster, die die Interessen der traditionellen herrschenden Klassen zum Ausdruck brachten ... Das waren Stehaufmännchen, die gewohnt waren, bei beliebigen politischen Stürmen obenauf zu bleiben."[1]

Die antidemokratische reaktionäre Politik und die von Batista schon während der Wahlkampagne angeordneten Beschränkungen führten dazu, daß zahlenmäßig starke Wählergruppen, die die Meinung der übergroßen Mehrheit des kubanischen Volkes zum Ausdruck brachten, bei der Registrierung der Parteien nicht vertreten waren; das aber wäre notwendig gewesen, um später an den Wahlen teilnehmen zu können.

Die Kräfte der Opposition waren stark zersplittert. Die

Orthodoxen hielten es für unmöglich, an den Wahlen ohne die erforderlichen Garantien für die Freiheit der Wahlagitation teilzunehmen, und die meisten Führer ihrer örtlichen Organisationen entschieden sich für die Taktik des Boykotts. Außerdem wurden die Wahlen auch von einigen Anhängern des ehemaligen Präsidenten Prío Socarrás in der Authentischen Partei boykottiert.

Der ehemalige kubanische Präsident Grau San Martín ließ die Revolutionäre Kubanische Partei für die Präsidentschaftswahlen registrieren. Er erklärte sich, ungeachtet der Proteste des ehemaligen Präsidenten Prío Socarrás und seiner Anhänger, die bis zum Staatsstreich an der Spitze dieser Partei gestanden hatten, dazu bereit, für das Präsidentenamt zu kandidieren.

Die am weitesten blickenden Politiker und Persönlichkeiten des öffentlichen Lebens sahen die schwachen Seiten der oppositionellen Kräfte. Die Sozialistische Volkspartei rief zur Schaffung einer demokratischen Front der nationalen Befreiung auf. Im September 1953 forderten die SVP sowie die demokratischen Gewerkschaften und Arbeitergruppen, daß die Wahlkommission unverzüglich allgemeine freie und demokratische Wahlen ansetze, denen die Freilassung der politischen Häftlinge, die Wiederherstellung der früheren, wenn auch sehr begrenzten Garantien, die Gewährung der Organisationsrechte für Parteien sowie die Wiederherstellung der Bürgerfreiheiten vorausgehen müßten.

Doch unter den Bedingungen der Diktatur und der Zersplitterung der oppositionellen Kräfte gelang es nicht, eine gemeinsame Front der letzteren zu schaffen.

Batistas Wahlpolitik reflektierte den Wunsch der herrschenden Clique, die Teilnahme der Volksmassen am Wahlkampf mit allen Mitteln einzuschränken und die Regierung, die sich auf Gewalt und auf die Politik der Liebedienerei vor den imperialistischen USA-Monopolen stützte, zu erhalten.

Im Juli 1954 begann auf Kuba die Wahlkampagne, an der

sich aber unter den gegebenen Bedingungen praktisch nur rechte Parteien beteiligten. Lediglich die Revolutionäre Kubanische Partei, die den ehemaligen Präsidenten Grau San Martín als ihren Kandidaten aufgestellt hatte, und ein geringer Teil der Orthodoxen mit dem Kandidaten Carlos Marques Sterling, der seine Kandidatur jedoch bald zurückzog, bildeten eine Opposition. Die übrigen Parteien gehörten der Regierungskoalition an.

Grau San Martín wurde als Präsidentschaftskandidat zum Alleinvertreter der Opposition. Doch er war für Batista nicht gefährlich, weil buchstäblich unter den Bedingungen des Ausnahmezustandes gewählt wurde. Auf diese Weise suchte die Diktatur den „Sieg“ der Regierungskoalition zu sichern. Gegen die „Westentaschen“opposition Graus und seiner Anhänger ergriff die Regierung Repressivmaßnahmen. Eine Welle von Verhaftungen und Repressalien ging durch alle Provinzen des Landes. Einer Reihe von Wählern wurden die Wahlberechtigungsscheine entzogen, und das nutzte der bürokratische Apparat der Diktatur zum „Sammeln“ von Stimmen nach eigenem Ermessen. Zu derartigen Praktiken wurde allerorts gegriffen.

Zu der Lage, wie sie damals im Lande entstanden war, schrieb die Zeitschrift „Bohemia“: „Mit dem Heranrücken der Wahlen entstand der Eindruck, als befände sich das Land im Kriegszustand. Durch die Städte streiften Armee-Einheiten, die alle Wahlreviere unter ihre Kontrolle nahmen. Auf den Bahnstationen gaben hohe Militärs den Truppen ein feierliches Geleit, als würden diese an die Front geschickt.“[2] Überall begegnete man bewaffneten Polizei- und Militärstreifen.

Die Revolutionäre Kubanische Partei Grau San Martíns verfolgte das Ziel, an Wahlen mit nur zwei Präsidentschaftskandidaten – Grau San Martín und Batista – teilzunehmen; sie hoffte, den Sieg erringen zu können. Die Revolutionäre Kubanische Partei liebäugelte mit reaktionären Elementen in der Regierung Batista, sie setzte sich nicht für den Zusammenschluß des Volkes ein, sondern wollte lediglich Bedingungen schaffen, die ihren Wahlsieg begünstigten. Recht kennzeichnend ist die Tatsache, daß keine der bürgerlichen oppositionellen Gruppierungen ein klares Programm besaß, um die Krise im Land auf demokratischer Grundlage zu überwinden. Die Führer der bürgerlichen Oppositionsparteien schützten nicht die Interessen des Volkes und kämpften nicht für einen demokratischen Ausweg aus der Lage, in der sich das Land befand.

Die einzige Partei, die dem Land und dem Volk demokratische Wege zur Lösung der Krise wies, war die Sozialistische Volkspartei Kubas. Nach Ansicht der Partei kam es darauf an, die nationale Wirtschaft zu schützen und die ausländischen Gesellschaften zu verstaatlichen; die Landwirtschaft und die Industrie entsprechend den Erfordernissen des Landes zu entwickeln; die Märkte zu erweitern und die Entwicklung des Landes sowie die Herstellung der Beziehungen zu allen Ländern der Welt, insbesondere zur Sowjetunion und zu den übrigen Ländern des sozialistischen Lagers, zu fördern; höhere Löhne und bessere Lebensbedingungen für die Werktätigen anzustreben; eine Agrarreform, bei der der Grund und Boden unentgeltlich den Bauern übergeben wird, in der Praxis zu verwirklichen; Arbeitslosenbeihilfen einzuführen; mit der Rassendiskriminierung Schluß zu machen; demokratische Freiheiten zu verteidigen; eine feste Politik des Friedens und der nationalen Unabhängigkeit zu betreiben und schließlich eine Regierung der nationaldemokratischen Front zu bilden und deren Programm ins Leben umzusetzen.

Da sich die Partei unter den Bedingungen des Terrors und der erzwungenen Illegalität nicht an die Spitze des Kampfes zur Verwirklichung dieses Programms stellen konnte, gab sie die Losung der „negativen Stimmabgabe“ aus. Den Sinn dieser Losung erläuterte das in Havanna erscheinende illegale Bulletin der SVP, das, in der Nummer vom 18. Juli 1954 auf den Verlauf der Wahlkampagne im Lande eingehend, das Volk dazu aufrief, gegen Batista zu stimmen und die Kandidatur Grau San Martíns für eine Demonstration der Opposition des Volkes gegen die Diktatur zu nutzen.[3]

Batista erklärte, er trete von seinem Posten zurück, um bei den Wahlen im November 1954 für das Präsidentenamt zu kandidieren, wie das in der Wahlordnung vorgesehen sei.

Zum provisorischen Nachfolger des Diktators wurde Andrés Domingo y Morales del Castillo, ein Vertrauensmann Batistas, ernannt.

Kurz vor den Wahlen wurde Grau von seinen Anhängern davon in Kenntnis gesetzt, daß es ihnen unmöglich gemacht werde, Versammlungen durchzuführen und Wahlagitation zu betreiben. In den Städten und Dörfern verstärkte sich mit dem Heranrücken der Wahlen auf Kuba der Terror. Unter diesen Umständen erklärte Grau San Martín, er werde sich nicht zur Abstimmung stellen, wenn der Revolutionären Kubanischen Partei nicht auch das Recht auf Vertretung in den die Abstimmung kontrollierenden Wahlkommissionen gewährt und wenn die Lage im Lande nicht normalisiert werde.

Rund 20000 Soldaten wurden in Kampfbereitschaft versetzt, um am 1. November, dem Tag der Präsidentschaftswahlen, für „Ruhe und Ordnung" zu sorgen.

Die Regierung, die Demonstrationen zu verhindern suchte, ordnete an, alle Lehr- und Studienanstalten nach der Abstimmung für eine Woche zu schließen.

Am 30. Oktober berief Grau San Martín eine Pressekonferenz ein und erklärte erneut, er werde auf die Teilnahme an den Wahlen verzichten, falls der Revolutionären Kubanischen Partei nicht die gleiche Vertretung in den Wahlkommissionen zugestanden würde wie der Vierparteienkoalition Batistas. Am 31. Oktober 1954 zog Grau San Martín seine Kandidatur endgültig zurück, „weil die Garantien für gerechte Wahlen fehlen".[4] In einer öffentlichen

Erklärung beschuldigte er die Regierung dunkler Machenschaften und erklärte: „Wir sind zu der Überzeugung gelangt, daß es einen sorgfältig ausgearbeiteten Plan gibt, um die gegenwärtigen Wahlen zu einer Farce zu machen und die heutigen Usurpatoren an der Macht zu belassen.“[5]

Grau San Martín gab seine Erklärung ab, nachdem das Oberste Wahltribunal sein Ersuchen abgelehnt hatte, seinen Anhängern die Beobachtung der Stimmauszählung nach Abschluß der Abstimmung zu gestatten. Das Exekutivkomitee der Revolutionären Kubanischen Partei billigte diese Haltung. Wenige Stunden vor der Abstimmung forderte Grau einen Aufschub der Wahlen, weil die demokratischen Freiheiten nicht gesichert seien, doch das batistahörige Oberste Wahltribunal entschied, die Beanstandungen Doktor Graus seien unbegründet.

Graus Haltung bei den Wahlen war also nicht konsequent. Mit seiner Einwilligung, für das Präsidentenamt zu kandidieren, hatte Grau praktisch dazu beigetragen, daß die Wahlfarce den Schein demokratischer Wahlen erhielt. Als Grau auf die Teilnahme an den Wahlen verzichtete, änderte das nur wenig, weil der Verzicht unmittelbar vor den Wahlen erfolgte.

Während der Wahlkampagne praktizierte Batista weitgehend die Bestechung von Mitarbeitern der Presse, des Rundfunks und des Fernsehens. Reporter im Dienste des Präsidentenpalastes fuhren regierungseigene Cadillacs. Nach inoffiziellen Angaben erhielt der Zentrale Rundfunksender von Havanna von der Regierung alljährlich ein Honorar von 72000 Dollar, während die Kosten der Wahlwerbung der Regierung in Presse und Rundfunk in die Millionen gingen.

Am 1. November 1954 fanden die Wahlen in einer Atmosphäre des Terrors und unverhohlenen Drucks statt. Vor den Wahllokalen standen Militärposten. In den Wahlkommissionen wurden Ergebnisse der Stimmauszählung dreist verfälscht. Durch diese Machenschaften erreichte

Batista, daß er „gewählt“ wurde. Der neue Kongreß, der in seiner erdrückenden Mehrheit aus Batista-Anhängern bestand, proklamierte am 2. Februar 1955 den Usurpator zum Präsidenten Kubas. Am 24. Februar trat Batista als „legitimer“ Präsident sein Amt an. Doch die Wahlfarce führte nicht einmal zu einer formalen Legalisierung des diktatorischen Regimes. An den Wahlen hatten sich weniger als die Hälfte aller Wähler beteiligt. „Dieses Regime“, schrieb „Bohemia“, „bleibt ein De-facto-Regime, und es ist heute noch übler als gestern ... Das Regime bleibt weiterhin illegitim.“[6]

Unter dem Druck der Öffentlichkeit verkündete Batista seine Absicht, die Verfassung von 1940 wiederherzustellen, aber es blieb ein leeres Versprechen.

Batista geizte nicht mit verlogenen und demagogischen Erklärungen, wonach das Hauptanliegen seiner Regierung die ökonomische und soziale Entwicklung werden und Kuba auf dem Gebiet einer fortschrittlichen Sozialgesetzgebung den anderen Ländern Amerikas ein Vorbild sein sollte. Diese Erklärungen Batistas, der die ökonomische und soziale Entwicklung des Landes fördern zu wollen vorgab, waren durch und durch heuchlerisch.

In Wirklichkeit setzte er in seiner sozialen und ökonomischen Politik die Angriffe auf die demokratischen Errungenschaften der Werktätigen fort. Er war ein eifriger Interessenverteidiger der agrarkapitalistischen Oligarchie und der mächtigen amerikanischen Kapitalgesellschaften.

Eine Analyse der wirtschaftlichen Lage Kubas während der Regierungszeit des Diktators läßt den verhängnisvollen Einfluß der volksfeindlichen und antinationalen Politik Batistas auf den Zustand der Wirtschaft des Landes erkennen.

Anmerkungen:

1 Kuba, 1965, Nr. 7/11, S. 9 (russ.).
2 Bohemia v. 31. 10. 1954, Suplemento 2.
3 Blas Roca, Kuba festigt seinen Sieg, Berlin 1961, S. 41 f.
4 Humanismo, 1959, S. 131.
5 A. Zancis. El proceso electoral de 1954. La Habana, 1955, S. 114.
6 Bohemia v. 7. 11. 1954, p. 80.

Kubas ökonomische Lage in den Jahren 1952–1958

> Das Wirken der Batista-Diktatur auf ökonomischem Gebiet – Verstärkung des Latifundienwesens, der Monokultur, die hypertrophierte Entwicklung des Außenhandels – verursachte eine derart tiefe Krise der nationalen Wirtschaft, daß sie mit zeitweiligen oder einzelnen Maßnahmen nicht mehr zu überwinden war.
>
> Antonio Núñez Jiménez

Nach dem Staatsstreich und dem Machtantritt Batistas verschlechterte sich die wirtschaftliche Lage Kubas weiterhin. Noch krasser traten die sozialen Kontraste hervor. Der Diktator und seine Handlanger setzten auf die Festigung der Verbindungen mit dem Imperialismus und gaben die nationalen Interessen des kubanischen Volkes preis. „Die Tyrannei Batistas, der unter der Schirmherrschaft des amerikanischen Imperialismus an die Macht gelangte und unter dessen Mitwirkung regierte“, so betonte der kubanische Forscher Tabares del Real, „fesselte Kuba durch die Schuld von rund 1 Milliarde Dollar noch mehr an die USA; sie förderte die Entstehung zahlreicher monopolistischer Unternehmen der USA auf Kuba, die für lange Zeit von jeglichen Steuern befreit wurden; sie beraubte die kubanischen Bauern des Bodens und übereignete ihn Yankee-Unternehmen; sie revidierte die Rechte des staatlichen Sektors zugunsten monopolistischer Betriebe; sie erweiterte beträchtlich die Käufe in den USA; sie erwarb in diesem Land in großen Mengen Waffen, sie gewährte – steuerfrei – wichtige Konzessionen in der Förderindustrie, insbesondere bei der Aufbereitung von Nickel- und Manganerzen; sie ließ unproduktive öffentliche Arbeiten ausführen ... und hielt die kolonialen Zustände im Land aufrecht.“[1]

Die Wirtschaftspolitik Batistas förderte ein immer tieferes Eindringen des amerikanischen Kapitals in die Volkswirtschaft des Landes. Der Umfang der amerikanischen Investitionen auf Kuba wuchs ständig, und gegen Ende der Regierungszeit Batistas beliefen sich die direkten Kapitalanlagen auf 1 Milliarde Dollar.[2]

„Kuba konnte sich von der außerordentlich starken Abhängigkeit von den USA niemals befreien", schrieb der amerikanische Publizist Paul Baran. „Die typisch koloniale Abhängigkeit Kubas äußerte sich buchstäblich auf allen Gebieten, am markantesten in der Kontrolle des nordamerikanischen Kapitals über die Ressourcen des Landes. Der wichtigste Industriezweig, die Zuckerproduktion, befand sich zu einem großen Teil in den Händen nordamerikanischer Gesellschaften, und der Absatz der Fertigproduktion hing fast völlig vom USA-Markt ab. Das Fernsprech- und das Telegrafenwesen, die Erzeugung von Elektroenergie, Benzin, Rundfunk- und Fernsehempfängern, Massenbedarfsgütern – all das lag in den Händen amerikanischer Firmen. Der Diktator war mit den kommerziellen Interessen amerikanischer Businessmen auf das engste verbunden."[3]

Mehr als ein Viertel des Nationalreichtums des Landes entfiel auf ausländische Kapitalinvestitionen. Doch in Wirklichkeit spielten sie in der Wirtschaft und bei der imperialistischen Ausbeutung kubanischer Ressourcen eine noch größere Rolle. Das Eigentum der USA-Monopole auf Kuba – Bergwerke, Banken, Betriebe zur Produktion von Zucker und Elektroenergie, Verkehrsmittel usw. – wurde auf 1 Milliarde Dollar geschätzt. Ausländisches, vor allem amerikanisches Kapital nahm in buchstäblich allen Zweigen des wirtschaftlichen Lebens auf Kuba Kommandopositionen ein. Es kontrollierte 43 Prozent der Eisenbahnen des Landes. Der Anteil des amerikanischen Kapitals überstieg in den Elektrizitäts- und Telefongesellschaften 90 Prozent, betrug im Dienstleistungsbereich rund 50 Prozent und in der Produktion von Rohzucker etwa

40 Prozent.[4] Standard Oil, Mobil Oil, Texaco und andere Erdölgesellschaften der USA kontrollierten 79 Prozent des Treibstoffverbrauchs im Land.[5]

Im Besitz amerikanischer Monopole befand sich vor dem Sieg der Revolution die riesige Nickelerzlagerstätte im Raum von Niquero, in der Provinz Oriente. Mit ihren auf 40 Millionen Tonnen geschätzten Vorräten stand sie in der Welt nur einer kanadischen Lagerstätte nach. Unter der Batista-Diktatur erhielt die Moa Bay Mining Co. Konzessionen zu beispiellos günstigen Bedingungen. Sie genoß das Privileg, bei der Nickelerzförderung keinerlei Abführungen an den kubanischen Staatshaushalt leisten zu müssen.

Das vorrevolutionäre Kuba lieferte nach den USA in großen Mengen Kupfer- und Manganerz, Chrom und Wolfram, deren nach dem zweiten Weltkrieg zurückgegangene Förderung ab 1952, das heißt auf dem Höhepunkt des Krieges in Korea und mit dem verstärkten Wachstum des Militärpotentials der USA in der Periode des kalten Krieges, zu steigen begann.

Einen überaus wichtigen Platz in der Wirtschaft des Landes nahm, wie bereits bemerkt, der Zucker, seine Produktion und sein Absatz ein. Kein anderes Land war von der Produktion und dem Export einer Erzeugnisart stärker abhängig als Kuba vom Zucker. Wenn 1958 der Anteil des Exporterlöses mehr als ein Drittel des Nationaleinkommens ausmachte, so betrug der Anteil des Zuckers am Export des Landes 80,1 Prozent und am Nationaleinkommen 23,0 Prozent.[6] Zuckerrohrplantagen erstreckten sich über rund 53 Prozent des gesamten bewirtschafteten Bodens der Insel. Auf den Zuckerrohrplantagen und in den Zuckerzentralen wurden in der Periode der Einbringung und Verarbeitung der Ernte (Zafra) bis zu 475 500 Menschen beschäftigt.[7]

Außerdem bauten Zehntausende von Bauern – Kolonen (Bodeneigentümer oder Pächter) – Zuckerrohr an.

Die enge Spezialisierung auf die Zuckerproduktion

machte Kuba zu einem typischen Land der Monokultur und bedingte die permanente Unbeständigkeit seiner Wirtschaft. Der Wohlstand des Landes wurde durch die Preisschwankungen des Zuckers auf dem Weltmarkt gefährdet. Auf diesem Markt schalteten und walteten die amerikanischen Monopole. Dieser Umstand war eines der Haupthindernisse auf dem Weg zu einer allseitigen Entwicklung der kubanischen nationalen Wirtschaft.

Die Politik der Batista-Regierung hinsichtlich der Zuckerproduktion verschlimmerte die schwere wirtschaftliche Lage Kubas noch mehr. A. Núñez Jiménez charakterisiert diese Politik wie folgt: „Batista begann sofort, die für das Land selbstmörderische Politik einer einseitigen Reduzierung der Zuckerproduktion und -ausfuhr zu betreiben, die in der Londoner Internationalen Zuckerkonvention von 1953 ihre Krönung fand. Diese Konvention war eine Wiederholung des Chadbourne-Plans von 1931[8], der für die kubanische Zuckerindustrie so traurige Folgen gehabt hatte.“[9] In den ersten drei Jahren der Laufzeit dieser Konvention war Kuba gezwungen, die Zuckerproduktion auf 5 Millionen Tonnen jährlich und darunter zu senken. (Im Jahre 1954 – 4 897 203 Tonnen; im Jahre 1955 – 4 538 339 und im Jahre 1956 – 4 744 933 Tonnen.) Die Position des Kubanischen Instituts zur Stabilisierung der Zuckerindustrie, dieses Instruments in den Händen Batistas und seiner Berater, war volksfeindlich. Der Anschluß des Landes an die Internationale Zuckerkonvention führte in der Zuckerindustrie künstlich eine Stagnation herbei. Mehr noch, diese Politik entsprach den Interessen ausländischer Monopole und brachte kubanischen Spekulanten, allen voran Batista, Profite. Obgleich sich der Zuckerverbrauch in der Welt von 1951 bis 1958 um 21 Prozent erhöhte, wuchs die Zuckerproduktion auf Kuba kaum (5 759 410 Tonnen waren es im Jahr 1951 und 5 784 484 Tonnen im Jahr 1958); und der Anteil des Landes an der Weltzuckerproduktion lag im Jahr 1951 höher (15,7 Prozent) als im Jahr 1958 (12,2 Prozent). Die schwere

Lage im Lande wurde verschlimmert durch die Inflation, die auf eine Reihe finanzieller und wirtschaftlicher Maßnahmen zum Nachteil des Volkes und im Interesse der herrschenden Minderheit sowie auf die Korruption der Staatsbeamten zurückzuführen war. All das verkehrte sich für das Volk in ein Hochschnellen der Lebenshaltungskosten infolge des Kaufkraftschwunds des Peso und des Anstiegs der Mieten sowie der Preise für Nahrungsmittel und Kleidung.

Besonders schwer war die Lage der in der Zuckerproduktion beschäftigten Werktätigen: Ihr Los war chronische Arbeitslosigkeit. Die auf den Zuckerrohrplantagen und in den Zuckerfabriken Beschäftigten hatten in ihrer übergroßen Mehrheit nur während der Zafra, das heißt 3 bis 4 Monate im Jahr, Arbeit; in der restlichen Zeit – der „toten Saison" – mußten sie von dem in der Zafra erarbeiteten Geld leben und hatten nur gelegentlich zusätzliche Verdienste.

Die Lage der Bauern, der Pächter und Teilpächter, war noch schlimmer. Ihre Einkünfte reichten ein halbes Jahr für ein Hungerdasein aus. Für die weitaus meisten Werktätigen auf dem Lande waren Eier, Milch und Fleisch unerschwinglich. Die Behausung des Bauern war gewöhnlich eine Holzhütte mit Lehmboden, meist ohne Fenster. Infolge ständiger Unterernährung und unhygienischer Bedingungen litt die werktätige Bevölkerung unter zahlreichen Krankheiten, insbesondere unter der Tuberkulose und dem Tropenfieber.[10]

„Dreieinhalb Millionen Menschen, bei einer Bevölkerung von etwas mehr als sechs Millionen, lebten in Hütten, Baracken und elenden Löchern, die alles andere als menschenwürdige Wohnungen waren", sagte Fidel Castro von der Tribüne der 15. Tagung der UNO-Vollversammlung aus, um die Lage der kubanischen werktätigen Massen vor der Revolution zu kennzeichnen. „In den Städten verschlangen die Mieten bis zu einem Drittel des Einkommens einer Familie. Die Mieten und Stromtarife gehörten zu den höchsten der Welt. 37,5 Prozent unserer Bevölkerung waren Analphabeten, konnten weder lesen noch schreiben. 70 Prozent unserer Kinder auf dem Lande hatten keine Lehrer. Etwa zwei Prozent unserer Bevölkerung litt an Tuberkulose, das heißt 100 000 Personen bei einer Einwohnerzahl von etwas mehr als sechs Millionen. 95 Prozent unserer Kinder auf dem Lande litten an parasitären Erkrankungen. Infolgedessen war die Kindersterblichkeit sehr hoch und die durchschnittliche Lebensdauer sehr gering."[11]

Die Politik der Förderung und der Heranziehung des Auslandskapitals führte gegen Ende der Regierungszeit Batistas zu einer beispiellosen Konzentration des Grundbesitzes in den Händen amerikanischer Gesellschaften. In ihrem Besitz waren 1 197 000 Hektar der fruchtbarsten Ländereien, 30 Prozent der besten Böden im Lande. Die Atlantica del Golfo Co. besaß 240 000 Hektar, die Cuban Trading Co. 173 000 Hektar, die Cuban American Sugarmills Co. 146 000 Hektar, die United Fruit Co. mehr als 112 000 Hektar. Nordamerikanischen Gesellschaften und einzelnen Bürgern der USA gehörte auf Kuba nicht weniger als ein Viertel der gesamten bewirtschafteten Fläche, 1,5 Millionen Hektar besaßen 23 amerikanische Zuckergesellschaften.

Allein die drei amerikanischen Monopole Cuban Atlantic Sugar Co., Cuban American Sugar Co. und American Sugar Rich Co. verfügten über 2,5mal soviel Land wie 62 000 kubanische Bauern.

Für das System des Grundbesitzes im vorrevolutionären Kuba waren einerseits eine außerordentlich hohe Konzentration des Grund und Bodens in den Händen der Großgrundbesitzer, der Latifundistas, und andererseits der Landhunger oder die Landlosigkeit der Hauptmasse der Bauernschaft charakteristisch. Davon zeugen folgende Angaben: 2336 Wirtschaften besaßen 317 000 Caballerías Land, das heißt 7,5 Prozent der Grundbesitzer gehörten 46 Prozent des bewirtschafteten Bodens im Lande, während 111 000 bäuerliche Wirtschaften insgesamt nur über 76 000 Caballerías verfügten, das heißt 70 Prozent der Wirtschaften besaßen weniger als 12 Prozent des bewirtschafteten Bodens. Außerdem gab es eine riesige Anzahl von Wirtschaften – rund 62 000 – mit weniger als dreiviertel Caballería Land.[12]

Der Boden wurde in den Wirtschaften der Latifundistas extensiv genutzt. Nach Angaben des chilenischen Ökonomen Jorge Texier wurden auf Kuba vor der Revolution in den Besitzungen, die mehr als 75 Caballerías groß waren, nur 10 Prozent der Gesamtfläche bearbeitet. 90 Prozent des nationalen Grund und Bodens, dessen sich diese Kategorie von Besitzern bemächtigt hatte, blieben außerhalb der Produktionssphäre, und das verengte den Binnenmarkt und verhinderte die Ausbildung eines vielseitigen Wirtschaftsprofils.[13]

Die sozialen Folgen waren erschreckende Armut und Ruinierung der landarmen und landlosen Bauern, Hunger und Krankheiten, häufig mit tödlichem Ausgang, weil es fast keine medizinische Hilfe gab. Es sei nur erwähnt, daß in den Jahren 1956 und 1957 für das Gesundheitswesen ganze 22 Millionen Peso bereitgestellt wurden, im Jahre 1969 hingegen 220 Millionen Peso[14].

Bodenraub sowie gesetzwidrige Übereignung staatlicher Ländereien an ausländische Gesellschaften und Einzelpersonen waren unter der Herrschaft Batistas gang und gäbe.

Obwohl 43 Prozent der Bevölkerung auf dem Lande lebten und für die Landwirtschaft günstige klimatische Bedingungen gegeben waren, importierte Kuba in den Jahren 1954–1956 29 Prozent der Nahrungsmittel.[15] Zu den Importen gehörten 60 Prozent des Getreides, 80 Prozent der Obstkonserven, 78 Prozent der Fischkonserven, 43 Prozent der Süßwaren und Konfitüren, 70 Prozent der Schokolade, 72 Prozent des Rindfleisches usw.[16] Kuba importierte in den Jahren 1952–1958 amerikanischen Schinken und Speck für insgesamt 30,6 Millionen Dollar, obwohl es im Lande vortreffliche Bedingungen gab, um die Viehwirtschaft zu entwickeln und den Bedarf an diesen Erzeugnissen zu decken.[17] Kuba war, wie der kubanische Historiker Pino Santos treffend schrieb, ein „Agrarland ohne Landwirtschaft“, ein „Nahrungsmittel importierendes Agrarland“[18]. Die einseitige Spezialisierung der Landwirtschaft auf den Zuckerrohranbau führte zur Verdrängung der anderen landwirtschaftlichen Kulturen.

Unter dem Batista-Regime war Kuba ein bedeutender Importeur von Nahrungsmitteln aus den USA, von denen es weit mehr kaufte als jedes andere Land Lateinamerikas.[19] Für den Nahrungsmittelimport wurden 120 bis 180 Millionen Peso jährlich ausgegeben, was wertmäßig 20 bis 25 Prozent des gesamten Imports ausmachte.

Die antinationale Außenhandelspolitik sowie die zunehmende Nichtäquivalenz des Außenhandelsaustauschs hatten zur Folge, daß die Außenhandelsbilanz des Landes ständig passiv war. Das Passivsaldo im Handel Kubas mit den USA bedeutet, daß die harten Devisen, die Kuba für seine Waren in anderen Ländern erhielt, zur Deckung dieses Saldos verwandt werden mußten. In den zehn der Revolution vorangegangenen Jahren belief sich der Export Kubas nach den USA auf 4213,5 Millionen Dollar und der Import auf 4771,3 Millionen Dollar.[20] Das Außenhandelsdefizit verschlimmerte den Krisenzustand der Wirtschaft des Landes und lastete als schwere Bürde auf den Schultern der kubanischen Werktätigen.

Aus der Analyse der Außenwirtschaftsbeziehungen Kubas vor der Revolution ergeben sich zwangsläufig folgende Schlüsse: Erstens vertieften und verankerten die Monopole der USA mit ihren Kapitalinvestitionen auf Kuba dessen einseitige Entwicklung als Zuckerproduzent; zweitens fesselten sie dieses Land durch Verträge über die „Gegenseitigkeit“ der Zuckerquoten fest an den eigenen Markt und gestalteten den Außenhandel mit Kuba zu einem höchst wichtigen Glied der rechtsungleichen kubanisch-amerikanischen Handels- und Wirtschaftsbeziehungen, die ein ernstes Hindernis für die Entwicklung der nationalen Wirtschaft Kubas waren.

In nicht geringem Maße war die Verschlechterung der wirtschaftlichen Lage Kubas auch auf den vom Diktator verkündeten „Plan für die wirtschaftliche und soziale Entwicklung" zurückzuführen, der den Bau von Landstraßen, öffentlichen Gebäuden usw. vorsah. Für seine Realisierung sollten 350 Millionen Peso bereitgestellt werden.

Batista und seine Handlanger versuchten diesen Plan ebenso wie die „Truslow-Empfehlungen" für „Maßnahmen zur Hebung der nationalen Wirtschaft" auszugeben. Er wurde jedoch zum Nährboden ungeheuerlicher Korruption unter dem Vorwand der Ausführung von öffentlichen Arbeiten. Aufgrund des Plans stellte der Diktator einheimischen und ausländischen Geschäftsleuten für unproduktive Ausgaben riesige Summen aus der Staatskasse bereit und erhielt dafür enorme Bestechungsgelder. Als „fröhliche Ausgaben" bezeichnete später der kubanische Ökonom F. Cepero Bonilla dieses in der nationalen Geschichte wahrhaft beispiellose Bacchanal der Plünderung staatlicher Mittel.[21] Über den „Plan" schrieb die Zeitung „Latino-América libre": „Die Ressourcen eines Landes für die Veränderung seiner ökonomischen Struktur zu mobilisieren ist etwas Richtiges. Doch diese Ressourcen (und sei es unter dem Aushängeschild der ‚ökonomischen und sozialen Entwicklung') für Arbeiten zu verwenden, die in ihrer Mehrheit unproduktiv sind und die wirtschaftliche Entwicklung nicht fördern, bedeutet nichts anderes, als Geld aus dem Fenster zu werfen ..., als abwärts zu gleiten; und dieses Abwärtsgleiten wird weitaus gefährlicher sein, wenn alle Devisenreserven erschöpft und die Staatsschulden bis zum äußersten angewachsen sein werden. Ein Plan zur Förderung der ökonomischen und sozialen Entwicklung, der die verhängnisvolle Wirtschaftsstruktur Kubas verändern soll", schrieb die Zeitung weiter, „muß die Verteilung der Ländereien, eine Revision des

Zollsystems, die Durchführung einer Politik breit entfalteten Handels mit allen Ländern der Welt und andere Maßnahmen gegen die wütende Opposition der ausländischen und einheimischen Großmagnaten vorsehen."[22]

Der von Batista realisierte Plan hingegen sollte den Interessen gerade dieser Großmagnaten entsprechen.

Somit wurde die Wirtschaftspolitik des Diktators im Interesse der imperialistischen Monopole, der mächtigen Grundbesitzeroligarchie und der Großspekulanten betrieben.

Besonders unheilvoll wirkte sich diese verbrecherische Politik auf die Entwicklung der Zuckerindustrie aus, die, wie bereits festgestellt, eine sich im Zusammenhang mit der Inflation verschärfende Krise durchmachte.

Die verhängnisvollen Auswirkungen der Internationalen Zuckerkonvention, die als Grundlage für die Stabilisierung der Situation in der Zuckerindustrie und der Wirtschaft Kubas hingestellt worden war, wurden gleich nach ihrem Inkrafttreten offenkundig. Die Zuckerproduktion auf Kuba schwankte, die Preise fielen. Großbritannien erklärte, es würde im Jahre 1954 von Kuba weniger Zucker kaufen, erstens, weil es noch Reste von vorjährigen Käufen besitze, und zweitens, weil die Zuckerproduktion in den Kolonien erweitert worden sei. Die BRD teilte mit, sie würde im Jahre 1954 wohl keinen kubanischen Zucker brauchen, da die Inlandproduktion an Zucker gestiegen sei. Indonesien hatte die Absicht, auf dem Weltmarkt 500 000 Tonnen Zucker zu verkaufen. Peru gedachte 380 000 Tonnen zu exportieren, und die Philippinen erklärten, sie würden an die USA nicht nur die vereinbarte Zuckermenge liefern, sondern könnten darüber hinaus weitere 100 000 Tonnen exportieren.

Die Praxis zeigte, daß dieses Abkommen den Handel und die Produktion des Zuckers in der Welt nicht regeln, geschweige denn die Lage des Landes verbessern konnte. Das alles fügte der kubanischen Wirtschaft riesigen Schaden zu.

Erst während der günstigen Zuckerkonjunktur auf dem Weltmarkt im Jahre 1957, die mit der englisch-französisch-israelischen Aggression gegen Ägypten Ende 1956 und den wetterbedingt niedrigen Zuckerrübenerträgen in Europa zusammenhing, konnte Kuba zum erstenmal seit vielen Jahren fast alle seine Überschüsse an Zucker absetzen. Aber diese mit günstigen außenwirtschaftlichen Bedingungen verbundene zeitweilige Verbesserung der Absatzlage und der Produktion von Zucker konnte die ökonomischen Probleme Kubas nicht lösen. Die Arbeitslosenquote im Lande wuchs unaufhörlich.[23] In dieser Periode waren auf Kuba 33 Prozent der Arbeitskräfte arbeitslos oder nur zeitweise beschäftigt.[24]

Die Weltmarktpreise für Zucker stiegen in den Jahren 1956 und 1957, doch führte das nicht zu einer Stabilisierung der ökonomischen Lage des Landes. Die Erhöhung der Zuckerpreise kam in erster Linie den amerikanischen Monopolen und den einheimischen großen Zuckerfabrikanten zugute. Die Zuckerfabriken warfen alljährlich 30 Millionen Dollar Profit für die amerikanischen Aktionäre ab.

Im Land wurden Forderungen nach der Entwicklung des Handels mit der Sowjetunion und anderen Ländern des Sozialismus laut, um die Wirtschaftskrise zu mildern und die ökonomische Lage des Landes zu stabilisieren.

Der Nationale Bauernbund veröffentlichte eine Erklärung, in der es unter anderem hieß: „Mit der von den herrschenden Kreisen betriebenen Politik der Unterordnung unter den Imperialismus sollte der Zuckerrohranbau eingeschränkt werden, um die Zuckerproduktion zu verringern und gleichzeitig die Arbeitslosigkeit, das Elend und den Hunger unter dem kubanischen Volk zu vergrößern. So verfuhr man, anstatt mit dem Verkauf von Zucker an kaufwillige Länder, zum Beispiel an die Volksrepublik China und die Länder der Volksdemokratie, zu beginnen; diese neuen Märkte könnten Kuba den Absatz des gesamten Zuckers garantieren und die Einschränkungen, die im Land die Hungersnot auslösten, wären nicht nötig gewesen." Der Nationale Bauernbund rief die Bauern, die Arbeiter und die gesamte Bevölkerung auf, für die erhobenen Forderungen zu kämpfen, um das Elend zu beseitigen.[25]

Der kubanische Ökonom Jacinto Torres, der 1952 an der Internationalen Wirtschaftskonferenz in Moskau teilgenommen hatte, berichtete in der Presse, er habe konkrete Handelsangebote von den Delegierten der UdSSR, Polens, der Tschechoslowakei, Ungarns, Rumäniens, Albaniens, der DDR und Bulgariens erhalten, die am Kauf kubanischen Zuckers, Leders, Tabaks, kubanischer Schuhwaren und Obstkonserven interessiert gewesen seien. Torres drängte auf unverzügliche Verhandlungen, um eine Krise in der Tabak-, der Schuhwaren- und der Obstkonservenindustrie zu verhüten, deren Absatzmärkte unter der Kontrolle der USA standen.[26]

In Briefen an die Vorsitzenden der Vereinigungen der Schuhwaren- und der Tabakindustrie sowie der Nationalen Kubanischen Industriellenvereinigung rief Torres zur Herstellung von Kontakten mit allen Regierungen auf, die mit Kuba zu handeln wünschten.

Vertreter der Schuhwaren- und der Tabakindustrie sowie der henequéverarbeitenden* Betriebe äußerten den Wunsch, Verhandlungen aufzunehmen, denn ihnen drohte der Bankrott, falls sie keine neuen Märkte fänden. So erklärten die Besitzer einer Havannaer Schuhfabrik, die Gebrüder Álvarez, daß ihre Firma nur 600 Paar Schuhe wöchentlich herstelle, obgleich sie ihre Produktion versechsfachen könnte, falls sich ein Abnehmer der Produktion fände. Regino González Arias, der Besitzer einer anderen Schuhfabrik, äußerte den Wunsch, mit der Sowjetunion Handel zu treiben, und erklärte dabei, daß die kubanische Industrie 2 Millionen Paar Schuhe jährlich produzieren könnte. Die Besitzer der Ranguelos-Schuhfabriken verlangten eine Tagung der Nationalen Kubanischen

* Henequé – Fasern liefernde Agavenart

Industriellenvereinigung, auf der die Ergebnisse der Internationalen Wirtschaftskonferenz in Moskau im Licht der vom kubanischen Delegierten übermittelten Angebote studiert werden sollten.

Viele Inhaber von Schuh- und Tabakbetrieben im ganzen Land waren an den Vorschlägen der Internationalen Wirtschaftskonferenz in Moskau so interessiert, daß sie ein Gesuch an den Diktator richteten, unverzüglich Verhandlungen mit der Sowjetunion und anderen Ländern aufzunehmen. Der Präsident des Fabrikantenverbandes der kubanischen Tabakindustrie, Ricardo, schlug ebenfalls offiziell vor, mit der Sowjetunion und den anderen sozialistischen Ländern Handelsbeziehungen aufzunehmen.[27] Der Präsident der Industria Curtidora Baton and Morgan Co. erklärte sich bereit, an die Sowjetunion zu annehmbaren Preisen große Mengen an Leder und Ledererzeugnissen zu verkaufen.[28] Norman Butcher, der Besitzer einer Ananaskonservenfabrik in Palmarito, erklärte sich ebenfalls zu Geschäftsabschlüssen mit der Sowjetunion bereit.

Doch die dem US-Kapital hörige Batista-Regierung ging nicht auf die Entwicklung breiter Handelsbeziehungen mit den sozialistischen Ländern ein und war weiterhin bestrebt, sich auf den Markt der USA zu orientieren.

Mit der kapitulantenhaften volksfeindlichen Wirtschaftspolitik Batistas ging eine ununterbrochene Offensive gegen die Rechte der Werktätigen einher, die in der Herabsetzung der Löhne und Gehälter sowie der Renten, in verstärkter Intensivierung der Arbeit, in ununterbrochenen Massenentlassungen, im Anwachsen der ständigen Arbeitslosenarmee, in der Aufrechterhaltung hoher Mieten, der Teuerung und systematischen Erhöhung einiger Konsumgüterpreise zum Ausdruck kam.

Im Lande blühte die Spekulation. Die Regierung Batista schützte die auf dem schwarzen Markt operierenden großen Geschäftemacher. Sie lehnte es ab, eine wirksame Preiskontrolle im Interesse breiter Bevölkerungsschichten zu errichten. Die Übermacht der Spekulanten in der Landwirtschaft bewirkte, daß zum Beispiel die gesamte Hülsenfruchternte auf den schwarzen Markt gelangte. Obwohl die Regierung die Höchstpreise für Hülsenfrüchte auf 12 Centavos je Pfund festgesetzt hatte, wurden diese auf dem Markt für 16 bis 20 Centavos je Pfund verkauft. Für das Fleisch, das nicht mehr als 25 Centavos je Pfund kosten durfte, wurden 60 Centavos gefordert usw.

Obwohl Batista eine Senkung der Kaffeepreise auf 75 Centavos je Pfund bekanntgegeben hatte, wurde Kaffee faktisch zu 90 Centavos je Pfund verkauft. Das ermöglichte den Händlern und Aufkäufern eine wesentliche Erweiterung ihres Tätigkeitsbereichs: Unter dem Vorwand einer angeblichen Preissenkung kauften sie von den kaffeeanbauenden Bauern die gesamte Ernte zu niedrigen Preisen auf.

Um sein morsches Regime zu stützen, verausgabte Batista riesige Staatsmittel für die Erfordernisse der „inneren Sicherheit“, das heißt für den Unterhalt der Strafvollzugs- und Polizeiorgane sowie der Armee. Für die Verteidigung und die innere Sicherheit wurden mehr Mittel ausgegeben als für die Entwicklung der Industrie: Sie machten in den Jahren 1956 und 1957 22,6 Prozent des Ausgabenteils des Budgets aus.[29]

Die Notlage der kubanischen Wirtschaft mußten sogar einige Kreise der kubanischen Bourgeoisie zugeben. Die einflußreiche Nationale Kubanische Industriellenvereinigung schrieb in einem an Batista gerichteten Memorandum:

„Der Index unserer nationalen Produktion zeigt seit 1952 eine sinkende Tendenz. Die unmittelbare Ursache dafür ist die zurückgehende Nachfrage nach unserem Zucker auf dem Weltmarkt. Trotz einiger Fortschritte bei der Umwandlung unserer landwirtschaflichen Erzeugung in eine Produktion mit mehreren Zweigen sowie bei der Industrialisierung sind wir noch nicht soweit, daß die neuen Betriebe als Quelle der Gewinne und der industriellen

Beschäftigung der Bevölkerung die Verluste durch den Rückgang der Produktion in der Zuckerindustrie wettmachen."[30]

Die Unternehmer verschwiegen allerdings, daß sie in den letzten Jahren riesige Profite eingestrichen hatten, die in den sieben Jahren von 1952 bis 1958 insgesamt 646,9 Millionen Dollar, das heißt im Jahresdurchschnitt 107,8 Millionen Dollar betrugen.

Die kubanische Zeitschrift „Bohemia" veröffentlichte am 21. August 1955 ein Interview mit dem ehemaligen Senator und namhaften Politiker der Orthodoxen Partei, Pelayo Cuervo Navarro, der die ökonomische und politische Lage Kubas als „wirklich kritisch" bezeichnete. Das Prokopfeinkommen der Bevölkerung war seit 1951 von 342 auf 288 Peso gesunken ... Die Staatsverschuldung war in Batistas Regierungszeit von 200 Millionen auf 1 Milliarde Peso angewachsen. Das Budgetdefizit überstieg in den letzten drei Jahren 100 Millionen Peso.

„Bedenkt man, daß die Löhne und Gehälter der Arbeiter und Angestellten wie auch ihr Beschäftigungsgrad beträchtlich gesunken sind, während die Preise für solche Grundwaren wie Lebensmittel, Kleidung, Medikamente ebenso wie die Mieten ständig wachsen, so muß man sagen, daß die wirkliche Lage der Arbeiter noch schlechter ist, als wir sie bereits geschildert haben. In der Tat, während die Einkünfte der entrechteten Massen geringer werden, bleiben die Preise infolge der Inflation hoch", schrieb die Zeitschrift „Bohemia".

Größtes Elend herrschte in den landwirtschaftlichen Gebieten Kubas, besonders in den Regionen der Zuckerproduktion. Ein Pfund Speck kostete 30 Centavos, ein Pfund Reis 20 Centavos, ein Pfund Kaffee 80 Centavos, ein Pfund Fleisch 40 Centavos usw. Der offizielle Index der Nahrungsmittelpreise wies aus, daß der reale Wert des kubanischen Peso im Vergleich zum Jahre 1940 nur noch 38 Centavos betrug.[31]

Die Zuckerplantagenbesitzer waren bestrebt, die Einkünfte der Arbeiter zu schmälern und deren Rechte durch Lohnstopp, Liquidierung von Überstundenzuschlägen und Krankengeldzahlungen noch mehr zu beschneiden. Auf den Zuckerplantagen und in den Raffinerien hungerten die Arbeiter, da ihnen in den Läden jeglicher Kredit verweigert und die Arbeit auf den Plantagen zeitweilig eingestellt wurde.

Arbeitslosigkeit und gedrückte Löhne wurden zu einer allgemeinen Erscheinung in der Textilindustrie, der Hüttenindustrie und in anderen Industriezweigen. In fast allen Wirtschaftszweigen Kubas gingen immer mehr Betriebe dazu über, nur zwei oder drei Tage in der Woche zu arbeiten.

Die Verschlechterung der ökonomischen Lage des Landes verschärfte die inneren Widersprüche, löste unter den breiten Volksmassen Unzufriedenheit aus und förderte in bestimmtem Maße das Heranreifen einer revolutionären Situation, das Anwachsen der revolutionären Krise. „Immer intensivere Ausfuhr der kubanischen Reichtümer, zunehmende Ausplünderung der staatlichen Fonds durch die herrschende Oligarchie, Verschleuderung der Finanzreserve, die im Jahre 1959, zum Zeitpunkt des Machtantritts der revolutionären Regierung noch nicht einmal 100 Millionen Dollar betrug, Festigung der Zuckerlatifundien und Ausbau der latifundistischen Struktur durch die Schaffung riesiger Viehzuchtbetriebe und Reisplantagen, Unterdrückung der revolutionären und oppositionellen Bewegung durch das Diktaturregime – das sind die Hauptmerkmale des kubanischen Alltags von 1954 bis 1959. Unter diesen Umständen, die zur ständigen Verschlechterung des allgemeinen Lebensstandards des kubanischen Volkes führten, reifte die Revolution heran“, so charakterisierte der namhafte kubanische Wissenschaftler Julio Le Riverend die im vorrevolutionären Kuba entstandene Lage.[32]

Mit der Verstärkung der ökonomischen Abhängigkeit Kubas, mit seiner Ausplünderung durch das Auslandskapital und die einheimischen Ausbeuter – an ihrer Spitze der Diktator und seine Kamarilla – ging eine beispiellose Verstärkung der Repressalien und des Terrors einher.

Anmerkungen:

1 J. A. Tabares del Real. La Revolución Cubana. La Habana, 1961, S. 52f.
2 R. F. Smith. What Happened in Cuba? A Documentary History. New York, 1963, S. 248.
3 P. Baran. Reflecciones sobre la revolución cubana. Buenos Aires, 1963, S. 31f.
4 Investment in Cuba. Basic Information for U. S. Businessmen. U. S. Department of Commerce. Washington, 1958, S. 11–13.
5 „Cuba: la muerte del bloqueo". Politica Internacional, Buenos Aires, 1972, N 153-A, S. 29.
6 A. D. Bekarewitsch, Kuba: Außenwirtschaftliche Beziehungen, Moskau 1970, S. 38 (russ.).
7 Ebenda, S. 88.
8 Sinn und Zweck des Chadbourne-Plans liefen darauf hinaus, den Weltzuckermarkt durch obligatorische Reduzierung der Zuckerproduktion in den wichtigsten zuckerexportierenden Ländern zu stabilisieren. Dementsprechend wurde im Mai 1931 in Brüssel ein internationaler Vertrag mit einer fünfjährigen Laufzeit unterzeichnet, in dem der Umfang des Zuckerexports der vertragschließenden Länder festgelegt wurde. Gemäß diesem Plan mußte Kuba seine Produktion von 5 Millionen Tonnen im Jahre 1929 auf 2 Millionen Tonnen im Jahre 1933 reduzieren.
9 A. N. Jiménez, Die Geographie Kubas, Moskau 1969, S. 161–163 (russ.).
10 Siehe E. A. Grinewitsch, Kuba vor der Revolution. In: Meshdunarodnaja Shisn, 1963, Nr. 7 (russ.).
11 Fidel Castro, Fanal Kuba, Berlin 1963, S. 51.
12 Antonio Núñez Jiménez, Die Bodenreform auf Kuba, Berlin 1961, S. 27f.
13 J. T. Avellaria. Reforma agraria. La Habana, 1962, S. 90. Zitiert nach: S. I. Sokolowa, Die Erfahrungen bei der Organisation der bäuerlichen Massen auf Kuba. 1961–1967, Moskau 1973, S. 7 (russ.).
14 Latinskaja Amerika, 1973, Nr. 4, S. 91 f. (russ.).
15 J. A. Tabares del Real, a. a. O., S. 62.
16 O. Pino Santos. Historia de Cuba. La Habana, 1964, S. 74.
17 Cuba economica y financiera, 1960, N 407, S. 13.
18 Ebenda, S. 73, 76.
19 Latinskaja Amerika, 1973, Nr. 1, S. 112.
20 A. D. Bekarewitsch, a. a. O., S. 43.
21 J. Le Riverend, Die Republik Kuba. Unabhängigkeit und Revolution, Moskau 1970, S. 250 (russ.).

22 Latino-América libre v. 10. 10. 1954.
23 The New York Herald Tribune v. 14. 3. 1957.
24 L. S. Francisco. Cuba: capitalismo dependiente y subdesarrollo. La Habana, 1972, S. 203.
25 Noticias de Hoy v. 24. 5. 1952.
26 Ebenda.
27 Noticias de Hoy v. 4. 6. 1952.
28 Noticias de Hoy v. 11. 6. 1952.
29 M. Hill, Cuba si, yanqui no!, Moskau 1960, S. 82 (russ.).
30 Diario de la Marina v. 20. 1. 1955.
31 Bohemia v. 21. 8. 1955.
32 J. Le Riverend, Die Wirtschaftsgeschichte Kubas, Moskau 1973, S. 177 (russ.).

Offensive der Reaktion gegen die demokratischen Kräfte

Wachsender Widerstand gegen das diktatorische Regime

> Morde, Folterungen, Mißhandlungen und Verhöhnungen der Festgenommenen, von Polizeiorganen und Gangsterbanden organisiert und verübt; ständige Schmälerung der Bürgerrechte wurden praktisch zum System des Regierens und Herrschens. Für das durch einen Staatsstreich errichtete, vom Land losgelöste und dem Volk feindlich gegenüberstehende Regime war die sich auf Gewaltanwendung, Repressalien und Drohungen stützende Macht die einzig mögliche.
>
> Blas Roca

Nach dem historischen Sturm auf die Moncadakaserne unternahm das Batista-Regime, dessen soziale Basis sehr schmal war und sich von Tag zu Tag noch mehr einengte, verzweifelte Anstrengungen, um seine Positionen zu festigen. Dazu waren ihm alle Mittel recht: Bestechung der Führer bürgerlicher Oppositionsparteien, soziale Demagogie und das heuchlerische Versprechen, die Staatsordnung zu demokratisieren sowie neue Vergünstigungen für das reaktionäre Offizierskorps, klerikale Kreise und andere Kräfte der inneren und äußeren Reaktion zu schaffen. Doch das Hauptinstrument der Regierung Batista während der ganzen sieben Jahre seiner Herrschaft blieben Terror und bewaffnete Gewalt gegen alle wirklichen oder vermeintlichen politischen Gegner. Konstitutionelle Garantien wurden bald verkündet, bald wieder aufgehoben, die Rede- und Versammlungsfreiheit wurde liquidiert, und das Land glich einem riesigen Konzentrationslager.

Der SIM und andere Unterdrückungsorgane der Diktatur übten eifrig die ihnen übertragenen Gendarmeriefunktionen aus. Sie verfolgten die Kommunisten und schürten eine Atmosphäre der antikommunistischen und antisowjetischen Hysterie.

Besonders brutalen Repressalien waren die Mitglieder der SVP ausgesetzt. Im ganzen Land nahm die Polizei bei Kommunisten Haussuchungen vor, um „Beweise“ für deren Wühltätigkeit zu erbringen; Hunderte aktiver Parteimitglieder wurden eingekerkert.

Im Oktober 1953 wurden auf Kuba die konstituionellen Garantien, die nach den Juliereignissen aufgehoben worden waren, formal wiederhergestellt. Das drakonische „Gesetz über Sicherheit und öffentliche Ordnung“ beließ die Regierung jedoch in Kraft. Nächtliche Verhaftungen und Haussuchungen ohne Gerichtsbeschluß dauerten an; auch bezüglich der Korrespondenz blieben Einschränkungen bestehen. Außerdem schmachteten in den Gefängnissen nach wie vor viele Patrioten, die wegen ihrer fortschrittlichen revolutionären Überzeugung verhaftet worden waren.

Das in der Illegalität erscheinende Bulletin der SVP verurteilte entschieden die brutale Verletzung der verfassungsmäßigen Rechte, die auch nach der Veröffentlichung des Gesetzes über die Wiederherstellung der konstitutionellen Garantien anhielt.[1]

Die Regierung Kubas, die einen ausgesprochen antikommunistischen Kurs steuerte, hatte im November 1953, wie bereits erwähnt, das „Gesetz über das Verbot der kommunistischen Tätigkeit“ angenommen. Das Dekret sah das Verbot der Zeitung „Noticias de Hoy“, der Zeitschrift „La última Hora“ und einer Reihe anderer Presseorgane der Opposition vor. Die Regierung ordnete die Verhaftung von 50 führenden Kommunisten und die sofortige offizielle Registrierung aller Mitglieder der SVP in den Polizeirevieren an.

Innenminister Hermido erklärte offiziell, die Regierung

habe einen Plan für die restlose Liquidierung aller Organisationen der kommunistischen Partei auf Kuba ausgearbeitet, und die Maßnahmen gegen die Kommunisten seien absolut notwendig, weil der Kommunismus den Weg der „außerkontinentalen Einmischung in das innere Leben der Insel" eingeschlagen habe.

Die Argumente der Batista-Statthalter waren durch und durch Lüge. Die Sozialistische Volkspartei veröffentlichte eine Erklärung, in der sie das reaktionäre Dekret entlarvte und es als einen „neuen ernsten Anschlag auf die politischen Freiheiten der Bürger" charakterisierte.

Mit dieser neuen Offensive verfolgte die Regierung Batista zwei Ziele: Einerseits wollte sie den monopolistischen Kreisen der USA recht tun, die der Organisation der Amerikanischen Staaten auf der Konferenz in Bogotá die Resolution „Über den Schutz der Demokratie" aufgezwungen hatten; diese Resolution legte die Regierung dem Erlaß des antikommunistischen Dekrets zugrunde und hoffte sich damit das Wohlwollen und die Unterstützung der genannten Kreise zu sichern. Andererseits suchte sie den Oppositionsparteien unter dem Vorwand des „Kampfes gegen den Kommunismus" bei deren Tätigkeit noch mehr Hindernisse in den Weg zu legen, das heißt, einiges zu unternehmen, damit ihr Sieg bei den künftigen Wahlen, die die Diktatur zwecks „Legalisierung" des Terrorregimes durchzuführen gedachte, unter allen Umständen gewährleistet wäre. Mit einer Politik des blindwütigen Antikommunismus hoffte die Regierung gleichzeitig, sich die Unterstützung jener Oppositionsführer zu sichern, die zwar in einer Reihe von Fragen andere Ansichten vertraten, aber für ihre antikommunistische Haltung bekannt waren.

Daß die Hinweise des Diktators und seiner Handlanger auf die Notwendigkeit des „Kampfes gegen den Kommunismus" nicht stichhaltig waren, lag auf der Hand. Die Wochenzeitschrift „Bohemia" schrieb dazu: „Die Regierung hält jeden, der in dieser oder jener Form bekundet, daß ihm die gegenwärtige Lage nicht recht ist, für einen

Kommunisten. Als Kommunisten verschrien werden all jene, die ... die Arbeiter der Zuckerindustrie zu Streiks aufrufen, gegen Machtmißbrauch und Ausbeutung protestieren, Unzufriedenheit mit der Wirtschaftspolitik der gegenwärtigen Regierung äußern ..., all jene, die die Unterordnung unseres Landes unter das ausländische Big Business entlarven."[2]

Unter der Flagge des Antikommunismus wurden nicht nur Mitglieder der SVP, sondern auch all jene, die ihre Unzufriedenheit mit der volksfeindlichen Politik, in welcher Form auch immer, äußerten, entlassen und dem Polizeiterror ausgesetzt. Zu aktiven Helfern der Diktatur bei der Entfesselung der antikommunistischen Hetze wurden die Führer der gelben Gewerkschaften, die Mujalisten. Man kann ohne Übertreibung sagen, daß dieser Gewerkschaftsapparat unter Batista zu einem Organ wurde, das die Arbeiterbewegung den Interessen der Diktatur unterordnen sollte. Die Tyrannei garantierte Mujal und seinen Komplicen nicht nur jene Position, deren sie sich im Gewerkschaftsapparat mit Unterstützung von Regierung und Polizei bemächtigt hatten, sondern festigte diese Position auch durch weitere Maßnahmen und diverse Privilegien. Mehr noch, die Mujalisten standen in direktem Kontakt mit Gangsterbanden, von denen es zu jener Zeit in Havanna und anderen Großstädten nur so wimmelte. Gekaufte Verbrecher organisierten gemeinsam mit den Mujalisten und verübten auf deren Geheiß Morde an fortschrittlichen Arbeitern und Funktionären, die sich mit der volksfeindlichen Tätigkeit der Tyrannei nicht abfinden wollten; sie überfielen Arbeiterversammlungen, legten Bomben in Gebäuden, in denen sich fortschrittlich gesinnte Arbeiterführer trafen, steckten deren Häuser in Brand usw.

„Die Imperialisten, die Tyrannei und ihre Lakaien in Gestalt der Mujalisten machten die Gewerkschaftsbewegung und die Gewerkschaftsführer zu einem Anhängsel der halbkolonialen und reaktionären Regierung, ordneten sie dem eigenen Diktat unter und nutzten sie, um Streiks und andere Aktionen der Werktätigen zu bremsen, zu vereiteln und zu verraten. Unter Mujal und seinen Handlangern büßten die Gewerkschaften und die CTC ihre Unabhängigkeit als Klassenorganisationen völlig ein – sie waren nichts anderes als Abzweigungen des Staatsapparats der Tyrannei und Agenturen des Imperialismus."[3] Auf ihrem volksfeindlichen, antikommunistischen Kurs lösten die Mujalisten die CTC von den fortschrittlichen Gewerkschaftszentren: dem Weltgewerkschaftsbund (WGB) und dem Lateinamerikanischen Gewerkschaftsbund (Confederación de Trabajadores de la América Latina – CTAL). Mehr noch, ohne dem Wunsch und Willen der Werktätigen Rechnung zu tragen, faßten sie den Beschluß über den Eintritt der CTC in den opportunistischen, spalterischen Internationalen Bund Freier Gewerkschaften (IBFG) und die Gesamtamerikanische Regionalorganisation der Arbeitnehmer (Organización Regional Interamericana de Trabajadores – ORIT), die durch Agenten des Imperialismus und der einheimischen Oligarchie korrumpiert waren und nicht die Interessen der werktätigen Massen Lateinamerikas vertraten.

Hunderte von Gewerkschaftsfunktionären, Kämpfern für die Rechte der Werktätigen, für Demokratie und Frieden, wurden verhaftet und eingekerkert; darunter so namhafte Funktionäre wie der Vizepräsident des WGB und Vizepräsident der CTAL, Lázaro Peña, und andere. Der WGB protestierte energisch gegen die unerhörten Terrormethoden. In seiner Erklärung vom 19. August 1953 entlarvte er die verräterische Rolle der Mujalisten und verurteilte entschieden die volksfeindliche Politik der Diktatur.

Die fortschrittlichen Kräfte der Arbeiterklasse stellten den Repressalien der Regierung, der Offensive der Unternehmer gegen die Rechte und sozialen Errungenschaften der Werktätigen, den verbrecherischen Machenschaften der Mujalisten den Kampf für die Aktionseinheit aller Werktätigen, für Zusammenschluß und Organisiertheit entgegen. Dieser Kampf fand seinen Niederschlag in der Entwicklung der Streikbewegung, die während der gesamten Periode der Diktatur nicht aufhörte. Der Politik der Spaltung zum Trotz, die durch die Behörden in die Gewerkschaftsbewegung hineingetragen wurde, organisierten die Arbeiter in den Betrieben und Gewerkschaften Komitees zur Verteidigung der Arbeiterforderungen und zur Demokratisierung der CTC, die bei einer beträchtlichen Anzahl von Arbeitsniederlegungen und Streiks die Leitung übernahmen. Diese Komitees entstanden 1954, doch schon im Jahre 1955 hatte ihre Tätigkeit, obgleich sie unter den Bedingungen der Illegalität verlief, einen solchen Grad der Organisiertheit erreicht, daß eine nationale Konferenz durchgeführt werden konnte. Auf der Konferenz waren rund 200 Delegierte aus verschiedenen Landesteilen anwesend. Sie faßten den Beschluß, ein Nationales Komitee zur Verteidigung der Arbeiterforderungen zu schaffen. Auf der Konferenz wurde ferner ein Kampfprogramm für die Forderungen und die demokratischen Rechte der Werktätigen gebilligt. Die Komitees erhoben das Banner des Kampfes für bessere Arbeits- und Lebensbedingungen der Werktätigen, für gewerkschaftliche Rechte und demokratische Freiheiten. Und obwohl die von ihnen organisierten Streiks und Arbeitsniederlegungen – viele Komitees wurden von SVP-Mitgliedern geleitet – anfangs ökonomische Forderungen in den Vordergrund rückten, war ihre Bedeutung bei der politischen Mobilisierung der werktätigen Massen, beim Wachstum ihres Klassenbewußtseins, ihrer Geschlossenheit und Organisiertheit nicht zu unterschätzen. „Indem die Arbeiterklasse für eine Verbesserung der Lebensbedingungen kämpft", unterstrich W. I. Lenin, „wächst sie zugleich sowohl moralisch als auch geistig und politisch, wird sie fähiger, ihre großen Freiheitsziele zu verwirklichen."[4] Eine analoge Situation entstand auf Kuba Mitte der fünfziger Jahre. Die zahlreichen Streiks und Aktionen des Proletariats gegen die unaufhörlichen arbeiterfeindlichen Maßnahmen der Unternehmer, gegen die

Senkung der Löhne und das Ansteigen der Lebenshaltungskosten, für die Durchsetzung wichtiger ökonomischer Forderungen führten unweigerlich zum offenen Zusammenstoß mit der Politik der Regierung Batista, zum Hinüberwachsen in den politischen Kampf gegen die Diktatur. Ein diese These veranschaulichendes Beispiel war der Streik der Arbeiter der Zuckerindustrie im Dezember 1955 – der mächtigste seit der Machtergreifung durch die Batista-Clique. Er begann mit der ökonomischen Forderung nach Auszahlung des sogenannten Zuckerdifferentials, des den Arbeitern gesetzlich zustehenden Lohnzuschlags im Zusammenhang mit dem Steigen der Weltmarktpreise für Zucker. Der Streik griff auf alle Zuckerzentralen (Zuckerfabriken mit allen dazugehörigen Plantagen, Gebäuden, Arbeitersiedlungen usw.) über. Er nahm einen ausgesprochen politischen Charakter an, weil mit der Entfaltung des Kampfes solche Forderungen erhoben wurden wie Demokratisierung des gesellschaftlichen und politischen Lebens, Wiederherstellung der gewerkschaftlichen Rechte und Freiheiten und Beseitigung des Terrorregimes.

Die hohe politische Aktivität der CNDD ließ die proletarische Solidarität der Werktätigen anwachsen. In den Hauptstädten der Provinzen Pinar del Río, Matanzas, Las Villas und Camagüey, in einer Reihe von Kreisen der Provinz Havanna, in Ortschaften in der Umgebung von Zuckerzentralen fanden Meetings und Demonstrationen zur Unterstützung der Streikenden statt. Zum Zeichen der Solidarität mit den Streikenden wurden die Arbeiter auch einiger anderer Industriezweige aktiv. Die Streikbewegung nahm einen solchen Umfang an, daß sich die Soldaten in einigen Städten und Ortschaften nicht aus den Kasernen wagten, solange die Aktionen der Werktätigen andauerten. Ganze Städte wurden für „tot" erklärt: Dort wurde die Arbeit niedergelegt, der Verkehr ruhte, Läden und öffentliche Institutionen wurden geschlossen usw. Die Werktätigen gingen auf die Straßen und bekundeten ihre Unterstützung für die streikenden Zuckerarbeiter. Solche „toten

Städte“ gab es in 60 der insgesamt 126 Kreise des Landes. Vielerorts kam es zu bewaffneten Zusammenstößen mit Polizei- und Armee-Einheiten. In den nördlichen Häfen Kubas legten die Hafenarbeiter die Arbeit nieder, um sich auf diese Weise mit den Streikenden zu solidarisieren.[5]

Durch die Breite der Streikbewegung beunruhigt, wies der Diktator die Unternehmer an, den Forderungen der Streikenden stattzugeben und 6,5 Millionen Peso als „Zuckerdifferential“ auszuzahlen. Obgleich das nur etwa der Hälfte der von den Zuckerarbeitern geforderten Summe entsprach, war der Dezemberstreik von 1955 dennoch von großer Bedeutung. Er demonstrierte augenfällig einen starken Linksruck der Volksmassen, ihre zunehmende Geschlossenheit und Organisiertheit sowie die Entschlossenheit des Proletariats, sowohl für seine ökonomischen Tagesforderungen als auch für eine radikale politische Lösung der ausstehenden Probleme zu kämpfen. Die Sozialistische Volkspartei schätzte den Schwung und die Ergebnisse des Dezemberstreiks hoch ein und würdigte seine große Bedeutung im Kampf gegen die Diktatur.[6] „Unter den Bedingungen der Terrorherrschaft“, stellte Blas Roca fest, „wirkte sich jede Aktion, bei der die Arbeiter Forderungen stellten, hinderlich auf die proimperialistischen Pläne aus und schwächte die Regierung und die Stellung ihrer elenden mujalistischen Lakaien in den Gewerkschaften. Darüber hinaus wurden aus den anfänglichen Kämpfen um wirtschaftliche und soziale Forderungen im Verlaufe ihrer Entfaltung politische Kämpfe, die sich mit ihren Losungen gegen die Diktatur richteten und die Aktionen der verschiedensten Volksschichten im Bunde mit der Arbeiterklasse förderten ... Dieser Streik war ein klares Beispiel dafür, wie eine Aktion mit wirtschaftlichen Forderungen sich in eine politische Aktion gegen die tyrannische und reaktionäre, im Dienste des Imperialismus stehende Regierung verwandelte – trotz des korrupten und verräterischen Apparates der gewerkschaftlichen Clique im Dienste des Imperialismus und der Diktatur.“[7]

Trotz der Repressalien streckten die dem Regime entgegentretenden Kräfte im Kampf für die Rechte der Werktätigen nicht die Waffen. Im Lande entfaltete sich eine breite Kampagne für die Amnestierung der politischen Häftlinge, in die sich die verschiedenen Schichten der kubanischen Gesellschaft einreihten. Es ging vor allem um die Freilassung Fidel Castros und seiner Mitstreiter, der Teilnehmer am Sturm auf die Moncada. Nach längerem Kampf, in den sich – wenn auch in Wahrnehmung eigener Interessen – einige Vertreter der bürgerlichen Oppositionsparteien einschalteten, hielt die Regierung Batista, die die politische Situation im Lande zu entspannen trachtete, einige Zugeständnisse für angebracht. Am 12. Mai 1955 wurde das Dekret über die allgemeine Amnestie, darunter auch für die Teilnehmer am Sturm auf die Moncada, erlassen.

Am 15. Mai wurden Fidel Castro und seine Mitstreiter aus dem Gefängnis Presidio Modelo auf der Insel Pinos entlassen und trafen noch am gleichen Tag, von Tausenden jubelnder Hauptstädter empfangen, in Havanna ein. Fidel Castro schaltete sich sofort in das politische Leben ein.

Fidel und seine Freunde wurden von Agenten der Diktatur bespitzelt, er erhielt mehr als eine anonyme Drohung. Die illegale Zeitung „Carta Semanal" enthüllte im Juni 1955 vor der Öffentlichkeit die Pläne der Batista-Henker: „Zweifelsohne wird ein Anschlag auf Castro und seine Kameraden vorbereitet ... Mit dieser Warnung erheben wir zugleich energischen Protest gegen die Provokationen und Drohungen der Regierung und ihrer Agenten an die Adresse Fidel Castros und seiner Kameraden."[8] Nach einer umfangreichen Arbeit zur organisatorischen Gestaltung der „Bewegung des 26. Juli" verließ Fidel Castro zusammen mit anderen Führern dieser Bewegung Kuba, um in der Emigration die Vorbereitung des bewaffneten Kampfes gegen das Batista-Regime fortzusetzen.

Im Lande ging die Polarisierung der oppositionellen

politischen Kräfte weiter. In den Reihen der Parteien der bürgerlichen Opposition verstärkten sich die Spaltung und die Abgrenzung einzelner Gruppierungen, die in der Regel ihre eng aufgefaßten eigenen Ziele verfolgten. Mit den Aufgaben des Kampfes gegen die Diktatur hatten sie nichts gemein. Zentrifugale Tendenzen zerrissen insbesondere die Orthodoxe Partei. Die Ausarbeitung eines eigenen revolutionären Aktionsprogramms durch Fidel Castro und seine Mitstreiter und deren praktische Abkehr von der Partei, die unaufhörlichen Streitereien innerhalb der Parteiführung, die Zusammenstöße zwischen verschiedenen Strömungen stürzten die Orthodoxe Partei in eine sich ständig vertiefende Krise.

Die Aufrufe einzelner Führer zur Einstellung der Streitereien und gegenseitigen Angriffe halfen den Orthodoxen nicht, aus diesem Krisenzustand herauszukommen. Das brachte nicht einmal das offiziell durchgeführte Schlichtungsforum der Parteiführer fertig, das mit der Unterzeichnung eines formalen „Abkommens über die Einheit" am 15. Mai 1955 endete. Außerdem schlug die neue Führung der Orthodoxen unter Raúl Chibás (dem Bruder des Begründers der Partei, des verstorbenen hochangesehenen Eduardo Chibás) den Kurs auf direkte Verhandlungen mit der Diktatur über eine „abgestimmte friedliche Lösung der nationalen Probleme" ein und diskreditierte sich damit endgültig in den Augen der Volksmassen. Die Orthodoxen bedienten sich einer vom Obersten i. R. Cosme de la Torriente geführten Gruppe bürgerlicher Politikaster, die eigens zur „Befriedung" des Landes auf reaktionärer Grundlage die Gesellschaft der Freunde der Republik (Sociedad de Amigos de la República – SAR) gründeten, auch wenn sie in Worten zur Wiederherstellung der Demokratie aufriefen.

Die formalen Ziele der SAR wurden in ihrer programmatischen Deklaration vom 3. Juni 1955 wie folgt definiert: „Die Gesellschaft der Freunde der Republik ist eine zivile Organisation, die sich jeder politischen Aktivität enthält.

Die Einstellung dieser Organisation zu den Vertretern des Regimes ist die gleiche wie die zu den Vertretern der verschiedenen Kreise der Opposition. Sie strebt an, daß die Vertreter des Regimes und der Opposition mit friedlichen gesetzlichen Rechtsmitteln übereinkommen, die Institutionen der Republik in kürzester Frist demokratisch umzugestalten."[9]

Unter den Bedingungen eines totalitären diktatorischen Regimes, das durch Verschwörung und Militärputsch an die Macht gelangt war und nicht wenige Anstrengungen unternommen hatte, um sich durch Wahlbetrug einen Schein der Gesetzlichkeit zu verleihen, war nicht daran zu denken, daß Batista die Macht durch „demokratische Umgestaltungen der Institutionen der Republik" mit irgend jemandem teilen würde. In Wirklichkeit widerspiegelte die Gründung der SAR die Ansichten von Politikern opportunistischer Prägung, die zwischen den Machthabern und den möglichen Trägern der Macht manövrierten und auf ein Übereinkommen zwischen Batista und der bürgerlichen Opposition hofften. Die SAR sollte vor allem die Herstellung einer Volksfront im revolutionären Kampf gegen das volksfeindliche proimperialistische Regime verhindern. Um die Initiative der Volksmassen zu fesseln, erklärte die SAR, sie sei bereit, Kontakte zu allen oppositionellen Parteien zwecks Ausarbeitung einer „endgültigen Formel" aufzunehmen, die der Regierung als „nationale" Alternativlösung vorzulegen wäre.

In Wirklichkeit hatte es die SAR praktisch nur mit den Kompromißlern aus der Orthodoxen Partei zu tun. Sie stand nicht mit anderen oppositionellen Kräften in Verbindung. Die Versuche, im Namen der Opposition (darin waren in Wirklichkeit nur die Orthodoxen vertreten) mit der Regierung Verhandlungen zu führen, endeten mit einem Fiasko. Batista, der der SAR anfangs eine Tätigkeit vorzutäuschen gestattete, um die Öffentlichkeit durch den „demokratischen Charakter" dieses Schrittes zu bluffen, nutzte die Gesellschaft, um die Opposition zu spalten, um die Einheit ihrer Reihen, zu der die progressiven Kräfte aufriefen, zu vereiteln. Bezeichnend für die wahren politischen Absichten der SAR war auch ihre schroff ablehnende Haltung gegenüber jedem Appell der SVP, die einen entschlossenen Kampf gegen die Kompromißler und den Zusammenschluß der Batista-Gegner auf demokratischer Grundlage forderte. „Die Gefahr, daß es zu einem Kompromiß kommen könnte, war real", unterstrich Roca in seiner Rede auf dem VIII. Parteitag der Sozialistischen Volkspartei Kubas, „da einerseits ein Teil der Staatsstreichkamarilla die Zerbrechlichkeit einer isolierten und auf Gewalt aufgebauten Macht erkannt hatte und deshalb ein Abkommen mit den oppositionellen bürgerlichen Parteien erreichen wollte und da andererseits der größte Teil der Führer dieser Parteien, vor allem auf Grund ihrer Auffassung, daß die Lösung in der Rückkehr zur formalen parlamentarischen Ordnung bestand, sich mit dem Abschluß eines entsprechenden Abkommens zufriedengegeben hätte. Deshalb prangerten wir alle Kompromißversuche an, die zunächst vom sogenannten Kubanischen Presseblock und dann nacheinander von der Gesellschaft der Freunde der Republik, der CADI[10], der Interparlamentarischen Kommission und verschiedenen konservativen ‚Persönlichkeiten' gefördert wurden."[11]

Batista, der indessen mit der Oberschicht der bürgerlichen Opposition liebäugelte, verstärkte gleichzeitig den Terror gegen die Volksmassen und überschwemmte das Land buchstäblich mit dem Blut von Patrioten. Dieser Umstand zeugt an sich schon klar genug vom wahren Charakter sowohl der SAR als auch der Führung der bürgerlichen Parteien, die zu einer Zeit grausamster Repressalien ein „friedliches" Übereinkommen mit dem totalitären Regime Batistas und seiner Komplicen anstrebten. So drangen am 26. Juli 1955 Polizisten in das Gebäude der Universität von Havanna ein und sprengten ein von der Studentenföderation veranstaltetes Massenmeeting. An die 50 Personen wurden festgenommen und ins Gefängnis geworfen. Am Jahrestag der Massenhinrichtung kubanischer Patrioten durch spanische Kolonialbehörden im Jahre 1871, am 29. November 1955, veranstalteten die Studenten von Havanna unter regierungsfeindlichen Losungen eine Jugenddemonstration. Gegen die Studenten wurden Polizei- und Armee-Einheiten eingesetzt. 30 Demonstrationsteilnehmer wurden verwundet und mehr als 200 verhaftet.

Zum Zeichen des Protests gegen die Angriffe, denen eine friedliche Jugenddemonstration ausgesetzt war, rollte über die Insel eine Welle von Studenten- und Jugendaktionen hinweg. Betroffen waren Santiago de Cuba, Bayamo, Sancti Spíritus, Santa Clara, Manzanillo und andere Städte. Die Studenten protestierten gegen die Repressalien und bekundeten ihre Solidarität mit den streikenden Arbeitern der Zuckerfabriken. Die Regierung schloß bis Jahresende nicht nur die Hochschulen, sondern auch alle übrigen Lehranstalten. Um die Jahreswende wurden Massenrazzien gegen die Teilnehmer an den Streiks in der Zuckerindustrie und den Studentenaktionen organisiert. Mit besonderer Brutalität auseinandergejagt wurde eine Demonstration, die am 10. Januar 1958 anläßlich des Jahrestags der Ermordung des Mitbegründers der Kommunistischen Partei Kubas, des hervorragenden Führers der kubanischen Studenten, Julio Antonio Mella, stattfand. Die Polizei eröffnete das Feuer. Viele Demonstranten wurden getötet oder verwundet, über 100 Demonstrationsteilnehmer festgenommen. Es häuften sich politische Morde, die Batistas Geheimpolizei verübte. Einwohner der Hauptstadt und anderer Städte stießen, wenn sie morgens zur Arbeit gingen, des öfteren auf verstümmelte, von Kugeln durchsiebte Leichen von Menschen, die Batistas Schergen ermordet hatten. Um die Bevölkerung einzuschüchtern, gestattete es die Polizei stundenlang nicht, daß die Leichen fortgeräumt wurden.

„Ihre Liste ist endlos", schrieb „Carta Semanal", „denn es gibt wohl kaum einen Morgen, an dem nicht Leichen von

Kubanern entdeckt werden, ermordet durch verbrecherische Agenten der Tyrannei. Viele Leichen tragen Spuren sadistischer Folterungen.“[12]

Ende 1956 richtete die Regierung unter den Gewerkschaftsfunktionären, die sich gegen die Diktatur und die verräterische Politik der Mujalisten aufgelehnt hatten, ein regelrechtes Blutbad an. In der Nacht vom 25. zum 26. Dezember, die in die Geschichte des Landes als „blutige Weihnacht“ eingegangen ist, wurden in verschiedenen Städten zu gleicher Stunde Dutzende fortschrittlicher Gewerkschaftsführer ermordet. Die von der Regierung organisierte Hetz- und Mordkampagne gegen die Arbeiterführer wurde in den folgenden Wochen systematisch fortgesetzt.

Trotz der Zensur und des auch für ausländische Korrespondenten geltenden Verbots der Polizei, in der Presse Material über die Bestialitäten des Regimes zu veröffentlichen, sickerten Meldungen über die Bluttaten der Batista-Schergen in die Spalten der nationalen wie auch der Auslandspresse durch.

Diese Meldungen lösten in der Weltöffentlichkeit Empörung aus. Der Weltgewerkschaftsbund, der Weltbund der Demokratischen Jugend und andere demokratische Organisationen entlarvten in besonderen Erklärungen die Verbrechen des Diktators und verurteilten entschieden die Unterdrückungs- und Willkürpolitik des Regimes. In den Vereinigten Staaten – in New York und anderen Städten – kam es zu Protestdemonstrationen mit der Forderung: Schluß mit der Massenausrottung der Zivilbevölkerung auf Kuba! In vielen lateinamerikanischen Ländern protestierten Vertreter der progressiven Öffentlichkeit gegen die Verbrechen der Batista-Schergen an kubanischen Patrioten.

Der Terror der Batista-Behörden vermochte jedoch die Befreiungsbewegung auf der Insel nicht zu unterdrücken. Der Widerstand gegen die Diktatur verstärkte sich von Tag zu Tag. Unter der fortschrittlichen Studentenschaft, die

Von der Reaktion bestialisch umgebracht:

Antonio López Fernández („Nico“)

Florentino Raúl Suárez Martínez

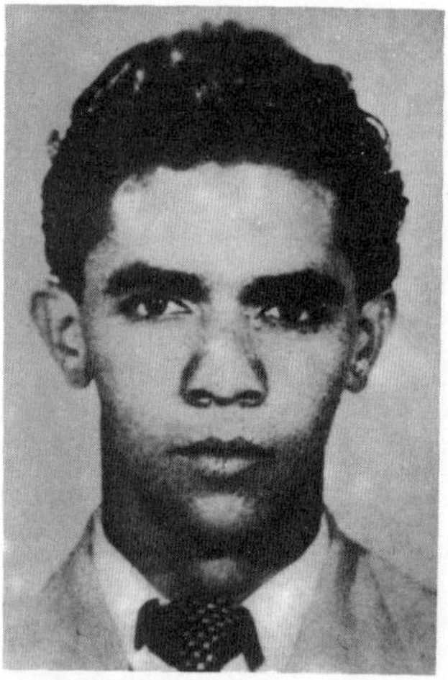

Tomás David Royo Valdés

Candido González Morales

Félix Juan Elmuza Agaisse

Oscar Rodríguez Delgado

Armando Mestre Martínez

von Generation zu Generation die revolutionär-demokratischen Ideale José Martís heilighielt und viele mutige Kämpfer für die Freiheit und Unabhängigkeit Kubas hervorbrachte, reifte der Gedanke an die Schaffung einer streitbaren studentischen Organisation zum Kampf gegen die Diktatur heran. Am 24. Februar 1956 gab der Führer des Studentenbundes (FEU) José Antonio Echeverría auf einem Meeting an der Universität von Havanna die Gründung des Revolutionären Direktoriums[13] bekannt, einer Organisation, der es zusammen mit der „Bewegung des 26. Juli" und der Sozialistischen Volkspartei beschieden sein sollte, beim Sturz der Diktatur und bei der siegreichen Entwicklung der Revolution eine hervorragende Rolle zu spielen. Obwohl es in der sozialen Zusammensetzung und der Weltanschauung der Mitglieder dieser Organisationen bestimmte Unterschiede gab, brachte sie die Gemeinsamkeit des Zieles – sie war stärker als diese Unterschiede – später dennoch dazu, sich unter der Führung Fidel Castros zu vereinigen und gemeinsam den siegreichen Kampf für den Aufbau der neuen Gesellschaft zu führen.

Unzufriedenheit mit der Politik der Diktatur war selbst in den Reihen des privilegierten Offizierskorps zu spüren. Im April 1956 deckte der SIM eine Offiziersverschwörung auf, an deren Spitze Oberst Ramón Barquín stand. Die Verschwörung trug rein militärischen, kastenmäßigen Charakter und zählte ganze 12 Teilnehmer. Die Verschwörer wurden zu Gefängnisstrafen verschiedener Dauer verurteilt. Nach sorgfältiger Überprüfung des Offizierskorps wurden 39 Offiziere aus der Armee entlassen. Obgleich die Verschwörung den Sturz des Diktators zum Ziel hatte, stellte sie für Batista keine reale Gefahr dar, weil die Verbindung zu den Volksmassen fehlte und die Verschwörergruppe von den revolutionären Organisationen isoliert war.

Doch schon allein die Tatsache, daß unter dem privilegierten Offizierskorps eine regierungsfeindliche Gruppe entstehen konnte, war höchst bemerkenswert. Sie zeugte von einer weiteren Verstärkung der batistafeindlichen Stimmungen im Lande.

Drei Wochen später erfuhr das Land von dem verzweifelten Versuch einer Gruppe junger Menschen, sich einer Kaserne in der Provinz Matanzas, 60 Meilen östlich von Havanna, zu bemächtigen. An der Spitze dieser Gruppe stand der junge Auténtico Reinaldo García. Doch war dieser schlecht geplante und vorbereitete Versuch von vornherein zum Scheitern verurteilt. Die Teilnehmer des Überfalls auf die Kaserne konnten nicht einmal mit Waffen umgehen, sie hatten keine militärische Ausbildung. Mehr noch, den Behörden waren Tag und Stunde des Überfalls im voraus bekannt. Die Militärbehörden nahmen mit Absicht keine vorbeugenden Verhaftungen vor, um an Ort und Stelle ein Blutbad anrichten zu können und im weiteren die Tatsache eines bewaffneten Überfalls auf die Kaserne zum Vorwand für verstärkte Repressalien zu nehmen. Als die Angehörigen dieser Gruppe an die Kaserne heranfuhren, gerieten sie sofort ins Kreuzfeuer der MGs und wurden fast restlos aufgerieben.

Repressalien und Verfolgungen lösten Gegenaktionen aus. Sie nahmen bisweilen die Form individueller Terrorakte an, konnten gewiß nicht zum Sturz des Regimes führen und zogen lediglich neue Unterdrückungsmaßnahmen nach sich. So wurde am 8. Oktober 1956 in einem Nachtklub mitten in Havanna der SIM-Chef Oberst Antonio Blanco getötet und der Stabschef der Armee, General Tabernilla, verwundet. Unverzüglich wurden Dutzende von Personen verhaftet. Die unmittelbaren Täter dieser terroristischen Aktion suchten Zuflucht in der Botschaft Haitis. Am 29. Oktober drang die Polizei unter Verletzung des Exterritorialitätsprinzips in die Botschaft ein und bemächtigte sich der Täter, die gleich auf dem Gelände der Botschaft erschossen wurden. „In unseren Tagen", schrieb dazu die Zeitschrift „Bohemia", „gibt es auf Kuba keinen Platz mehr für das Recht auf politisches Asyl, das eine großmütige Tradition der Länder Lateinamerikas ist, und es kann für die Polizei kein Hindernis sein ... In der Botschaft Haitis starben zehn junge Revolutionäre von der Hand der Agenten ‚zum Schutze der Ordnung'."[14]

In den Kampf gegen die Diktatur reihten sich immer neue Kräfte ein. Nach der Arbeiterklasse und der revolutionären Studentenschaft begannen sich auch die Bauernorganisationen nach und nach gegen die Tyrannei zu erheben. Die Nationale Bauernvereinigung forderte die Durchführung einer Agrarreform und die Übergabe von Grund und Boden an die landarmen und landlosen Bauern.

Die feindselige Einstellung der absoluten Mehrheit des kubanischen Volkes gegenüber der Diktatur und die zahllosen Verbrechen des Regimes trugen zum Heranreifen der revolutionären Situation im Lande bei. W. I. Lenin hatte die drei Hauptmerkmale zur revolutionären Situation wie folgt definiert: „1. Für die herrschenden Klassen ist es unmöglich, ihre Herrschaft unverändert aufrechtzuerhalten; die eine oder andere Krise der ‚oberen Schichten', eine Krise der Politik der herrschenden Klasse, die einen Riß entstehen läßt, durch den sich die Unzufriedenheit und Empörung der unterdrückten Klassen Bahn bricht. Damit es zur Revolution kommt, genügt es in der Regel nicht, daß die ‚unteren Schichten' in der alten Weise ‚nicht leben wollen', es ist noch erforderlich, daß die ‚oberen Schichten' in der alten Weise ‚nicht leben können'. 2. Die Not und das Elend der unterdrückten Klassen verschärfen sich über das gewöhnliche Maß hinaus. 3. Infolge der erwähnten Ursachen steigert sich erheblich die Aktivität der Massen, die sich in der ‚friedlichen' Epoche ruhig ausplündern lassen, in stürmischen Zeiten dagegen sowohl durch die ganze Krisensituation *als auch durch die ‚oberen Schichten'* selbst zu selbständigem historischem Handeln gedrängt werden."[15]

Ebendiese Situation entstand auf Kuba in der zweiten Hälfte der fünfziger Jahre. Um an der Macht zu bleiben, griff die Tyrannei zu Massenmorden und Folterungen, schuf sie Unterdrückungsorgane aus Berufsbanditen und

Mördern und brachte die Gewerkschaften unter ihre Kontrolle, indem sie ihnen käufliche, korrumpierte Führer aufzwang. Sie beseitigte alle demokratischen Freiheiten und verbot die progressiven Parteien. Sie versperrte dem Volk alle Wege zu friedlichen Massenaktionen, peitschte drakonische volksfeindliche Gesetze durch und nahm den Werktätigen die Möglichkeit, ihren Willen bei den Wahlen zu äußern, deren Ergebnisse sie überdies verfälschte.

Somit ließ sie den unterdrückten und ausgebeuteten Massen im Grunde keinen anderen Weg als den, auf die Gewalt der Reaktion mit revolutionärer Gewalt und der Entfaltung des bewaffneten Kampfes zu antworten, dessen Endziel die Eroberung der wahren Freiheit und nationalen Unabhängigkeit war.

Anmerkungen:

1 Carta Semanal v. 21. 10. 1953.
2 Zitiert nach E. L. Nitoburg, Raub der Perle, a. a. O., S. 200.
3 B. Roca, L. Peña. Las fundionés y el papel de los sindicados ante la Revolución. La Habana, 1961, S. 20.
4 W. I. Lenin, Werke, Bd. 18, S. 73.
5 Granma v. 30. 12. 1970.
6 Communicado del Buro Ejecutivo del Comité Nacional de P. S. P. sobre la lucha de los obreros y del pueblo. La Habana, 2. 1. 1956.
7 Blas Roca, Kuba festigt seinen Sieg, Berlin 1961, S. 26f.
8 Carta Semanal v. 8. 6. 1955.
9 Declaración de la Sociedad de Amigos de la Republica. Bohemia v. 14. 7. 1955.
10 CADI – eine Gruppe oppositioneller Parlamentarier, die einen Kompromiß zwischen Batista und der Opposition anstrebten.
11 Blas Roca, a. a. O., S. 18f.
12 Carta Semanal v. 15. 10. 1958.
13 „Das Revolutionäre Direktorium vertrat ebenso wie die Bewegung des 26. Juli in den Studentenzentren mehr oder minder die gleichen Bevölkerungsschichten ... Das Direktorium leistete seinerseits eine Arbeit, um unter den Vertretern der Arbeiter, der Intelligenz und der Bauern Anhänger zu werben.“ [Fidel Castro, Unsere Sache siegt. Reden und Aufsätze. 1963/1964, Moskau 1965, S. 412 (russ.)].
14 Bohemia v. 4. 11. 1956.
15 W. I. Lenin, Werke, Bd. 21, S. 206.

Die Überfahrt der „Granma"

Beginn der Rebellenbewegung in der Sierra Maestra

Drum vorwärts, Kubaner,
Das Vaterland wird Heldentum belohnen,
Denn wir sind Soldaten.
Das Vaterland, wir werden es befrein
Und säubern mit Feuer!
Macht Schluß mit unerwünschten Gouverneuren,
Ein Ende mit den Höllenplagen
Der unersättlichen Tyrannen,
Die Kuba ins Unglück gestürzt.

Aus dem Marsch des 26. Juli von
Augustin Diaz Cartaya

Nachdem Fidel Castro das Land verlassen hatte, begab er sich nach den Vereinigten Staaten von Amerika und später nach Mexiko, wo er daranging, eine Abteilung kubanischer Patrioten aufzustellen, auszubilden und zu schulen, die zum Kern der ruhmreichen Rebellenarmee werden sollte. Die Schwierigkeiten, mit denen er und seine Mitstreiter konfrontiert wurden, schienen unüberwindlich zu sein. Es galt, treue, grundehrliche und mutige Revolutionäre zu sammeln, ihnen die Ziele und den Charakter der nächsten Kampfetappe zu erläutern, sie in einer Abteilung zu vereinen, ihnen Disziplin anzuerziehen und sie schließlich militärisch auszubilden. Außerdem waren auch ganz praktische Angelegenheiten zu regeln: Räumlichkeiten für die Unterbringung und Ausbildung zu finden sowie Instrukteure heranzubilden, die ihre Kenntnisse den jungen kubanischen Patrioten vermitteln konnten. Einerseits galt es, das Volk Kubas auf den bevorstehenden Kampf vorzubereiten, und andererseits waren Vorsicht und Konspiration geboten. Konflikte mit den mexikanischen Behörden mußten vermieden werden. Notwendig war ferner, einen engen Kontakt mit den in der Heimat verbliebenen Vertretern der „Bewegung des 26. Juli“ und mit anderen revolutionären Kräften aufrechtzuerhalten, um im gegebenen Augenblick die Koordinierung der bevorstehenden Aktionen gegen die Diktatur und das Zusammenwirken zu gewährleisten. Mittel, an denen es fehlte, mußten gesammelt, die erforderlichen Waffen und Munition ausfindig gemacht und eingekauft werden; ein Schiff für die künftige Kubaexpedition war zu erwerben, und vieles, vieles andere zu beschaffen.

Diese zahllosen Aufgaben und Sorgen lasteten zum größten Teil auf Fidel Castros Schultern. Fidel Castro war ebenso wie seine engsten Mitstreiter jung. Doch trotz seiner Jugend war er schon damals der geborene politische Führer und Revolutionär. Er war ein hervorragender Redner, zeichnete sich durch außerordentlichen Mut und eisernen Willen aus. Gründliche Kenntnis der kubanischen Geschichte half ihm, sich in den Labyrinthen der kubanischen Politik zurechtzufinden. Er mußte die Müden stützen, die Hitzköpfe, die sich sofort in den Kampf stürzen wollten, zurückhalten, ihnen Disziplin und Verantwortungsgefühl für die unbedingte Erfüllung jeder Aufgabe anerziehen.

Kurzum, er war der Motor der Bewegung, der Chef-organisator und Leiter der geplanten Expedition, die eine neue Seite in der Geschichte der Republik Kuba aufschlagen sollte.

Auf den Appell Fidel Castros hin, eine Expedition zur Befreiung des Heimatlandes von der Batista-Tyrannei zu organisieren, meldeten sich nicht wenige Freiwillige. Sie kamen von überall: Flohen aus Kuba, trafen aus den Vereinigten Staaten von Amerika ein, wo sie im Exil lebten, kamen trotz größter Schwierigkeiten aus Argentinien, Guatemala und anderen lateinamerikanischen Ländern. Ohne Geld, zuweilen ohne das Allernotwendigste, waren sie voller revolutionärer Begeisterung und glühendem Haß gegen die Diktatur. Vorbehaltlos bereit, ihr Leben für die Sache der Befreiung des Landes einzusetzen, kamen sie in die Hauptstadt Mexikos. An Fidels Seite standen sein Bruder Raúl, heute Zweiter Sekretär des ZK der KP Kubas und Erster Stellvertreter des Ministerpräsidenten, Minister der Revolutionären Streitkräfte; der argentinische Arzt Ernesto Che Guevara, später ein berühmter Führer der Vierten Kolonne der Rebellenarmee, Minister für Industrie in der Revolutionären Regierung Kubas; ein mutiger Revolutionär, starb er bei den Partisanenkämpfen in Bolivien den Heldentod; Camilo Cienfuegos – der künftige Nationalheld Kubas; ein legendärer Heerführer und einer der namhaftesten Führer der Revolution; Ciro Redondo – ein unermüdlicher Organisator der Expedition, der von Bord der „Granma" aus als erster kubanischer Boden betrat und im Kampf vor Mar-Verde für die Befreiung des Heimatlandes fiel; Antonio López (Nico) – ein Arbeiter; Führer des Sturms auf die Bayamo-Kaserne im Jahre 1953, war er bei fast allen Demonstrationen gegen Batista in Havanna in den ersten Reihen zu finden; der Sache der Revolution treu ergeben, fand er ebenfalls in den Kämpfen in der Sierra Maestra den Tod; da waren schließlich Juan Almeida, Ramiro Valdés, Calixto García, Efigenio Ameijeiras, Osmani Cienfuegos, Universo Sánchez, Faustino Pérez und viele andere, die später Kommandeure von Kolonnen und Abteilungen der Rebellenarmee sowie namhafte Staats- und Parteifunktionäre des revolutionären Kuba wurden oder aber als Helden im revolutionären Kampf fielen. Sie alle leben im Gedächtnis des dankbaren Volkes, in den Taten der kubanischen sozialistischen Revolution weiter.

In Mexiko City wurden mehrere Wohnungen gemietet, angeblich für kubanische Universitätsstudenten. „Dieser Schein ließ sich mühelos aufrechterhalten", bemerkt Mario Hill, „alle Teilnehmer der Bewegung waren jung und lebhaft. Eine militärische Disziplin wurde eingeführt, wie in einem Internat: Zum Lesen, Lernen, Essen und Schlafen wurden bestimmte Stunden festgelegt."[1] Auch heute noch erinnern sich die Führer der kubanischen Revolution mit großer Herzlichkeit der Gastfreundschaft María Antonia González', einer in Mexiko lebenden Kubanerin. Sie stellte ihr kleines Haus in Mexiko City, in der Amparánstraße 49, den kubanischen Emigranten zur Verfügung. María Antonia, die zufällig mit Calixto García und einem weiteren Teilnehmer des Angriffs auf die Moncada bekannt wurde, übernahm es, für diese zu sorgen. Immer neue kubanische Emigranten trafen in Mexiko ein. Raúl Castro, Jesús Montané, Juan Manuel Marcos – sie alle und viele andere fanden bei María Antonia Obdach und uneigennützige Gastfreundschaft. Später wurde das Haus María Antonias im Grunde genommen zum Stabsquartier der Revolutionäre, die sich auf die Expedition zur Befreiung Kubas vorbereiteten.

Um die praktischen Übungen unter Bedingungen abzuhalten, die dem künftigen Operationsgebiet möglichst ähnlich waren, wurde die Hazienda „Santa Rosa" ausfindig gemacht. Sie war in einer bergigen Gegend des Staates Mexiko gelegen. Der Besitzer, ein alter Mitstreiter Pancho Villas – er hatte an der mexikanischen Revolution von 1910 bis 1917 teilgenommen –, verpachtete die Hazienda für ein halbes Jahr gegen 100 Peso monatlich. Als recht schwierig erwies sich die Suche nach einem Instrukteur, der militärische Kenntnisse besitzen und sich in der Strategie wie auch in den praktischen Methoden des Partisanenkampfes auskennen mußte. Zu diesem Instrukteur wurde der ehemalige Oberst der spanischen Armee, Alberto Bayo.

„Dieser war... eine recht bunt schillernde Person", schrieb der sowjetische Historiker J. Lawrezki in seinem fesselnden und eindringlichen Buch über das Leben Ernesto Che Guevaras. „1892 in einer spanischen Familie auf Kuba geboren, ging er zusammen mit seinen Eltern schon als Kind nach Spanien. Er besuchte dann die Kriegsakademie, kämpfte in Marokko, diente in der Fremdenlegion und wurde schließlich Flieger. Don Alberto war aber nicht nur Soldat, sondern widmete sich auch literarischer Tätigkeit: Er schrieb Verse und Erzählungen über das Soldatenleben. Als in Spanien der Bürgerkrieg ausbrach, stellte sich Bayo auf die Seite des Volkes und kämpfte tapfer gegen die Francofaschisten. Er nahm am Landungsunternehmen auf der von den Francoputschisten besetzten Insel Mallorca teil und leitete die Ausbildung von Partisanengruppen und -abteilungen. Nach dem Untergang der Republik emigrierte Bayo zunächst in sein Geburtsland Kuba, wo er eine Privatschule für Mathematik eröffnete. Bald darauf siedelte er jedoch nach Mexiko über, nahm die mexikanische Staatsbürgerschaft an und wurde Unternehmer, Besitzer einer Möbelfabrik. Gleichzeitig war er Instrukteur an der Militärfliegerschule und beteiligte sich hin und wieder als ein ‚Fachmann mit Diplom' an Versuchen, den einen oder anderen Diktator in einer der Bananenrepubliken Mittelamerikas zu stürzen. 1955 gab Bayo in Mexiko ein ganz besonderes Lehrbuch unter dem Titel ‚150 Fragen an einen Partisanen' heraus. Dieses Werk war eine Art Enzyklopädie der Partisanenwissenschaft."[2]

Theoretische Schulungen wechselten mit Trainingsmärschen, mit Übungen im Schießen und Granatwerfen sowie mit der Aneignung von Fertigkeiten des Partisanenlebens ab. Sie fanden an den Hängen des Vulkans Iytacihuatl und im Chapultepex-Wald statt und dauerten anfangs 5 bis 8, später 12 bis 15 Stunden täglich.

„Gleichzeitig mit der Beschaffung der Ausrüstung und der Waffen", erinnert sich der Expeditionsteilnehmer Major Calixto García an jene Tage, „befaßte sich unsere Abteilung intensiv mit der Kampfausbildung. Aus Erwägungen der Konspiration war sie in kleine Gruppen unterteilt worden, die sich an verschiedenen Orten verbargen. Meiner Gruppe gehörten acht Mann an: Almeida, Cabrerita, Antonio López, García, Colledo und andere. Morgens unternahmen wir lange Märsche zum Schießklub, wo wir uns im Gewehrschießen übten. Das Ergebnis dieser intensiven Übungen war, daß alle gut schießen lernten. Die Gruppen wetteiferten untereinander, es wurde der beste Schütze ermittelt. Unsere Gruppe war den anderen voraus, doch das richtige Können kam viel später."[3]

Gleichzeitig leistete Fidel Castro eine umfangreiche politische Arbeit, um die Aufgaben und Ziele der „Bewegung des 26. Juli" zu erläutern, um deren Organisationen auf Kuba anzuleiten. In Mexiko verkündete er ganz eindeutig die Unabhängigkeit seiner Organisation von der Orthodoxen Partei, die die „Bewegung des 26. Juli" auch weiterhin als ihren linken Flügel ansah. Fidel Castro veröffentlichte im April 1956 einen speziellen Artikel, in dem er das Programm der „Bewegung des 26. Juli" darlegte und eine Analyse der auf Kuba entstandenen politischen Situation gab. „Nachdem ich vor 10 Monaten das Gefängnis verlassen und deutlich erkannt hatte", so schrieb er, „daß dem Volk niemals seine Rechte zurückgegeben werden, falls es sich nicht dazu entschließt, diese Rechte mit eigenem Blut zu erkämpfen, gingen wir an den Aufbau einer starken revolutionären Organisation, die imstande sein sollte, dem Regime die Entscheidungsschlacht zu liefern. Für Menschen, die ihr Leben dieser Aufgabe geweiht hatten, war es nicht das Schwerste. Das Schwerste und Bedrückendste war der Kampf gegen den bösen Willen der Politiker, der Intriganten, der Nichtskönner, der Neider, gegen deren eigensüchtige, jämmerliche und tückische Verschwörung gegen eine beliebige Gruppe von Menschen, die eine würdige und große Mission zu erfüllen versuchen."[4]

Exaktheit der politischen Ziele in der bevorstehenden Kampfetappe und Aktualität der Aufgaben, auf deren Lösung die Arbeiterklasse und die werktätige Bauernschaft zu orientieren waren, zeichneten die Männer aus, die – von Fidel Castro geführt – neue Opfer um des kommenden Sieges willen auf sich nahmen.

„Es ist nicht unsere Schuld", erklärte Fidel Castro, „daß

das Land an den Rand des Abgrundes gebracht worden ist und keinen anderen Rettungsweg hat als die Revolution. Der Kampf ist heute ein Kampf des Volkes, und um dem Volk in seinem heldenhaften Kampf für die Wiederherstellung der geraubten Rechte und Freiheiten zu helfen, organisierte und festigte sich die ‚Bewegung des 26. Juli'. Der 26. Juli gegen den 10. März! ... Die ‚Bewegung des 26. Juli' ist die revolutionäre Organisation der Entrechteten zum Schutze der Entrechteten und für die Entrechteten. Die ‚Bewegung des 26. Juli' ist die Hoffnung auf Grund und Boden für die Bauern, die in ihrem von ihren Großvätern befreiten Heimatland wie Parias leben. Die ‚Bewegung des 26. Juli' ist die Hoffnung auf die Heimkehr für die Emigranten, die auswandern mußten, weil sie in der Heimat weder arbeiten noch leben konnten; das ist die Hoffnung auf Brot für die Hungernden und auf Gerechtigkeit für die Entrechteten."[5]

Nach dieser Erklärung Fidel Castros, der entschlossen mit der korrumpierten Führung der Orthodoxen Partei brach, konnte diese nicht länger mit ihrer Zugehörigkeit zur „Bewegung des 26. Juli" spekulieren und damit ihr untergrabenes Prestige in den Augen der Volksmassen zu heben versuchen.

Fidel Castro und seine Mitstreiter unterhielten eine regelmäßige Verbindung zu den Funktionären dieser Bewegung auf Kuba. Frank País, der Führer der Bewegung in der Provinz Oriente – ein flammender Revolutionär und Nationalheld Kubas, der später von der Hand der Batista-Schergen den Tod fand –, kam zweimal zu Fidel nach Mexiko. Im Auftrag Fidels reorganisierte er die Arbeit der Bewegung, stellte die Propaganda um, knüpfte Verbindungen zur Arbeiterbewegung und organisierte bewaffnete Abteilungen. Gemeinsam arbeiteten sie einen Plan künftiger Kampfhandlungen aus, nach dem zur Unterstützung des Landetrupps Aktionen bewaffneter Abteilungen in Santiago de Cuba und in anderen Städten der Insel organisiert werden sollten. Es war vorgesehen, gleichzeitig die Flucht der politischen Häftlinge aus dem Boniato-Gefängnis in Santiago de Cuba zu organisieren. Ferner plante man, die Moncadakaserne einzukreisen, den Marinestützpunkt zu blockieren, das Gebäude der Polizei zu attackieren und sich einer Waffenhandlung zu bemächtigen, um weitere Aufständische zu bewaffnen. All das sollte die Kräfte der Tyrannei vom Landeunternehmen ablenken und seinen Teilnehmern gestatten, sich in den Bergen festzusetzen und Kampfhandlungen gegen die reguläre Batista-Armee zu beginnen. Die Verwirklichung dieses Plans war für den 30. November 1956 vorgesehen.

Viel Aufmerksamkeit widmete Fidel Castro der Frage der Konsolidierung aller revolutionären Kräfte des Landes. So suchten ihn unter anderem im September 1956 der Führer der Studentenföderation und des Revolutionären Direktoriums, José Antonio Echeverría, und eine Reihe anderer Studentenführer, Mitglieder des Revolutionären Direktoriums, auf, um über die Aktionseinheit zu verhandeln.

Als Ergebnis der Verhandlungen wurde ein gemeinsames Dokument, der Mexikanische Pakt, angenommen, in dem die Führer der beiden Organisationen ihre Entschlossenheit bekundeten, „ihre Anstrengungen zum Sturz der Tyrannei und zur Vollendung der kubanischen Revolution eng zu vereinen“.

„Wir halten die revolutionäre Vorbereitung für ausreichend“, so hieß es in diesem Dokument, „um dem Volk seine Befreiung im Jahre 1956 zu versprechen. Der Aufstand wird, von einem Generalstreik unterstützt, unbesiegbar sein. Der Studentenbund und die „Bewegung des 26. Juli“ stellen die Aufgabe, alle revolutionären, moralischen und zivilen Kräfte des Landes – Studenten, Arbeiter, Jugendorganisationen sowie alle ehrlichen Menschen Kubas – zusammenzuschließen, damit sie uns in diesem Kampf helfen.“ Im Mexikanischen Pakt wurden jede Möglichkeit von Verhandlungen der Opposition mit der Regierung abgelehnt und die Hirngespinste der Batista-

Propaganda über eine angebliche Verbindung der Revolutionäre mit dem dominikanischen Diktator Trujillo entkräftet; der kubanischen Armee sollte nämlich im Falle eines Landeunternehmens eingeredet werden, daß sie „zum Schutze der nationalen Souveränität vor äußeren Feinden" kämpfe, nicht aber gegen kubanische Patrioten, Feinde des Regimes und der Reaktion.

„In dem bereits begonnenen Kampf auf Leben und Tod gegen die Tyrannei wird der Sieg auf unserer Seite, auf seiten der historischen Gerechtigkeit sein ...", hieß es im gemeinsamen Dokument. „Die Revolution wird Menschen an die Macht bringen, die frei sind von Kompromißlertum und von Eigensucht, die Kuba dienen werden gemäß ihrem Programm der sozialen Gerechtigkeit, Freiheit und Demokratie, der Respektierung gerechter Gesetze und der Anerkennung der vollen Würde aller Kubaner ohne Haß gegen irgend jemanden. Und wir, die wir diese Revolution leiten, sind bereit, unser Leben als Beweis für unsere reinen Absichten einzusetzen."[6]

Der Mexikanische Pakt wurde von Fidel Castro und José Antonio Echeverría unterzeichnet.

Äußerst wichtig war die Bestätigung des konkreten Termins für den Beginn des bewaffneten Kampfes durch ein Landeunternehmen auf Kuba: Dieser Termin war der November 1956. Indessen wurden die Bedingungen der Vorbereitungen für das Landeunternehmen noch komplizierter. Die Expeditionsteilnehmer waren ständigen Verfolgungen ausgesetzt: Sie hatten Agenten des amerikanischen FBI und der mexikanischen Bundespolizei wie auch Batista-Agenten auf den Fersen. Nach Mexiko kam eigens Oberst Orlando Píedra, Geheimdienstchef des Diktators, um die Bespitzelung der Teilnehmer der Bewegung persönlich zu organisieren; Batistas Diplomaten aus der kubanischen Botschaft in Mexiko betätigten sich als Spione. Jedes Versehen, jede Unvorsichtigkeit und erst recht jeder Verrat konnten Gefängnishaft und folglich das Scheitern der Expedition bedeuten.

Im Juni 1956 wurden Fidel Castro, Alberto Bayo und Calixto Morales von der mexikanischen Polizei festgenommen. Eine Streife, die irgendwelche Banditen verfolgte, hatte deren Spuren verloren und vermutete sie im Kraftwagen der Kubaner, der zur Hazienda „Santa Rosa“ fuhr. Im Gepäckraum des Wagens wurden Waffen gefunden, die für das geplante Landeunternehmen bestimmt waren.

Die Polizei umstellte die Hazienda, beschlagnahmte die Waffen und nahm alle Angetroffenen fest. Die kubanischen Revolutionäre wurden für 22 Tage in das Einwanderungsgefängnis gesperrt. Da in der Öffentlichkeit Proteste laut wurden und es keine Indizien zur Begründung eines längeren Freiheitsentzugs gab, wurden Fidel Castro und seine Kameraden wieder auf freien Fuß gesetzt.

Den Batista-Spürhunden gelang es jedoch, Rafael del Pino, den Kraftfahrer Fidel Castros, zu bestechen. Auf seine Zuträgerei hin überfiel die Polizei im November 1956 das Haus einer ehemaligen Mitarbeiterin der kubanischen Botschaft, fand und beschlagnahmte dort eine große Menge Waffen und sperrte die Hausbesitzerin für einige Wochen ins Gefängnis.

Trotz außerordentlicher Schwierigkeiten gingen die Vorbereitungen für die gefährliche Expedition weiter. Gesucht wurde ein Schiff, das sich für die Zwecke der Expedition eignete. Ein Versuch, in den USA ein Schnellboot zu kaufen, schlug fehl.

Schließlich wurde ein kleines Schiff, die Motorjacht „Granma“, gefunden, die dem reichen Schweden Werner Grin gehörte und in Tuxpan lag, einem Hafen am Tuxpanfluß, kurz vor dessen Einmündung in den Golf von Mexiko. Für die Jacht wurden 12000 Dollar bezahlt. Es blieb nicht einmal mehr Geld für eine ausreichende Verpflegung übrig.

Die letzten entscheidenden Tage vor dem Auslaufen brachen an. Fidel Castro überprüfte wieder und wieder die Bereitschaft seiner Kämpfer, erteilte die letzten Anwei-

Die „Granma“

sungen. Ende November konzentrierten sich die künftigen Rebellen in Villa Juárez und Tuxpan.

Am 25. November 1956 lief die „Granma“ um 2.00 Uhr nachts mit gelöschten Lichtern aus dem Hafen von Tuxpan aus, fuhr mit gedrosselten Motoren flußabwärts, erreichte das offene Meer und nahm Kurs auf die Ostküste Kubas. Sie hatte 82 Menschen an Bord, denen es beschieden war, nach Überwindung zahlloser Schwierigkeiten und Entbehrungen zum Kern der Rebellenarmee zu werden, zum Stoßtrupp der Revolution, die das kubanische Volk von der Batista-Tyrannei befreite.

Die Erinnerungen der wenigen am Leben gebliebenen Teilnehmer des Unternehmens sind unschätzbare Aussagen über ein Ereignis, das in der Geschichte der Republik Kuba eine so wichtige Rolle gespielt hat. Sie vermitteln ein anschauliches Bild jener rauhen Tage, da die überladene „Granma“ (die Jacht war für 8 bis 10 Passagiere berechnet), vom Sturm wie ein Holzspan hin und her geworfen, auf den Landungsort zusteuerte. Hier die Erinnerungen Ernesto Che Guevaras an diese außerordentlich schwierige Fahrt:

„An Bord der ‚Granma‘ waren die Arbeiten, die ihre Fahrtgeschwindigkeit beschleunigen sollten, beendet; alle Nahrungsmittel, die wir nur heranschaffen konnten (es waren ihrer übrigens nur sehr wenige), sowie Kleidung, Gewehre und sonstige Waffen, dazu zwei Panzerbüchsen fast ohne Munition, waren verladen. Endlich begann am 25. November 1956 um 2.00 Uhr nachts die Verwirklichung der Worte Fidels, die von der offiziellen Presse in allen Tonarten verhöhnt worden waren: ‚Wir werden im Jahre 1956 die Freiheit erlangen oder Märtyrer werden.‘

Mit gelöschten Lichtern, mit Menschen und allerlei Frachten vollgepfropft, lief das Schiff aus Tuxpan aus. Das Wetter war schlecht, und obwohl das Auslaufen aus dem Hafen verboten war, blieb die Flußmündung vorläufig noch ruhig. Wir überquerten die Hafeneinfahrt und setzten nach einiger Zeit die Lichter. Das Schlingern begann, und wir suchten fieberhaft nach einem Mittel gegen die Seekrankheit, freilich erfolglos; wir sangen die Nationalhymne Kubas und den Marsch des 26. Juli, das nahm ganze fünf Minuten in Anspruch. Das Schiff bot einen tragikomischen Anblick: Die Leute saßen mit ängstlichen Gesichtern da und hielten sich den Bauch; manche hatten den Kopf in einen Eimer gesteckt, andere lagen in den unnatürlichsten Stellungen an Deck, unbeweglich und mit beschmutzter Kleidung. Von den 82 Mann an Bord gab es nur zwei oder drei Matrosen und vier oder fünf Leute von uns, die nicht an der Seekrankheit litten. Am vierten oder fünften Tag besserte sich die Lage etwas. Wir konnten uns auch davon überzeugen, daß es kein Leck in der Bordwand gab. Vielmehr war ein offener Hahn in der Toilette die Ursache einer Überschwemmung. Zu diesem Zeitpunkt hatten wir alles nur Entbehrliche bereits über Bord geworfen, um das Schiff zu erleichtern ...

Es brach der Tag (der 2. Dezember 1956 – E. G.) an, da wir die kubanische Küste, den Strand Las Colorados an einem Ort erreichten, der unter dem Namen Belique bekannt ist.

Man sichtete uns von einem Handelsschiff aus und funkte unseren Standort an die Batista-Truppen. Wir verließen unter Mitnahme des Allernotwendigsten eiligst die Jacht, gerieten aber in einen Sumpf und wurden hier aus der Luft angegriffen. Doch im Dickicht, das den Sumpf überzog, waren wir vom Flugzeug aus schlecht auszumachen und zu bekämpfen. Der Angriff bedeutete jedoch, daß uns die Armee des Diktators auf der Spur war ...

Zu den sieben Tagen Hunger und unaufhörlicher Seekrankheit an Bord kamen nun drei schreckliche Tage an Land. Genau zehn Tage waren vergangen, seit wir Mexiko verlassen hatten; der 5. Dezember brach an. Nach ermüdendem nächtlichem Marsch, der durch Hungerohnmachten von Kameraden und erzwungene Rastpausen unterbrochen wurde, erreichten wir eine Ortschaft, deren Name für uns paradox klang: Alegría del Pío (Heilige Freude – E. G.). Das war eine kleine bewaldete „Insel"; mit der einen Seite war sie einer Zuckerrohrplantage zugekehrt, mit der anderen grenzte sie an irgendwelche Gebäude, hinter denen dichter Wald zu sehen war. Wir hatten den Lagerplatz nicht sehr glücklich gewählt, machten aber dennoch Rast, um hier den Tag zu verbringen und den Marsch in der nächsten Nacht fortzusetzen.

Um 16.00 Uhr fiel ohne Warnung, für uns alle völlig überraschend, der erste Schuß, und dann prasselte ein wahrer Kugelregen auf unsere Köpfe herab, die eine so mutige Sportart noch nicht gewohnt waren."[7]

Ein ortskundiger Führer, der sich als Verräter entpuppte, hatte die Batista-Soldaten zum Lager geführt. Die Abteilung der Expeditionsteilnehmer wehrte sich verzweifelt, doch die Kräfte waren zu ungleich. Viele wurden an Ort und Stelle getötet, andere verwundet. Nach Einschätzung der Lage gab Fidel Castro den Befehl, sich in kleinen Gruppen in die Berge der Sierra Maestra zurückzuziehen. Die Rebellen, die fast drei Tage ohne Schlaf, ohne Nahrung und ohne Ruhepause gewesen waren, die schwere Verluste erlitten und dennoch die Moral und den Glauben an ihre Sache nicht verloren hatten, durchbrachen, immer wieder aus der Luft attackiert, die Sperren der Batista-Truppen. Vielen von ihnen halfen Crescencio Pérez und sein Sohn Ignacio, die Berge der Sierra Maestra zu erreichen, die später zur Hauptbasis der Partisanenbewegung wurden.[8]

Nach dem Kampf in Alegría del Pío kam es für Fidel Castro darauf an, die verstreuten Gruppen und einzelnen Expeditionsteilnehmer zu sammeln und den Kern der Rebellenarmee zu schaffen. Die weiteren Ereignisse sollten zeigen, daß diese überaus schwere Aufgabe erfolgreich gelöst wurde. „Zwölf bis fünfzehn Tage blieben wir zu dritt, ohne von den anderen irgend etwas zu wissen, ohne zu wissen, wer von ihnen am Leben war“[9], berichtete Major Faustino Pérez, der zusammen mit Universo Sànchez der Gruppe Fidel Castros angehörte.

Am 17. Dezember verbarg sich die Gruppe Fidel Castros in der Ortschaft Purial de Vicuña auf der Farm von Ramón Pérez, dem Bruder von Crescencio Pérez. Bald darauf schloß sich ihnen die fünfköpfige Gruppe Raúl Castros an, die sich durch zahlreiche Sperren der Batista-Leute durchgeschlagen hatte. Erfreut und stolz auf seine Kampfgefährten, rief Fidel Castro aus: „Ihr seid in Uniform gekommen! Mit euren Patronen! Mit euren Gewehren! Es ist klar, daß die Tage der Diktatur gezählt sind.“[10] Die weiteren Ereignisse sollten bestätigen, daß er damit recht hatte. Wenige Tage danach schloß sich ihnen die Gruppe Che Guevaras und einige Tage später die Gruppe Camilo Cienfuegos‘ an.

„Wir versammelten uns etwa 15 Tage nach unserer mißglückten Landung, wir, die ‚Schiffbrüchigen von der

Granma', um einen Ausdruck des Kameraden Juan Manuel Marques zu benutzen", erinnerte sich Ernesto Che Guevara. „Von 82 waren nur 17 geblieben. Die Erinnerung an die gefallenen Kameraden tat weh. Es waren ihrer viele: Juan Manuel Márquez; der Arbeiter Nico López, unser prächtiger Kamerad; Juan Smith, der Kommandeur der Vorhut; Cándido González, Fidels Adjutant, ein Revolutionär ohne Furcht und Tadel. Es war eine ganze Liste: Fast täglich kamen neue Namen von Kämpfern hinzu, die ihr Leben hingegeben hatten, damit die oben zitierte Voraussage Fidels Wirklichkeit werde: ‚Im Jahre 1956 werden wir die Freiheit erlangen oder Märtyrer werden.' Uns, anderthalb Dutzend von Fidel Castro geführten Kämpfern, oblag es, das Banner des Aufstandes zu entrollen, um – den Gefallenen zu Ehren – den ersten Teil der Losung zu erfüllen: ‚Wir werden die Freiheit erlangen.' Wir mußten das tun zu Ehren unserer Kameraden, die unterwegs gefallen waren, sowie derjenigen, die ihr Leben auf dem bluttriefenden Altar der Freiheit opferten, die zu Tode gefoltert oder erschossen wurden. Heute mag das unwahrscheinlich anmuten, aber in unserer kleinen Abteilung, deren Angehörige einander noch nicht gut kannten, war bereits von der Offensive, vom Sieg die Rede."

Gegen Ende Dezember war die Rebellenabteilung etwa 30 Mann stark und wuchs ununterbrochen weiter an. Nach einigen Wochen nahm sie die ersten offensiven Kampfhandlungen auf.

Noch an Bord der „Granma" hatten die Rebellen im Rundfunk vom Aufstand in Santiago de Cuba gehört, den Frank País, entsprechend einem zuvor festgelegten Plan, entfesselt hatte. Die Batista-Truppen sollten vom Landungsort abgelenkt und es sollte dem Landetrupp ermöglicht werden, sich neu zu formieren, patriotisch gesinnte Freiwillige um sich zu scharen und den planmäßigen bewaffneten Kampf aufzunehmen.

Am Vorabend des Aufstandes erhielten die Revolutionäre in Santiago aus Mexiko folgendes Telegramm: „Das

Als der Widerstand in der Sierra Maestra begann: Fidel Castro (Mitte) zusammen mit seinem Bruder Raúl Castro (links) und weiteren Führern der Rebellenarmee

angeforderte Buch ist ausverkauft. Der Verlag." Das bedeutete, daß die Landung in den nächsten Tagen erfolgen sollte. Mehr als 400 Teilnehmer der „Bewegung des 26. Juli" griffen, in die olivfarbene Uniform mit dem schwarzroten Emblem der Bewegung gekleidet, am frühen Morgen des 30. November die Gebäude der Polizei, die Militärkasernen und die Gefängnisse an. Anfangs entwickelte sich die Erhebung erfolgreich, und einige Stunden lang befand sich Santiago praktisch in den Händen der Revolutionäre.[11] Doch als die Regierung ein Kriegsschiff mit Eliteeinheiten an Bord nach Santiago entsandte und etwas später Fallschirmjäger aus Havanna – eingesetzt auf Befehl des Diktators – landeten, konnten die Aufständischen ihre Position nicht halten und mußten die Stadt räumen. Die von Brigadegeneral Martín Díaz Tamayo befehligten Fallschirmjäger nahmen Massenhausssuchungen vor. Hunderte von Einwohnern Santiagos wurden festgenommen, Dutzende junger Menschen, auch solche, die mit dem Aufstand nichts zu tun hatten, wurden eingekerkert. Ums Leben kamen die Führer des Stabes zur Vorbereitung des Aufstandes Pepito Tey, Otto Parellada und Toni Aloma. Doch obwohl die Aufgabe, das Landeunternehmen zu unterstützen, nicht voll erfüllt wurde, fand der Novemberaufstand in Santiago einen starken politischen Widerhall. Er fand ein Echo in allen Städten und Dörfern Kubas und verkündete dort, daß der entschlossene Kampf in Oriente begonnen hatte und sich weiterentwikkeln würde. Der Aufstand wurde zu einer Feuertaufe für die Jugend der Provinz, die schon nach wenigen Monaten eine bewaffnete Abteilung zu Fidel Castro in die Berge entsandte und damit die Kräfte der Rebellen verstärkte.

Die Batista-Propaganda verbreitete Tag für Tag Nachrichten, daß die Abteilung Castros vernichtet und der „Partisanenherd in Oriente" ausgelöscht sei. Die offizielle Presse teilte mit, Fidel Castro sei überhaupt nicht auf der Insel gelandet, sondern lebe auch weiterhin in Mexiko.

Um das Volk wahrheitsgetreu über die Ereignisse zu informieren, schickte Fidel Castro einen der Rebellen, Faustino Pérez, mit dem Auftrag nach Havanna, dort Kontakte zu Journalisten zu knüpfen und einen von ihnen nach Sierra Maestra zu bringen. F. Pérez nahm Verbindung mit Celia Sánchez und anderen Führern der Illegalen in Santiago auf, die ihn nach Havanna brachten. Die Journalisten der bürgerlichen kubanischen Zeitungen wagten es nicht, eine Reise zu den Partisanen zu unternehmen. Anders Herbert L. Matthews, der Korrespondent einer amerikanischen Zeitung, der kurz zuvor in Havanna eingetroffen war.

Am 17. Februar 1957 kam Matthews mit Fidel Castro und seinen Kameraden zusammen. Matthews lernte das Leben der Partisanen und deren Programm kennen und veröffentlichte bald darauf in der „New York Times" eine Serie von

Reportagen über die kubanischen Rebellen und später auch das Buch „The Cuban Story“[12].

Die Regierung Batista dementierte zweimal die Reportagen Matthews'. Kriegsminister S. Verdeja Neira erklärte, das alles sei „nichts als eine Mystifikation“. Dieses erfundene Interview könne Castros Aktionen nur unterstützen, betonte der Minister.[13] Nun veröffentlichte Matthews in der „New York Times“ ein Foto, auf dem er zusammen mit Fidel Castro in der Sierra Maestra abgebildet war. Die Wahrheit ließ sich nicht verheimlichen.

Entgegen den von Batista verbreiteten Gerüchten, wonach die Rebellen erledigt wären, schrieb der „New York Times“-Korrespondent H. L. Matthews: „Der rebellierende Führer der kubanischen Jugend, Fidel Castro, lebt, er kämpft beharrlich und erfolgreich in den fast unzugänglichen Bergen der Sierra Maestra, im Ostteil der Insel. Batista hat rings um diesen Raum die Eliteeinheiten seiner Armee zusammengezogen, doch die Soldaten führen den Kampf bislang ohne Erfolg, um den gefährlichsten Feind zu vernichten, dem Batista in seiner langen Laufbahn als Diktator begegnet ist.“ Herbert L. Matthews berichtete ausführlich über seine geheime Begegnung mit Fidel Castro, der betont hatte, die kubanische Regierung setze die von den Vereinigten Staaten gelieferten Waffen nicht nur gegen ihn, sondern auch gegen das ganze kubanische Volk ein.[14]

Matthews schrieb: „Eine vollständige Vorstellung von dem, was sich auf Kuba tut, bekommt man nur, wenn man hinfährt, mit den Kubanern spricht und die Insel bereist... Nach einer solchen Reise beginnt man zu begreifen, weshalb Präsident Batista so unpopulär ist und weshalb eine so bedrohliche Bewegung gegen ihn entsteht. Der Diktator hat die junge Generation Kubas von sich gestoßen. Ein Beweis dafür, und zwar der überzeugendste, ist der Umstand, daß eine Gruppe junger Rebellen unter Führung des ehemaligen Studenten der juristischen Fakultät, Castro, in den Bergen der Sierra Maestra, im Ostteil der Insel, herrscht und Eliteeinheiten des Generals Batista mit Erfolg Widerstand leistet.“ [15]

Matthews betonte, daß die Zensur Batistas die Ausmaße des Rebellenkampfes zu verheimlichen sucht.

Auf die Korruption in den Regierungskreisen eingehend, stellte Matthews fest: „Alle sind sich darin einig, daß die Korruption noch nie so grassiert hat wie unter dem Batista-Regime. Derzeit ist die Veruntreuung von Staatsgeldern stark entwickelt, bei der, wie jeder sagt, Batista eine große Rolle spielt. Sie ist vor allem unter den Armeegeneralen und den Unternehmern verbreitet, die Verträge über die Ausführung öffentlicher Arbeiten abschließen. Große Ausmaße hat der Schmuggel angenommen, und Havanna wird zur Stadt der Glücksspiele.“ [16]

Gleichzeitig schrieb die amerikanische Presse offen, daß der USA-Botschafter Arthur Gardner General Batista bei jeder Gelegenheit seiner Unterstützung versichere. Nach Kuba wurden weiterhin amerikanische Waffen geliefert. In Havanna fand zum Beispiel in Anwesenheit des Botschafters Gardner die Zeremonie der Übergabe von sieben Panzern an kubanische Regierungstruppen statt. Der Besuch eines amerikanischen Flugzeugträgers, der von vier Zerstörern begleitet war, wurde von den Kubanern ebenfalls als eine Demonstration aufgefaßt, mit der die USA ihre Unterstützung für Batista sichtbar machen wollten.

Am 10. März 1957 erklärte Batista, daß die von Fidel Castro gegen seine Regierung gerichtete Rebellenbewegung den Sieg auf Kuba nicht erringen könne. Die Artikel von Matthews, der den Partisanenkampf als sehr bedeutend bezeichnete und eine große Unterstützung breiter Volksmassen für Castro feststellte, würden – so behauptete der Diktator – nicht der Wirklichkeit entsprechen. Dennoch brachten amerikanische Zeitungen weiterhin Meldungen über die zunehmende Aktivität der Partisanen. Die Zeitschrift „Vision“ schrieb im März 1957: „Die Provinz Oriente ist von einem Aufstand gegen die Regierung des Präsidenten Batista erfaßt ...“ [17]

Im April 1957 besuchten der amerikanische Korrespondent Robert Taber[18] und der Kameramann Wendell Hofman den von den Partisanen beherrschten Raum. Fidel Castro gewährte ihnen ein Interview. Sie drehten einen Dokumentarfilm über das Leben der Partisanen, der bald darauf in den Vereinigten Staaten aufgeführt wurde.[19] Auf diese Weise wurde die Weltöffentlichkeit über die Ereignisse auf Kuba informiert. Doch die beste Bestätigung für die Entwicklung des Partisanenkrieges auf der Insel war die Entfaltung der Partisanenoperationen, und die Kunde davon erreichte, von Mund zu Mund weitergetragen, auch die entlegensten Winkel des Landes. Ganz Kuba sprach von den Rebellen.

Nach dem Gefecht in Alegría del Pío sammelten die Partisanen Kräfte. In die Abteilung zu Fidel kamen Bauern aus den umliegenden Dörfern, schlugen sich Revolutionäre aus Santiago und anderen Städten durch. In den ersten Wochen wurden in die Abteilung nur Freiwillige aufgenommen, die Waffen besaßen, da unbewaffnete Rebellen im Falle eines Angriffs der Regierungstruppen dem Feind ausgeliefert gewesen wären. Bereits im Januar 1957 unternahm die Rebellenabteilung ihre erste Angriffsoperation, indem sie eine kleine Kaserne der Batista-Truppen an der Mündung des Flusses La Plata in der Sierra Maestra attackierte. Das war ein eindeutiger Sieg der Rebellen, und die Kunde davon flog durch die ganze Provinz und später auch durch das ganze Land. Fidel und seine Kameraden hatten sich auf diese Operation sorgfältig vorbereitet, weil ihnen klar war, daß das erste gewonnene Gefecht – auch geringeren Umfangs – eine große politische Bedeutung haben, die Moral der Rebellen heben und die Bevölkerung davon überzeugen würde, daß die Rebellen entgegen den Behauptungen der Batista-Propaganda nicht zerschlagen waren und den Kampf weiterführten.

Die Rebellen besaßen ganze 22 Gewehre, 2 Maschinengewehre und eine begrenzte Menge Munition. Vom Ausgang des Gefechts hing vieles ab: Hätten die Partisanen die Kaserne nicht erstürmt, wären sie praktisch waffenlos geblieben, da sie ihre geringen Munitionsbestände verschossen hatten. Mit einem MG bewaffnet, leitete Fidel persönlich den Kampf. Nach zähem Widerstand ergaben sich die Batista-Soldaten. Die Rebellen hatten ohne eigene Verluste Waffen und Munition erbeutet und die ersten Gefangenen gemacht. Mit ihrer Freilassung und mit medizinischer Hilfe für die Verwundeten des Gegners legte Fidel die Grundlage für die Tradition einer humanen Behandlung der Gefangenen und Verwundeten, an die sich die Rebellenarmee während der ganzen Kriegsjahre hielt. Das Gefecht am La Plata war der erste erfolgreiche Angriffskampf der Rebellen und wurde den Hoffnungen, die die Rebellenkommandeure in seinen siegreichen Ausgang gesetzt hatten, in vollem Umfang gerecht.

Einige Tage später mußten die Partisanen eine weitere Operation durchführen, die ihren Glauben an die eigene Kraft bestärkte. Am Ufer des Flüßchens Arroyo del Infierno, das in den Fluß Palma Mócha mündete, legten sie sich in den Hinterhalt und zerschlugen nach heftigem Gefecht eine zahlenmäßig überlegene feindliche Kolonne, wobei sie erneut große Beute machten. Nunmehr hatte fast jeder Rebell zwei Gewehre – eine erforderliche Reserve für die künftige Ergänzung der Abteilung.

Im März 1957 schloß sich den Rebellen ein 50 Mann starker Trupp an, den Frank País, Celia Sánchez und andere illegal wirkende Führer der „Bewegung des 26. Juli“ in Santiago de Cuba aufgestellt und bewaffnet hatten. Die Gesamtstärke der Rebellenabteilung erhöhte sich damit auf 140 Kämpfer und Offiziere. Die Veteranen der Abteilung gingen sofort daran, mit den neu Eingetroffenen Übungen durchzuführen und sie auszubilden.

Bald waren auch die Neuzugänge einsatzbereit. Erst eine größere Kampfhandlung konnte einen engeren Zusammenschluß der Abteilung bringen. Zu einer solchen Operation wurde das Gefecht um die Kaserne im Dorf Uvero, 15 Kilometer von Santiago de Cuba entfernt.

Ende Mai 1957 sollte eine von Calixto Sánchez geführte Gruppe von Revolutionären an Bord des Schoners „El Corintia" von Miami (USA) aus nach Kuba kommen. Doch die an der Küste Kubas gelandete Besatzung der „El Corintia" geriet in einen Hinterhalt und wurde aufgerieben. Fidel Castro wußte nicht, daß das Unternehmen gescheitert war. Er entsann sich der ersten schweren Tage nach der eigenen Landung und beschloß, die Aufmerksamkeit der die Küste bewachenden Batista-Truppen abzulenken. Er legte den Sturm auf die Kaserne in Uvero auf den Tag fest, an dem das Landeunternehmen geplant war. Der Kampf um Uvero, ein bedeutender Sieg der Rebellen, nimmt einen wichtigen Platz in der Chronik der Befreiungsbewegung auf Kuba ein. Daher ist es angebracht, hier die Aussagen von Teilnehmern zu zitieren, die dieses denkwürdige Gefecht bis ins einzelne genau schildern können. Ernesto Che Guevara, der am Kampf um Uvero teilgenommen hatte, berichtete darüber in seinen „Episoden des Revolutionskrieges" wie folgt:

„Nachdem das Angriffsobjekt festgelegt worden war, blieben nur noch die Einzelheiten des bevorstehenden Kampfes zu präzisieren. Dazu war es notwendig, die zahlenmäßige Stärke des Gegners, die Zahl der Posten, die Art der von ihm benutzten Nachrichtenmittel, die Zugangswege ... zu erkunden. Große Hilfe leistete uns dabei Genosse Caldero, der später Major in der Armee der Aufständischen wurde ...

Wir nahmen an, daß der Gegner mehr oder weniger genaue Informationen über unsere Anwesenheit in dem Gebiet hatte: Wir hatten zwei Spione gefaßt, die aussagten, sie seien von dem Batista-Schergen Casillas ausgeschickt worden, um die Standorte der Abteilungen der Aufständischenarmee und ihre Sammelplätze auszukundschaften ...

An diesem Tag, dem 27. Mai, versammelte sich der ganze Stab. Fidel erklärte, der Kampf werde in den nächsten 48 Stunden beginnen, und die Abteilungen seien in Marschbereitschaft zu halten ... Unser Wegführer sollte Caldero sein: Er kannte den Stützpunkt Uvero mit seinen Ein- und Ausgängen sowie alle Zugangswege ausgezeichnet. Am Abend setzten wir uns in Marsch, um in der Nacht die lange Strecke von etwa sechzehn Kilometern zurückzulegen. Der Weg war nicht leicht: eine gewundene Gebirgsstraße, die steil abfiel ... Der Marsch dauerte rund acht Stunden: Aus Vorsicht mußten wir mehrmals haltmachen, besonders dann, wenn wir gefährliche Stellen passierten. Schließlich kam der Befehl zum Angriff auf den Gegner ... Die Posten mußten überwältigt und die aus Holz gebaute Kaserne der Batista-Truppen sollte mit Feuer aus allen Rohren überschüttet werden.

Es war uns bekannt, daß an strategisch wichtigen Punkten in der Umgebung der Kaserne Posten aus jeweils drei bis vier Soldaten aufgestellt waren. Durch das dichte Gestrüpp der nahen Berge war es möglich, bis auf wenige Meter an den Gegner heranzukommen...

Die ganze Gegend wurde von einer kleinen Anhöhe direkt gegenüber der Kaserne beherrscht, von wo aus der Stab den Kampf leiten wollte. Unsere Leute hatten strengen Befehl erhalten, nicht auf die Wohnhäuser zu schießen, denn darin befanden sich Frauen und Kinder ...

Die Kaserne von Uvero liegt direkt am Meer, so daß man sie, um sie einzuschließen, nur von drei Seiten anzugreifen brauchte.

Der Kampf entwickelte sich etwa wie folgt: Nachdem Fidel mit einem Schuß das Signal gegeben hatte, stürmten alle zu den vorgesehenen Objekten. Die Garnison antwortete mit massiertem Feuer, das sie häufig auf die Anhöhe konzentrierte, von der aus unser Kommandeur das Gefecht leitete. Wenige Minuten nach Beginn des Kampfes wurde Julio Díaz an der Seite Fidels durch einen Kopfschuß getötet. Minuten vergingen, doch der Widerstand des Gegners blieb zäh, so daß wir unsere Ziele nicht erreichen konnten.

Die Hauptaufgabe löste Almeida[20], der den Auftrag hatte,

um jeden Preis einen Posten zu liquidieren, um seiner Abteilung und der Raúls, die die Kaserne frontal angreifen sollte, das Vorrücken zu ermöglichen ...

Die Batista-Soldaten feuerten aus einem Unterstand ununterbrochen und gezielt und fügten unserer zahlenmäßig schwachen Abteilung immer neue Verluste zu. Nun ließ Almeida seine Leute zum letzten entscheidenden Sturmangriff antreten ... Mit diesem Vorstoß konnten wir uns des letzten Widerstandsherdes des Gegners bemächtigen. Der Weg in die Kaserne war frei ...

Dieser Kampf war für uns der Wendepunkt. Danach festigte sich der Kampfgeist der Abteilung, sie wurde in ihrem Siegesglauben bestärkt."[21]

Ein anderer Teilnehmer dieses Gefechts, Major Luis Crespo, äußert in seiner Skizze „Das historische Gefecht um Uvero" den gleichen Gedanken und stellt fest: „Das Gefecht um Uvero ist ein Ereignis von großer Bedeutung. Hier errangen wir den ersten bedeutenden Sieg über die Tyrannei. Dieser Sieg erhöhte das Ansehen der jungen Rebellenarmee, verlieh uns den Glauben an die eigenen Kräfte. Außerdem zerstörte das Gefecht um Uvero die von den Batista-Leuten verbreiteten falschen Gerüchte, wonach die Rebellen zerschlagen seien und Fidel sich versteckt halte. Wir werden unsere vor Uvero gefallenen Kameraden niemals vergessen. Das beste Andenken an sie sind unsere Siege, die wir einen nach dem anderen errangen im Kampf für die Sache, für die sie ihr Leben hingegeben haben."[22]

Das Land erfuhr vom Gefecht um Uvero aus einer Reportage, die wie durch ein Wunder die Zensur passierte und in der Zeitschrift „Bohemia" veröffentlicht wurde. „Das geschah im Morgengrauen, am Montag, dem 27. Mai. Wie immer standen Posten auf Wache. Die anhaltende Stille und Ruhe hatten ihre Aufmerksamkeit etwas abstumpfen lassen. Hinter dem Lager begann die in Dunkelheit gehüllte schwarze Gebirgskette. Plötzlich ratterten Maschinengewehre, die Nacht war von Schreien und

Schüssen erfüllt. Die Partisanen lieferten einen harten Kampf. Sie wandten moderne Methoden, die ‚Comandos'-Taktik, an, bei der das Überraschungsmoment und die Feuerdichte aus automatischen Waffen den Erfolg entscheiden. Das war ein kühner Schlag der Fidelisten."[23]

Der Sieg von Uvero fand in den Herzen der kubanischen Patrioten heißen Widerhall. „Ganz Kuba", so stellt Antonio Núñez Jiménez fest, „sprach nur davon (vom Kampf um Uvero – E. G.), so wie zuvor die Landung der Rebellen von Bord der ‚Granma' aus in aller Munde gewesen war. Nicht einmal die Zensur vermochte den Kampf in Sierra Maestra zu verheimlichen."[24] Der Diktator befahl im Camp Columbia zum Zeichen der Trauer um die vor Uvero Gefallenen Halbmast zu flaggen.

So rückte die schlecht bewaffnete, aber durch ihren Kampfgeist, durch die Ideen der Freiheit und Unabhängigkeit des Landes starke Rebellenarmee ihrem Ziel – dem Sturz des blutigen Regimes – näher. Batista und seine Handlanger verloren den Boden unter den Füßen.

Am 13. März 1957 flog durch ganz Kuba die Kunde von dem verzweifelten Versuch einer Gruppe junger Menschen – es handelte sich um Mitglieder des Revolutionären Direktoriums –, den Präsidentenpalast in Havanna anzugreifen und sich des Rundfunksenders „Reloj" zu bemächtigen, um den Diktator zu stürzen und das Volk zum Aufstand aufzurufen. José Antonio Echeverría, Carlos Gutiérrez, Faure Chomón, Umberto Castellos[25] und andere Studentenführer, die seit langem in Havanna und in der Provinz Kampfgruppen der Jugend aufstellten, hatten den Plan der Operation ausgearbeitet. Dieser lief auf folgendes hinaus: Eine von Carlos Gutiérrez und Faure Chomón befehligte Gruppe, insgesamt 50 Mann, sollte in den Palast eindringen, den Widerstand der Wache brechen, Batista ausfindig machen und töten.[26] Dieser Gruppe sollte sich eine andere Abteilung anschließen mit dem Auftrag, sich der Nebengebäude zu bemächtigen und den Sturmtrupp bei der Ausführung seiner Aufgabe zu sichern.

Eine dritte, von José Antonio Echeverría geführte Gruppe sollte in die Rundfunkanstalt „Reloj“ eindringen und das Volk zum Aufstand aufrufen. Dann sollten sich alle Teilnehmer der Operation in der Universität von Havanna, wo zuvor ein kleines Waffenlager angelegt worden war, sammeln und die Universität zum Hauptquartier des Aufstands machen. Aus der Provinz waren Kampfgruppen herbeigeholt worden, die man in vorbereiteten Quartieren untergebracht hatte. Sie waren mehrere Tage lang entsprechend instruiert worden und warteten nun auf das Signal, das am 13. März gegeben wurde. Um 15.00 Uhr fuhr der Sturmtrupp mit einem LKW und zwei Personenwagen vor dem Präsidentenpalast vor, erledigte die Außenwache und drang in den Palast ein. Die Revolutionäre bemächtigten sich des Erdgeschosses und konnten nun zum zweiten Geschoß, in den Sitzungssaal des Ministerrates und später auch in Batistas Arbeitszimmer vordringen. Der Diktator entkam jedoch über eine Geheimtreppe in das dritte Geschoß, wo die Hauptkräfte der Innenwache konzentriert waren. Den Angreifern gelang es nicht, sich zu diesem Geschoß, das durch Stahlgitter gesichert war, durchzuschlagen. Sie stießen auf dichtes MG- und MPi-Feuer und erlitten schwere Verluste. Zum Zurückweichen gezwungen, mußten sie auf dem Platz vor dem Palast den Kampf mit der inzwischen eingetroffenen Verstärkung aufnehmen. Das Mißlingen des Angriffs war vor allem darauf zurückzuführen, daß die zweite, aus jungen Mitgliedern der Authentischen Partei bestehende Gruppe die im Plan vorgesehenen Stellungen nicht bezogen hatte. 25 der Angreifer wurden beim Feuerwechsel mit der Wache getötet[27] und viele verwundet; die restlichen konnten entkommen.

Echeverrías Gruppe, die über die Entwicklung der Ereignisse auf dem Platz vor dem Präsidentenpalast nicht informiert war, bemächtigte sich des Rundfunksenders „Reloj“. José Antonio Echeverría begann den vorbereiteten Aufruf an das Volk zu verlesen, kam aber nicht bis ans

Ende, da das Mikrofon versagte. Dann begab sich seine Gruppe, wie im Plan vorgesehen, in Kraftwagen zur Universität, wurde jedoch unterwegs von einem Polizeiwagen aus beschossen und mußte den Kampf mit den Polizisten aufnehmen. Bei diesem Feuerwechsel wurde José Antonio Echeverría getötet. Die übrigen konnten zum Universitätsgebäude durchbrechen, wo auch einige Teilnehmer am Sturm auf den Präsidentenpalast eingetroffen waren. Eine Stunde lang hielten die Aufständischen, die auf dem Dach des Gebäudes ein Maschinengewehr aufgestellt hatten, die Universität, dann verließen sie das Gebäude und tauchten in Geheimquartieren und bei Freunden unter. Nach einiger Zeit gelang es vielen von ihnen, darunter auch Faure Chomón, politisches Asyl in der Botschaft El Salvadors zu erhalten und das Land zu verlassen, um den Kampf gegen die Tyrannei in der Emigration fortzusetzen. Seit jener Zeit bezeichnete sich die revolutionäre Studentenorganisation als das Revolutionäre Direktorium des 13. März. Später nahmen Mitglieder dieser Organisation den bewaffneten Kampf in den Escambraybergen auf und vereinigten sich mit den bewaffneten Kräften der „Bewegung des 26. Juli".

Es muß festgestellt werden, daß der Überfall von Mitgliedern des Revolutionären Direktoriums auf den Präsidentenpalast wohl eine kühne und entschlossene, aber dennoch eine isolierte Aktion gewesen ist, die weder mit der Führung der „Bewegung des 26. Juli" noch mit den illegalen Arbeiterorganisationen in Havanna koordiniert war.

Nach dem mißglückten Angriff auf den Palast ging Batista mit neuen Repressalien gegen das kubanische Volk vor. Hunderte von Menschen wurden verhaftet und eingekerkert. Gleichzeitig unternahm der Diktator einen Versuch, die Rebellenbewegung in der Sierra Maestra zu isolieren, indem er eine Massenaussiedlung der Bauern aus der Gebirgsregion anordnete. So wollte er den Rebellen deren Unterstützung entziehen und die Basis der Rebellen-

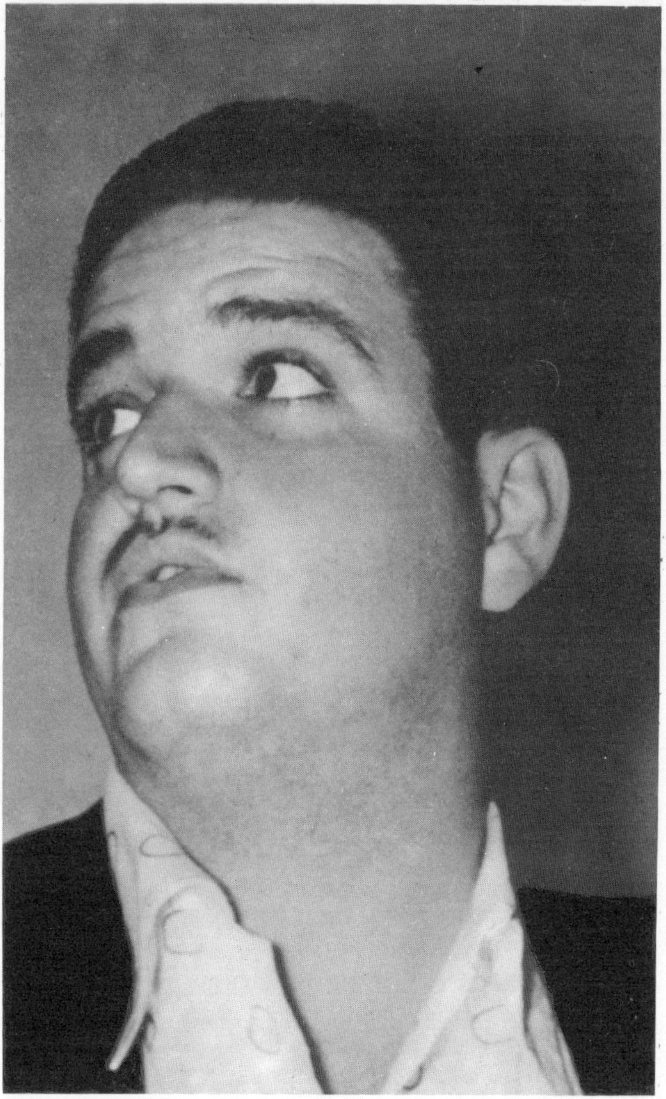

José Antonio Echeverría

bewegung einengen. Armee-Einheiten siedelten rund 6000 Bauern aus dem Raum der Sierra Maestra zwangsweise um.

Doch ungeachtet der Maßnahmen der Diktatur griff die Rebellenbewegung von Tag zu Tag weiter um sich. Unter den schweren Bedingungen eines entbehrungsreichen Partisanenlebens reifte das militärische Können der Soldaten und Offiziere der Rebellenbewegung, festigten und vervielfachten sich deren Reihen. Bereits im Juni 1957 konnte Fidel Castro seine Abteilung in zwei Kolonnen teilen. Die Erste Kolonne, die den Namen „José Martí" trug, blieb unter Fidels unmittelbarem Kommando, die Zweite (aus konspirativen Gründen die Vierte genannt) wurde dem Kommando Ernesto Che Guevaras unterstellt.

Die 75 Mann starke Kolonne Guevaras begab sich ins Tal des Flusses Ombrito, wo sie selbständig zu operieren begann. Einen Monat nach ihrer Lostrennung überfiel Guevaras Kolonne die Kaserne des Gegners in dem Städtchen Minas de Bueicito, brannte sie nieder und kehrte mit militärischer Beute auf Kraftwagen in die Berge zurück.

Gleichzeitig griff ein Teil der Kräfte Fidel Castros, von Hauptmann Guillermo García befehligt, die gegnerischen Truppen in Estrada Palma an. Diese gaben die Stadt kampflos auf. Die kühnen Ausfälle der Partisanen, die auf diese Weise den Jahrestag des Sturmes auf die Moncada begingen, fanden starke politische Resonanz.

Später unternahm Che Guevaras Vierte Kolonne eine Reihe weiterer kühner Angriffe auf Batista-Garnisionen. Eine noch größere Leistung aber war die Schaffung eines ständigen Partisanenstützpunkts im La-Mesa-Tal, wo einige Objekte aufgebaut wurden, obgleich das Baumaterial über weite Entfernungen herangetragen werden mußte. In diesem Partisanenlager wurden die ersten Werkstätten – eine Waffenschmiede und eine Sattlerei – eingerichtet. Eigene Bäckereien sowie Schulen wurden erbaut und sogar ein Hörsaal für Vorlesungen. In der Waffenschmiede nahmen die Partisanen die Produktion von Granaten aus Messing und von Sprengsätzen auf, die zu jener Zeit für die Rebelleneinheiten von großem Wert waren.

Später wurde der Sender „Radio Rebelde“ aufgebaut und in Betrieb genommen. Er machte das kubanische Volk mit der Wahrheit über die Lage im Lande, mit den Zielen und Aufgaben des Partisanenkrieges vertraut.

„Radio Rebelde“, so stellte Fidel Castro später in Würdigung der Arbeit dieses Senders anläßlich des 25. Jahrestags seines Bestehens fest, „gab alle Berichte über die militärische Lage, über die Gefechte und Kämpfe an den verschiedenen Fronten durch. Dank diesem Sender blieben in den Archiven zahlreiche Dokumente erhalten, die die Ereignisse bis ins einzelne widerspiegeln. Radio Rebelde wurde in der Tat zu einem Mittel der Masseninformation, das uns mit dem Volk verband. Wichtig ist, das Grundprinzip der Arbeit von Radio Rebelde zu unterstreichen: Es übermittelte niemals auch nur ein unwahres Wort und beschönigte nicht ein einziges Ereignis. So wurden die Ergebnisse der Kampfhandlungen absolut authentisch widergespiegelt – mit exakten Informationen über die gegnerischen und die eigenen Verluste, über die von uns erbeuteten Waffen (Kaliber, Marke, Typ), Munition und Ausrüstung. Dieses Prinzip bewährte sich immer. Daher konnte Radio Rebelde zu einem Informationszentrum für die operierenden Verbände werden ... Man berücksichtige nicht nur das Wirken von Radio Rebelde als Informationszentrum, was an sich schon bedeutend genug war, sondern auch, daß es unser wichtigstes Verbindungsglied zu den verschiedenen Fronten und Kolonnen wurde.

Somit war es nicht nur ein Mittel der Masseninformation, dessen Rolle während des gesamten Partisanenkrieges außerordentlich groß war, sondern auch ein höchst wichtiges Zentrum der Funkverbindung. In entscheidenden Augenblicken informierte der Sender das Volk über die Sachlage ... Und hier sei der große Weitblick Che Guevaras gewürdigt, der in einer sehr schweren Zeit, als wir Mühe hatten, ein bestimmtes Territorium zu kontrollieren, den Kampf für die Schaffung dieses Senders aufnahm."[28]

Etwa in derselben Periode begann die Zeitung „El Cubano Libre" zu erscheinen, die in der Rebellenarmee wie auch unter der Bevölkerung sehr populär war. Die Batista-Truppen griffen das Rebellenlager in La Mesa wiederholt an. Zeitweilig waren die von Süden vorrückenden Batista-Einheiten nur vier Kilometer und die von Norden her angreifenden Truppen ganze drei Kilometer vom befestigten Lager der Rebellen entfernt. Der in La Mesa gewählte Standort erwies sich jedoch für den Feind als unzugänglich, und die Rebellenabteilungen konnten diese Stellungen bis Kriegsende behaupten.

Die ersten Erfolge der damals zahlenmäßig noch relativ schwachen Rebellenarmee wurden in breiten Schichten der kubanischen Gesellschaft und in erster Linie von den werktätigen Massen begeistert aufgenommen. Die Kunde von diesen Erfolgen flog durch das Land und weit über dessen Grenzen hinaus.

Die Sierra Maestra wurde zu einer regelrechten Zitadelle des Kampfes gegen die Diktatur. Mit Fidel Castro und der von ihm geführten „Bewegung des 26. Juli" mußten sogar jene Führer der bürgerlichen Oppositionsparteien rechnen, die ihn anfangs einen „zu Mißerfolgen verurteilten Romantiker" nannten. Selbst die kurzsichtigsten bürgerlichen Politiker begriffen, daß diese Bewegung das Vertrauen und die Unterstützung der breiten Volksmassen genoß, die eine regierungsfeindliche Koalition ohne Vertreter dieser Bewegung nicht akzeptieren würden. In diesem Zusammenhang sei festgestellt, daß die einzige politische Partei, die gleich nach der Landung von Bord der „Granma" aus die Stimme des Protestes gegen die Terrorpolitik der Regierung erhob, die Sozialistische Volkspartei war.

Während die bürgerliche Opposition es damals vorzog, feige zu schweigen, während sie es nicht wagte, Kritik am Vorgehen der Regierung zu üben, forderte die SVP alle

Gruppen der Opposition auf, konkrete Maßnahmen zur Unterstützung der Abteilung Fidel Castros zu ergreifen. Die Partei tat das, obgleich sie damals in ihrer Politik den bewaffneten Kampf unterschätzte. Blas Roca stellte in diesem Zusammenhang treffend fest: „Wir hatten mit Recht und schon lange darauf hingewiesen, daß unter den von der Diktatur geschaffenen Bedingungen die Perspektive darin bestehen müsse, die Massenkämpfe so zu entwickeln, daß sie schließlich das Stadium bewaffneter Kämpfe oder eines bewaffneten Volksaufstandes erreichen würden. Aber während eines langen Zeitraums ergriffen wir praktisch keine Initiative, um diese Perspektiven zu fördern. Die Perspektive, daß diese Kämpfe und ein langanhaltender Generalstreik in einen allgemeinen bewaffneten Aufstand münden würde, wurde als etwas betrachtet, das spontan vor sich gehen könnte. Wir bereiteten uns nicht gehörig vor, und wir unterließen es, für die Vorbereitung und Durchführung dieser Perspektive rechtzeitig Kader zu organisieren, auszubilden und zu bewaffnen. Das war ein Fehler."[29] Im Verlauf des Kampfes überwand die SVP die ihr unterlaufenen Fehler, würdigte in vollem Umfang das historische Verdienst Fidel Castros bei der Organisierung des bewaffneten Kampfes als Mittel zum Sturz der Tyrannei, trat konsequent für den Zusammenschluß der revolutionären Kräfte um die Rebellenarmee ein und beteiligte sich aktiv an der Entwicklung des revolutionären Prozesses. Der Appell der SVP, den Rebellen Hilfe zu erweisen, zeugte von ihrer prinzipienfesten und revolutionären Einstellung zum volksfeindlichen und antinationalen Regime.

Die bürgerliche Opposition in Gestalt ihrer Führer reagierte nicht auf diesen Appell. Doch mit zunehmendem Erfolg der Rebellenarmee begannen die bürgerlichen Oppositionellen ihre Taktik zu ändern. Sie sahen sich gezwungen, den Stimmen der einfachen Mitglieder ihrer Parteien Gehör zu schenken und zu manövrieren. In ihren opportunistischen Ansichten von den Zielen und Aufgaben der „Bewegung des 26. Juli" sehr weit entfernt, unternahmen die bürgerlichen Führer gleichzeitig den Versuch, sich dieser Bewegung zu nähern, um im Falle eines Sieges der Rebellen dessen Früchte zu ernten und erneut an die Macht zu gelangen. So redeten sie plötzlich von der Notwendigkeit der Aktionseinheit, des Zusammenschlusses aller oppositionellen Kräfte usw. Die Forderung nach Aktionseinheit als solche war richtig. Sie wurde von allen wirklich revolutionären Kräften des Landes gestellt. Doch im politischen Lexikon der bürgerlichen Politiker war der Appell zur Einheit nur eine Tarnung ihrer wahren, eigennützigen Ziele. Die nachfolgenden Ereignisse bestätigten das mit aller Anschaulichkeit. Im Sommer 1957 stimmten die Führer der Rebellen einem Besuch von Emissären der Orthodoxen und der Authentischen Partei in der Sierra Maestra zu, genauer gesagt, einem Besuch der Vertreter jener Strömungen, die nicht offen zu Handlangern der Diktatur geworden waren. Es sollte die Frage der Proklamierung einer Einheitskampffront aller oppositionellen Parteien und Gruppierungen erörtert werden.

Im Juni 1957 trafen der Führer der Orthodoxen Raúl Chibás und der Vertreter der Authentischen Felipe Pasos, der ehemalige Präsident der Nationalbank von Kuba, im Stab der Rebellen in der Sierra Maestra ein. In dem nach heftiger Diskussion angenommenen Dokument, der „Sierra-Deklaration", wurde die Herstellung einer zivilen revolutionären Front für notwendig befunden. Es enthielt die Forderung nach dem Rücktritt des Diktators und nach der Einstellung der USA-Hilfe für die Diktatur. In der Deklaration wurde unterstrichen, daß die das Batista-Regime ablösende provisorische Regierung (den Posten des Regierungschefs beanspruchte Pasos) folgende Maßnahmen verwirklichen müsse: Unverzügliche Freilassung aller politischen Häftlinge; Wiederherstellung der Bürgerrechte und -freiheiten; Beendigung der Politik der Korruption und der Unterschlagungen; Demokratisierung der Gewerkschaften und Durchführung freier Wahlen in allen

Industriegewerkschaften und Assoziationen; unverzügliche Durchführung einer intensiven Kampagne zur Beseitigung des Analphabetentums; Schaffung der Grundlagen für die Durchführung einer Agrarreform; Verwirklichung einer Finanzpolitik, die dem inflationären Prozeß ein Ende setzt und es ermöglicht, die nationalen Mittel im Produktionsbereich zu nutzen; Beschleunigung des Industrialisierungsprozesses des Landes. Diese Deklaration zeugte zweifellos davon, daß die Autorität Fidel Castros und der „Bewegung des 26. Juli" gewachsen war. Sie konnte der Einheit aller oppositionellen Kräfte zugrunde gelegt werden, war jedoch in einer Reihe prinzipieller Fragen, wie zum Beispiel in der Frage der unentgeltlichen Übergabe von Grund und Boden an die ärmsten Bauern und in einigen anderen Punkten, nicht so radikal, wie das die Führer der Rebellen forderten.

Die „Sierra-Deklaration" kommentierend, schrieb Ernesto Che Guevara später: „Wir wußten, daß dies ein Minimalprogramm war, das unsere Bemühungen einschränkte, wir wußten aber auch, daß es von der Sierra Maestra aus schwer war, anderen unseren Willen aufzuzwingen. Und deshalb eben mußten wir uns für längere Zeit auf viele ‚Freunde' stützen, die bestrebt waren, unsere militärische Kraft sowie das große Vertrauen des Volkes zu Fidel Castro für ihre eigenen, gewissenlosen Intrigen, hauptsächlich aber zur Sicherung der Herrschaft des Imperialismus über Kuba auszunutzen, einer Herrschaft, die über die eng mit den nördlichen Machthabern verbundene Kompradorenbourgeoisie ausgeübt werden sollte."[30]

Fidel Castro und seine Mitstreiter hielten zu Recht die Herstellung der Einheit aller oppositionellen Kräfte für möglich und notwendig. Sie erlaubten es den bürgerlichen Politikern jedoch niemals, den Namen der Bewegung zu eigenen politischen Machenschaften zu mißbrauchen, die mit der wahren Einheit nichts gemein hatten; die Kontakte zu den Rebellen lediglich zu nutzen, um daraus politisches Kapital für jene bürgerlichen Gruppierungen zu schlagen, die auf Umwegen an die Macht gelangen wollten.

Ein derartiger Versuch in der langen Kette der Intrigen, in die die bürgerlichen Oppositionsparteien die „Bewegung des 26. Juli“ hineinzuziehen suchten, war die Beratung, die im November 1957 in Miami stattfand. Dort wurde das „Dokument der Einheit der kubanischen Opposition zur Batista-Diktatur“ angenommen, das auch als der „Miami-Pakt“ bekannt ist. In diesem Dokument wurde die Bildung des Kubanischen Befreiungsrates proklamiert, ein Programm künftiger Umgestaltungen im Lande umrissen und Felipe Pasos als Kanditat für den Posten des künftigen Präsidenten vorgeschlagen. Das Dokument war von Vertretern verschiedener politischer Parteien und Gruppierungen unterzeichnet. (Die Sozialistische Volkspartei Kubas war nicht zur Beratung eingeladen worden. Viele Teilnehmer der Tagung bezogen offen antikommunistische Positionen und zeigten ausgesprochen proimperialistische Neigungen.) Unter dem Dokument stand auch die Unterschrift von Vertretern der „Bewegung des 26. Juli“. Doch die drei Vertreter dieser Bewegung, die den Pakt unterzeichnet hatten, weilten mit ganz anderen Aufträgen in den USA und waren von der Führung nicht zur Teilnahme an der Beratung ermächtigt worden. Mehr noch, die Führung der „Bewegung des 26. Juli“ war über die Ziele und Aufgaben der Beratung in Miami von deren Initiatoren nicht einmal informiert worden. Diese Tatsache zeugt eindeutig vom Bestreben bürgerlicher Oppositioneller, unter Ausnutzung des Einflusses und der Autorität der Rebellenarmee eine neue bürgerliche provisorische Regierung zu bilden und im Augenblick des Sieges der Rebellen in Havanna zu erscheinen, um Regierungsposten zu bekleiden und dem kubanischen Volk den Sieg zu entreißen.

Fidel Castro und seine Mitstreiter erteilten den politischen Intriganten aus dem Lager der politischen Opposition die gebührende Abfuhr.

„Unbegreiflich ist“, schrieb Fidel in seiner Antwort an die

Urheber des „Miami-Paktes“, „weshalb weder das Gebot des Takts noch die elementare Pflicht gewahrt wurden, sich mit den Führern und Kämpfern der ‚Bewegung des 26. Juli‘ bezüglich des Pakts zu konsultieren. Seine Unterzeichnung wird vorsätzlich an die große Glocke gehängt, und künftige Aktionen der ‚Bewegung des 26. Juli‘ werden somit eingeengt. Das ist für uns kränkend und deprimierend ... Die revolutionäre ‚Bewegung des 26. Juli‘ hat keine Organisation beauftragt oder ermächtigt, die erwähnten Verhandlungen zu führen ... Wenn es die durch Sie repräsentierten Organisationen für möglich gehalten haben, die Grundlagen der Einheit mit einzelnen Mitgliedern unserer ‚Bewegung des 26. Juli‘ zu erörtern, hätten sie diese Grundlagen (die dazu noch schlechter als die von uns in der Sierra Maestra unterzeichneten Thesen sind) nie und nimmer ohne Wissen der Führung der Bewegung veröffentlichen dürfen. Anders handeln heißt den Pakt nur dazu schließen, um ihn zu veröffentlichen und den Namen unserer Organisation zu mißbrauchen ... Dieses Abkommen über die Einheit auf Grundlagen schließen, die wir nicht einmal erörtert haben, es mit dazu nicht ermächtigten Personen unterzeichnen, das Abkommen in einer sicheren Stadt außerhalb des Landes ohne jegliches Risiko für sich veröffentlichen und damit die Führung der ‚Bewegung des 26. Juli‘ mit der durch einen Gaunerpakt getäuschten Öffentlichkeit konfrontieren – das ist eine niederträchtige Falle. Man darf nicht dulden, daß eine wahrhaft revolutionäre Organisation in diese Falle geht. Das ist Betrug an der Öffentlichkeit des Landes und der ganzen Welt.“[31]

Die klare und unzweideutige Antwort Fidels an die Abenteurer und Intriganten zeigte, daß sich die Führer der „Bewegung des 26. Juli“ nicht in die von den bürgerlichen „Oppositionellen“ aufgestellte Falle locken ließen. Sie erstickten ihre volksfeindlichen Umtriebe im Keim. Die Bestimmungen des „Miami-Paktes“ blieben auf dem Papier. „Wir blieben auf uns allein gestellt“, schrieb Fidel Castro dazu, „aber es war eben wirklich in diesem Fall tausendmal mehr wert, allein als in schlechter Gesellschaft zu sein.“[32]

Charakteristisch für das Jahr 1957 war, daß die Positionen der Rebellenarmee erstarkten und die Unzufriedenheit mit dem Batista-Regime, die immer breitere Schichten der kubanischen Gesellschaft erfaßte, weiter anwuchs. Bezeichnenderweise griff diese Unzufriedenheit auch in den Regierungstruppen um sich. Das zeigte sich besonders anschaulich am Aufstand von Angehörigen der Kriegsmarine, der am 5. September 1957 in Cienfuegos ausbrach. Die Aufständischen waren mit den illegalen Gruppen der Bewegung in der Provinz Las Villas verbunden. Der bewaffneten Aktion in Cienfuegos lag ein Plan zugrunde, der bereits im Jahre 1956 von Emilio Aragones Navarro[35] ausgearbeitet worden war.

Anfang 1957 kam Emilio Aragones mit Vertretern der Marineangehörigen in Cienfuegos zusammen und beriet mit ihnen diesen Plan, demzufolge gleichzeitige Aktionen von Schiffsbesatzungen und Kriegsschiffen auch in anderen Städten vorgesehen waren. Doch die Verhaftung von 33 Mitgliedern der „Bewegung des 26. Juli“ durchkreuzte diesen Plan.[34] Die Ausarbeitung eines neuen Aufstandsplans wurde von dem ehemaligen Marineoffizier Dionisio San Roman[35] und von Julio Camacho[36] geleitet.

Die aufständischen Seeleute besetzten den Marinestützpunkt in Cienfuegos, erbeuteten große Mengen von Waffen und verteilten diese an die Bevölkerung, die sich zur Unterstützung der Seeleute erhoben hatte. Da die Aktionen in anderen Städten ausblieben, faßten die in die Isolierung geratenen Seeleute den Beschluß, die Stadt bis zum Letzten zu verteidigen. Trotz des Heroismus der Aufständischen wurde ihr Widerstand am Abend desselben Tages durch die eingetroffenen Verstärkungen der Regierungstruppen gebrochen. Die Stadt wurde Repressalien ausgesetzt, die in ihrer Brutalität nicht ihresgleichen hatten. Mehr als 600 Menschen wurden getötet, Dutzende lebendigen Leibes begraben.

In den Streitkräften begann eine neue Säuberungsaktion innerhalb des Offizierskorps. Viele Militärangehörige wurden unter dem Verdacht der Verschwörung gegen die Diktatur eingekerkert. Im offiziellen Nachrichtenblatt wurden Listen von Angehörigen der Armee, der Flotte und der Polizei veröffentlicht, die ihres Postens enthoben oder in andere Einheiten versetzt worden waren. Allein anhand dieses Nachrichtenblattes ließ sich das ganze Außmaß der Säuberungsaktion einschätzen, die nicht nur die Flotte, sondern auch die Armee und die Polizei betraf.

Elf Flieger der Luftstreitkräfte wurden zu Gefängnishaft zwischen 6 und 8 Jahren verurteilt, weil sie bei der Niederschlagung des Aufstandes in Cienfuegos die Ausführung von Befehlen verweigert hatten. Die Flieger, die fast ausschließlich in US-Luftstützpunkten ausgebildet worden waren, wurden beschuldigt, am 5. September, als die Regierung den Gegenangriff unternahm, nicht die Stellungen der Aufständischen in Cienfuegos bombardiert zu haben. Sie hatten die Bombenlast vielmehr über einer unbewohnten Bucht abgeworfen. Am 11. Oktober verurteilte das Militärtribunal 17 Offiziere der Streitkräfte zu 1 bis 6 Jahren Gefängnis, weil sie angeblich Informationen über einen Aufstand gegen die Regierung verheimlicht hatten. Zehn von ihnen waren Flieger, die übrigen Armee- und Flottenangehörige.

Der Stab der kubanischen Kriegsmarine richtete ein Gesuch an den Diktator, die Todesurteile gegen drei Marineoffiziere, die der Opposition angehörten, in mildere Strafen umzuwandeln. Batista gab dem Ersuchen statt: Die Offiziere wurden zu 30 Jahren Gefängnis verurteilt.

„Anfangs waren die Aufständischen Herren der Lage", stellte Ernesto Che Guevara bei einer Analyse des Verlaufs und der Ursachen der Niederlage dieses Aufstands fest, „aber sie machten einen Fehler: Sie zogen sich nicht in die Escambrayberge unweit von Cienfuegos zurück. Zu jener Zeit verfügten sie über alle städtischen Verkehrsmittel. Sie hätten ungehindert in die Berge fahren und dort eine feste

Front des Widerstandes schaffen können.

Am Aufstand beteiligten sich aktiv die Führer der ‚Bewegung des 26. Juli' wie auch die Volksmassen. Doch die den Aufstand leitenden Offiziere, Zöglinge von Militärakademien, mißachteten den Partisanenkampf als einen Teil des Volkskampfes. Wohl deswegen beschlossen die Aufständischen, die keinen anderen Ausweg sahen, in den Straßen der Stadt bis zum letzten Atemzug zu kämpfen. So wurden sie denn durch überlegene Kräfte des Gegners, die nach Cienfuegos zusammengezogen worden waren, restlos aufgerieben."[37]

Obgleich die Kämpfe sehr schwer und die Verluste hoch waren, kontrollierte die Rebellenarmee Ende 1957 ein beträchtliches Territorium. Der gesamte Raum der Sierra Maestra war von Regierungstruppen gesäubert. Die Kräfte der Rebellen kontrollierten ferner eine Reihe von Ortschaften an den nördlichen Hängen der Sierra Maestra. Zur Ausführung weiterer strategischer Pläne der Rebellenarmee formierte Fidel Castro zwei weitere Kolonnen – die von Raúl Castro befehligte Sechste Kolonne, die den Namen „Frank País" erhielt, und die Dritte Kolonne unter dem Befehl Juan Almeidas. Die Kolonne Almeidas begann mit Erfolg im Raum El Cobre zu operieren.

Der Sechsten Kolonne war eine schwere und ehrenvolle Aufgabe gestellt worden: in die Ebene hinabzusteigen, die Provinz Oriente zu durchqueren, den Raum Mayarí zu erreichen und dort, im Norden von Oriente, die Zweite östliche Front zu eröffnen.

Am 1. März 1958 ging Raúl Castro an die Lösung dieser verantwortungsvollen Aufgabe. Erstmalig stiegen die Rebellen von den Bergen hinunter, um in die Ebene vorzustoßen. Raúl Castro richtete unter anderem folgende Worte an die Kämpfer: „Jetzt sind wir in der Ebene, hier gibt es keine Berge mehr, die uns als Deckung dienen könnten. Wir können ohne weiteres zur Zielscheibe des

Eine Gruppe bewaffneter Freiheitskämpfer auf Patrouille

Feindes werden, weil wir hier noch nie gewesen sind und diese Gegend nicht kennen. Wir werden uns immer wieder neue Wegführer nehmen, das Risiko eingehen und uns demjenigen anvertrauen müssen, der die Wege kennt... Wir wissen nicht, was wir essen und wo wir essen werden, wir wissen nicht, ob wir zum Schlafen kommen und ob wir Munition haben werden – wir haben nicht viel davon und müssen behutsam damit umgehen. Aber wir haben eine Pflicht gegenüber dem Heimatland. Und unser letzter Ruf ist ‚Freiheit oder Tod! Vorwärts, Kameraden, vorwärts!'"[38]

Die Sechste Kolonne zählte insgesamt, den Kommandeur eingerechnet, 82 Mann. Nur 53 von ihnen waren bewaffnet. Und dennoch löste die Kolonne die ihr gestellte Aufgabe, durchquerte die von Batista-Soldaten nur so wimmelnden Gebiete, gelangte an die Zentrale Chaussee und erreichte gegen Ende des Monats die dichten Wälder der Sierra Cristal im nördlichen Teil der Provinz Oriente. Damit waren die Grundlagen für die Zweite östliche Front geschaffen. Neun Monate später kontrollierte die Zweite, nach Frank País benannte östliche Front bereits ein Territorium von 15 000 Quadratkilometern, das zum Prototyp eines revolutionären Staates mit eigener Verwaltung, mit 500 Schulen, Dutzenden von Krankenhäusern, 14 Flugplätzen und Hunderten Kilometern Landstraße wurde.

Die ganze Provinz Oriente stand in Flammen. Im Zentrum der Insel, in den Escambraybergen, entstanden neue Herde des Widerstands gegen die Diktatur. In den Provinzen Camagüey und Pinar del Río kam es zu bewaffneten Zusammenstößen mit Regierungstruppen. Der Kampf entbrannte. Die progressiven Kräfte bereiteten sich auf die entscheidende Schlacht gegen das Regime der Diktatur vor.

Anmerkungen:

1 M. Hill, Cuba si, yanqui no! Moskau 1961, S. 105 (russ.).
2 Josef Lawrezki, Ernesto Che Guevara, Berlin 1974, S. 100.
3 Von der Sierra Maestra nach Havanna, Moskau 1965, S. 8 (russ.).
4 Bohemia v. 1.4.1956.
5 Ebenda.
6 Zitiert nach B. S. Nikiforow, Kuba: Zusammenbruch der bürgerlichen politischen Parteien, Moskau 1973, S. 292–294 (russ.).
7 Kuba, 1968, Nr. 2, S. 18 (russ.).
8 Crescencio Pérez – ein Bauer aus der Provinz Oriente, Anhänger der „M-26-7", der der Bewegung so manchen Dienst erwiesen hat. Er sollte die Teilnehmer der Expedition im Raum von Niquero empfangen, verfehlte sie aber, da die „Granma" von der geplanten Landestelle abwich.
9 Hoy, Domingo v. 1. 12. 1963.
10 Verde Olivo, N 48, 2. 12. 1962, S. 5.
11 Nuevo Curso de Instrucción Revolucionaria de las FAR, Cuaderno 3, 1964, S. 56 f.
12 H. Matthews. The Cuban Story. New York, 1961.
13 Kuba, 1968, Nr. 2, S. 20.
14 E. Che Guevara. Pasajes de la guerra revolucionaria. La Habana, 1963, S. 39.
15 The New York Times v. 25. 2. 1957.
16 Ebenda.
17 Vision v. 15. 3. 1957.
18 R. Taber. M-26. Biography of Revolution. New York, 1961.
19 The New York Times v. 11. 5. 1957.
20 Gegenwärtig ist Juan Almeida Mitglied des Politbüros des ZK der Kommunistischen Partei Kubas.
21 Von der Sierra Maestra nach Havanna, Moskau 1965, S. 40–44 (russ.).
22 Ebenda, S. 47 f.
23 Zitiert nach Kuba, 1968, Nr. 2., S. 22 (russ.).
24 Kuba: Historisch-ethnographische Skizzen, Moskau 1961, S. 44 f. (russ.).
25 José Antonio Echeverría und Carlos Gutiérrez fielen während der Operation. Faure Chomón ist heute Mitglied des Sekretariats des ZK der KP Kubas, Umberto Castellos ist derzeit Major, Generaldirektor des Hafens von Havanna.
26 La Sierra y el Llano. La Habana, 1963, S. 106.
27 Heute sind ihre Namen in eine Marmorgedenktafel eingemeißelt, die am Haupteingang zum ehemaligen Präsidentenpalast angebracht ist.
28 Granma v. 11. 2. 1973.
29 Blas Roca, Kuba festigt seinen Sieg, Berlin 1961, S. 29 f.
30 Zitiert nach Josef Lawrezki, a. a. O., S. 158.
31 Bohemia v. 2. 2. 1958, S. 82, 85.
32 Fidel Castro, Reden und Aufsätze. 1961–1963. Moskau 1963, S. 434 (russ.).
33 Emilio Aragones Navarro bekleidete nach dem Sieg der Revolution eine Reihe wichtiger Posten. Seit 1973 ist er Außerordentlicher und Bevollmächtigter Botschafter Kubas in Argentinien.
34 A. Menéndez. Un levantamiento popular. Bohemia, 1973, Nr. 36, S. 4–11.
35 D. San Román wurde bei der Niederschlagung des Aufstands ermordet.

36 Julio Camacho Aguiler ist heute Mitglied des ZK der KP Kubas und Erster Sekretär des Provinzparteikomitees von Pinar del Río.
37 Von der Sierra Maestra nach Havanna, S. 74 (russ.).
38 Kuba, 1966, Nr. 1, S. 55 (russ.).

Das Gesetz Nr. 3 der Sierra Maestra

„Über das Recht der Bauern auf Grund und Boden"

Den Boden denen, die ihn bearbeiten!
Agrarlosung der Revolution

Die bäuerlichen Massen Kubas unterstützten die Rebellenarmee in allen Etappen des revolutionären Kampfes: Sie füllten deren Reihen auf, versorgten sie mit Nahrungsmitteln und halfen in jeder anderen Weise. Bestimmend für die Teilnahme der Bauern am Kampf gegen die Diktatur war vor allem die sozialökonomische Lage der Bauernschaft unmittelbar vor der Revolution. Am Beispiel Kubas hat der marxistisch-leninistische Leitsatz von der Rolle der Bauernschaft und ihrer verschiedenen Schichten in der sozialistischen Revolution und im Klassenkampf der Werktätigen gegen die Ausbeuter überhaupt eine anschauliche Bestätigung gefunden. Die landarme und landlose Bauernschaft ist jene Klasse, die, nach einer Definition von Friedrich Engels, „den industriellen Arbeitern der Städte am nächsten steht, die mit ihnen dieselben Lebensbedingungen teilt, die sogar noch tiefer im Elend steckt als sie".[1]

Die Führer der Rebellenarmee taten ihrerseits alles, um schon während des Krieges die Lage der Bauern zu erleichtern und ihnen anschaulich zu zeigen, daß die Revolution mit ihrer Losung „Der Boden denen, die ihn bearbeiten!" den jahrhundertealten Traum der bäuerlichen Massen von Grund und Boden erfüllen wird.

Die Abschaffung des latifundistischen Grundbesitzes, die Befreiung der Werktätigen des Dorfes von der Aus-

Ein „Bohio" – die für das vorrevolutionäre Kuba typische strohgedeckte Hütte der armen Landarbeiter

beutung sowie der Produktivkräfte von den sie hemmenden Fesseln und die Durchführung breiter, demokratischer Umgestaltungen waren die wichtigsten Bedingungen für die Vertiefung und Weiterentwicklung der Revolution auf Kuba.

Ein Charakteristikum der kubanischen Revolution in ihrer ersten Etappe und ein Faktor für den Zusammenbruch des Batista-Regimes war die breite Teilnahme der Landarbeiter und armen Bauern am Kampf für die nationale Befreiung. Für die breiten Massen der Bauernschaft identifizierte sich dieser Kampf mit dem Kampf um Grund und Boden, was ihm besondere Stärke und Schwung verlieh.

Unter den Bedingungen Kubas, dessen Entwicklung

weitgehend von der landwirtschaftlichen Erzeugung abhing, war die Durchführung tiefgreifender Agrarumgestaltungen eine unerläßliche Voraussetzung nicht allein für die Lösung der Bauernfrage. Sie berührte die Interessen breitester Bevölkerungsschichten. Ohne die Lösung vieler mit der erstgenannten Frage verbundener Probleme der unabhängigen ökonomischen und politischen Entwicklung des Landes wäre die Erringung seiner ökonomischen Selbständigkeit undenkbar gewesen. Das Bodenmonopol der imperialistischen Gesellschaften und Latifundienbesitzer war eine der Hauptursachen für die Arbeitslosigkeit, die niedrigen Einkünfte und die niedrige Kaufkraft nicht nur der Bauern und Landarbeiter, sondern auch eines großen Teils der Werktätigen in den Städten. Nur durch eine radikale Agrarreform war die Enge des Binnenmarktes zu überwinden und konnten der nationalen Industrie größere Möglichkeiten für die Entwicklung geboten werden.

Die bürgerlichen Parteien und Regierungen des vorrevolutionären Kuba waren kraft ihrer sozialen Natur außerstande, radikale Agrarumgestaltungen im Land zu vollziehen. In ihren Agrarprogrammen gingen sie über Projekte für eine mögliche Kolonisierung brachliegender Ländereien nicht hinaus, aber auch diese Projekte blieben auf dem Papier.

Um die revolutionäre Energie der Bauernschaft zu lähmen und die Bauernbewegung unter Kontrolle zu bringen, betrieben die herrschenden Kreise eine auf die Spaltung der Bauernschaft abzielende Politik, indem sie allerlei „Agrarreform“varianten vorbrachten. Sie sollten Unversöhnliches versöhnen – nämlich die Bauern mit den Großgrundbesitzern zum Vorteil für die letzteren.

Insbesondere waren die sogenannten kollegialen Assoziationen (Assoziation der Kolonen Kubas, Assoziationen der Viehzüchter, Nationale Assoziation der Kaffeeproduzenten und andere; sie waren in den dreißiger bis vierziger Jahren als Gegengewicht zu den auf Eigeninitiative der Bauern spontan entstandenen Assoziationen geschaffen worden) darum bemüht, den Kampf der klein- und mittelbäuerlichen Massen durch soziale Demagogie und kleine Almosen einzudämmen, diese Massen irrezuführen und für sich zu gewinnen.

So erließ zum Beispiel die Regierung Machado im Jahre 1933 das Dekret Nr. 108 über die Zuteilung von 13 Hektar Land und von Bearbeitungswerkzeugen an arme bäuerliche Familien. Doch weder der Diktator selbst noch die ihn ablösenden Machthaber taten auch nur das Geringste, um dieses Dekret zu verwirklichen.

Im Agrarprogramm der Liberalen Partei aus dem Jahre 1935 war vorgesehen, „unbewirtschaftete Ländereien aus dem Privatbesitz und dem staatlichen Fonds an landwirtschaftliche Kleinproduzenten zu verteilen, die sie auf Grund eines mit dem Grundeigentümer (dem Staat oder dem Gutsbesitzer) zu schließenden Teilpachtvertrags zu bearbeiten wünschen. Die Zuteilung des Bodens (nicht mehr als 3 Caballerías) soll erfolgen, wenn der Landwirt seine Fähigkeit zur Arbeit in der Landwirtschaft und zur Erfüllung des genannten Vertrages bewiesen hat ..."

„Das ist", schrieb die Zeitschrift „Fundamentos", „zweifellos ein latifundistisches, von der Bourgeoisie unterstütztes Programm für eine Agrarreform, die sich auf den Loskauf und die Aufteilung staatlicher Ländereien gründet."[2] Die Programme der anderen Parteien, darunter die der Demokratischen und der Republikanischen Partei, unterschieden sich im Grunde nicht von dem Programm der Liberalen Partei. Was die Orthodoxe Partei betraf, so bediente sich diese zwar einer revolutionäreren Phraseologie, wagte es aber ebensowenig, eine demokratische Agrarreform zu unterstützen.

Im Jahre 1940 wurde unter dem Druck der Volksmassen und der breiten antilatifundistischen Bewegung eine Verfassung angenommen, die formal die Abschaffung der Latifundien und die Rückgabe des nationalen Bodens an die Bürger Kubas verkündete (Art. 90). Diese Bestimmung der Verfassung lautete: „Das Latifundium wird verboten; und damit es verschwindet, wird das Gesetz eine Höchstgrenze für den Grundbesitz einer Person oder einer Organisation festlegen ... Das Gesetz wird den Erwerb von Grund und Boden durch ausländische Gesellschaften wie auch deren Grundbesitz begrenzen und Maßnahmen zur Rückgabe der Ländereien an die Bürger Kubas ergreifen."[3]

Keine bürgerliche Regierung unternahm auch nur das Geringste, um diesen Artikel der Verfassung in die Praxis umzusetzen.

Ein umfassendes Programm für Agrarumgestaltungen im Land wurde im Jahre 1950 vom 5. Nationalen Bauernkongreß umrissen, der in seinen Resolutionen erklärte, daß die Agrarreform in erster Linie das Eigentum der Imperialisten an Grund und Boden aufheben, dann dem Latifundismus ein Ende setzen und die Ländereien sowie die Arbeitsinstrumente den Bauern übergeben müsse. Die Agrarreform müsse, so wurde in den Resolutionen des Kongresses unterstrichen, den Grundbesitz ausländischer Gesellschaften verbieten; für den Grundbesitz einer Person oder Gesellschaft eine Höchstgrenze festsetzen; die überschüssigen Ländereien der Latifundien unter die Pächter, Teilpächter und Landarbeiter aufteilen; landarmen Bauern zusätzliche Grundstücke zuteilen; den Bauern das Eigentumsrecht auf die von ihnen besiedelten Grundstücke gewähren; die halbfeudalen Überreste ein für allemal abschaffen; die Bauern mit landwirtschaftlichem Inventar, Saatgut und Geldmitteln versorgen, damit die Bewirtschaftung des Bodens gesichert wird.[4]

Doch unter der Herrschaft der einheimischen Oligarchie und des ausländischen Imperialismus waren diese fortschrittlichen Forderungen nicht zu erfüllen.

Im November 1952 wurde auf dem Nationalkongreß der Authentischen Partei die Agrarplattform dieser Partei ausgearbeitet und gebilligt. In einer Einschätzung dieser Plattform schrieb die Zeitschrift „Fundamentos": „Obgleich der Führer der Authentischen Partei Prío eine ,kühne, entschlossene und energische Agrarpolitik' sowie ,eine allumfassende Agrarreform auf dem Wege einer systematischen und stetigen Begrenzung der Latifundien, vorwiegend unter Einsatz des Hebels der Besteuerung', ankündigte, wurde in Wirklichkeit nicht eine einzige reale Maßnahme vorgeschlagen. In der auf dem Kongreß angenommenen 52-Punkte-Deklaration zur Agrarfrage ist von allem die Rede, nur nicht von der Agrarreform, wie sie Kuba braucht."[5]

Nach seiner Machtergreifung im Jahre 1952 erließ Batista ein Dekret über die „Kolonisierung der Ländereien", das der Auftakt zu einer Agrarreform sein sollte. Es war jedoch, wie das Leben zeigte, nur der nächste Betrug an der Bauernschaft, ein Versuch, sie irrezuführen und vom Kampf für ihre legitimen Forderungen abzulenken. Unter anderem wurde von den für die Realisierung dieses Dekrets bewilligten 5 Millionen Peso mehr als die Hälfte durch Beamte oder Regierungsvertreter, die sich mit diesen Fragen zu befassen hatten, unterschlagen. Die Bauern blieben weiterhin ohne Grund und Boden.[6]

In diesem Falle bediente sich Batista der Kolonisierung nicht, um Neuland zu erschließen, sondern nur als eines Instruments der Sozialpolitik der herrschenden Klassen, mit der die Unzufriedenheit der bäuerlichen Massen durch eine gewisse Minderung des „Landhungers" gedämpft werden sollte. Daneben verfolgte der Diktator unnachsichtig die landlosen Bauern, die sich auf unbewirtschafteten, vernachlässigten Ländereien der Latifundistas ansiedelten. Infolgedessen verschlechterte sich die Lage der Bauern unter der Batista-Diktatur nur noch mehr.

Jäh verstärkte sich die gemeinsame Ausbeutung der Kleinbauern und Landarbeiter durch das Auslandskapital, die einheimische Bourgeoisie und die einheimischen Gutsbesitzer. Noch ausgeprägter wurde die Tendenz zu einem engen Block dieser Kräfte, und das mußte zwangsläufig die Widersprüche zwischen den bäuerlichen Massen und dem agrarkapitalistischen Block, der im Komplott mit dem Imperialismus wirkte, verschärfen. Die Entwicklung der kapitalistischen Verhältnisse im Dorf vergrößerte um ein Vielfaches die Schicht der ländlichen Proletarier und Halbproletarier, die sich in ihrer Lage als Klasse immer mehr den städtischen Arbeitern annäherten.

Ein grundlegender Wandel in den Stimmungen der bäuerlichen Massen und in ihrem Herangehen an die Lösung der Agrarfrage zeichnete sich seit der Entwicklung der Rebellenbewegung im Lande ab, die revolutionierend auf die breiten Schichten der Bauernschaft, insbesondere auf ihren ärmsten Teil, wirkte.

Schon zu Beginn des bewaffneten Kampfes betonten die Teilnehmer des Sturms auf die Moncada, daß eine radikale Agrarreform unbedingt notwendig sei. In seiner Rede vor Gericht im September 1953 sagte Fidel Castro: „Eine revolutionäre Regierung würde, nachdem sie die hunderttausend landwirtschaftlichen Kleinproduzenten, die heute Pacht zahlen, zu Eigentümern ihrer Parzellen gemacht hätte, mit der endgültigen Lösung des Agrarproblems beginnen. Dazu wäre folgendes notwendig: Erstens: Wie es die Verfassung vorsieht, wird je nach der Arbeit der landwirtschaftlichen Betriebe eine Höchstgrenze festgesetzt und alles, was diese Grenze überschreitet, enteignet. Weiterhin wird jeglicher dem Staat widerrechtlich entrissener Boden zurückgefordert. Marschland und Sumpfgebiete sind trockenzulegen, große Baumschulen anzupflanzen und Zonen für die Aufforstung festzulegen. Zweitens: Der Rest des verfügbaren Bodens wird an die Bauernfamilien, vorzugsweise die kinderreichen, verteilt. Die Bildung von Genossenschaften ist zu fördern, um den Bauern zu ermöglichen, kostspielige Ausrüstungen, wie zum Beispiel Kühlhäuser, gemeinsam zu nutzen und die landwirtschaftliche Produktion in Feldbau und Viehzucht unter eine gemeinsame technisch-fachliche Leitung zu stellen. Schließlich sind den Bauern Mittel, Arbeitsgeräte, Schutz und Wissen zu vermitteln.“[7]

Von den fünf revolutionären Gesetzen, die im Falle eines siegreichen Aufstands (1953) unverzüglich proklamiert werden sollten, sahen das zweite und das vierte Maßnahmen zur Veränderung der Produktionsverhältnisse in der Landwirtschaft und zur Verbesserung der Lage der Bauernschaft vor. Das zweite revolutionäre Gesetz gewährte allen Siedlern, Kleinsiedlern, Pächtern, Halbpächtern und Tagelöhnern, die Parzellen von 5 Caballerías (67 Hektar) oder weniger bearbeiten, das unverpfändbare und unveräußerliche Eigentum an Grund und Boden. An die früheren Besitzer sollte eine staatliche Abfindung auf der Grundlage der für die besagten Parzellen im Durchschnitt von zehn Jahren entrichteten Pachten gezahlt werden. Das vierte revolutionäre Gesetz gewährte allen Siedlern das Recht auf einen Anteil von 55 Prozent des Ertrags an Zuckerrohr sowie eine Mindestquote von 40 000 Arrobas (eine Arroba = 11,502 Kilogramm) für alle kleinen Siedler, die drei oder mehr Jahre den Boden bestellen.

Rechtlich gründeten sich die geplanten Gesetze auf den Artikel 90 der Verfassung. Diese Gesetze sollten unverzüglich proklamiert werden; später, nach Abschluß des Kampfes, sollten weitere, noch radikalere Dekrete erlassen werden.

Ein höchst wirksames mobilisierendes Mittel, um die Werktätigen des Dorfes in den Kampf gegen die Tyrannei einzubeziehen, war das von den Rebellen am 10. Oktober 1958 proklamierte Gesetz „Über das Recht der Bauern auf Grund und Boden“, das als das Gesetz Nr. 3 der Sierra Maestra bekannt geworden ist.[8]

Hier einige Grundziele und -forderungen des Gesetzes, die der gesamten späteren Agrargesetzgebung auf Kuba zugrunde gelegt worden sind: Sicherung einer harmonischen Entwicklung der Landwirtschaft und der Industrie, Hebung des Lebensstandards der Bauernschaft, Abschaffung der Latifundien und der Minifundien, Aufhebung jeglicher Zwangsformen der Pacht; wer den Boden bearbeitet, wird zu seinem Eigentümer; Vergrößerung der staatlichen Kredite für die Produzenten des Dorfes.

Artikel 1 des Gesetzes lautet: „Das Recht des Eigentums am bearbeiteten Boden wird Bauern auf staatlichen Ländereien sowie allen Siedlern, Kleinsiedlern, Pächtern, Halbpächtern und Tagelöhnern, die Parzellen von fünf oder weniger Caballerías bearbeiten, gewährt; den letzteren werden Besitzurkunden für die Parzellen von der gesetzlich festgelegten Größe und unter Beachtung der anderen gesetzlichen Forderungen ausgestellt." Dabei erhielten die ärmsten Gruppen der Bauernschaft Parzellen bis zu zwei Caballerías unentgeltlich (Art. 2).

Das Gesetz sichert den Bauern Hilfe bei der Entwicklung der landwirtschaftlichen Erzeugung zu. „Der Staat", so heißt es in Artikel 26, „wird den neuen Eigentümern Saatgut, landwirtschaftliches Inventar und billige Kredite zur Verfügung stellen, die es ihnen ermöglichen, die Produktivität der Wirtschaft im Interesse der Nationalwirtschaft zu erhöhen; er wird ferner für eine effektive Tätigkeit der Organe, die bei den Grundbesitzern die Ernte aufkaufen, sorgen, um Preise zu garantieren, die sowohl für die Grundbesitzer als auch für die Verbraucher annehmbar sind."[9]

Auf dem gesamten von den Kräften der Rebellen befreiten Territorium trat das Gesetz unverzüglich in Kraft. Aus taktischen Erwägungen wurde im Gesetz nicht die Aufgabe gestellt, die Latifundien sofort aufzulösen, dennoch enthielt es Bestimmungen, welche die künftige Regierung der Republik verpflichteten, „ein zusätzliches Gesetz zu erlassen, das die Erfüllung des Artikels 90 der Verfassung von 1940 hinsichtlich der Latifundien sichert".

Das Gesetz Nr. 3, das die Werktätigen des Dorfes zum Kampf gegen die Gutsbesitzer, die Latifundistas, aufrief, sicherte der Revolution bei den Landarbeitern und Kleinbauern dauerhafte Unterstützung und aktive Mitwirkung am Kampf gegen die Diktatur.

Die historische Bedeutung des Gesetzes Nr. 3 besteht

darin, daß es die Agrarumgestaltungen zu einer der wichtigsten Aufgaben der Revolution erklärte. Und obgleich das Gesetz Nr. 3 provisorischen Charakter trug und die Annahme eines endgültigen Gesetzesaktes über die Beseitigung des Latifundismus und die Ausrottung der feudalen Überreste bis zum vollen Sieg der Revolution zurückgestellt wurde, ist seine Bedeutung nicht hoch genug einzuschätzen.

„Die Annahme eines derartigen Gesetzes", schrieb Antonio Núñez Jiménez, „war ein realer Beweis dafür, daß die kubanischen Revolutionäre darangingen, die Agrarprobleme im Geist jener Republik, von der José Martí geträumt hatte, und in Erfüllung seines Vermächtnisses zum Wohle der Republik zu lösen. Als eine Regierungsmaßnahme widerspiegelte dieses Gesetz das Streben nach Erneuerung und pflanzte das Banner der sozialen Gerechtigkeit, das die Kämpfer der Sierra Maestra entrollt hatten. So hatte das Prinzip der sozialen Gerechtigkeit seine Verkörperung im Leben gefunden."[10]

Erstmalig erhielten Bauern die Parzellen noch während des bewaffneten Kampfes gegen Batista, als die Abteilungen der Rebellen einen Bezirk nach dem anderen aus der Gewalt des Diktators befreiten, die Ländereien der aktiven Anhänger des Batista-Regimes konfiszierten und sie unter die Bauern verteilten.[11]

Zuerst an der Zweiten östlichen Front „Frank País" und später in der Sierra Maestra, in den Escambraybergen und anderen Operationsbereichen der Rebellen gingen die Werktätigen des Dorfes daran, ihre Organisationen zu festigen und neue zu schaffen.

Im September 1958 trat im Operationsbereich der von Raúl Castro befehligten Zweiten östlichen Front „Frank País" der Regionale Bauernkongreß zusammen. Am Kongreß nahmen 160 Delegierte von 84 Bauernassoziationen der Munizipalitäten Guantánamo, Mayarí, Alto Songo, Sagua, Baracoa, San Luis und anderer sowie rund 500 Gäste teil.

In seinem Referat verurteilte José Ramírez Cruz auf dem Kongreß die Ausplünderung der bäuerlichen Bevölkerung und die Willkürakte der „Streitkräfte des Batista-Staates, die das Instrument zum Schutze eigensüchtiger Interessen der Kamarilla gegen die Interessen des ganzen Volkes geworden sind", und charakterisierte die batistahörigen Gewerkschaftsbosse als „eine gierige Kamarilla im Dienste des ausländischen Imperialismus". Auf die Notlage der bäuerlichen Bevölkerung eingehend, unterstrich er die Notwendigkeit einer baldigen Verwirklichung der Agrarreform und rief die Bauern dazu auf, sich „unabhängig von der Parteizugehörigkeit, religiöser Überzeugung, Rasse und Geschlecht für den Sieg des Volkes über die Unterdrücker"[12] zusammenzuschließen.

Noch einmal wurde der Gedanke geäußert, daß der Grundbesitz der Verräter sofort zu konfiszieren sei und sich die Landarbeiter organisieren müßten.

Auf dem Kongreß wurde das Regionale Bauernkomitee, von dem später die Initiative zur Massenorganisierung der Bauern und Landarbeiter der Provinz Oriente ausging, geschaffen und sein Statut angenommen. Im Statut hieß es unter anderem: „Dieses föderative Organ stellt sich als nächste Aufgabe den Zusammenschluß und die Leitung der bäuerlichen Organisationen auf dem Territorium der Zweiten östlichen Front, um die Interessen der bäuerlichen Bevölkerung zu schützen, für die Agrarreform und die unmittelbaren Forderungen der Bauern dieses Raumes zu kämpfen, deren ökonomische, kulturelle und politische Rückständigkeit zu überwinden, das Regime der sozialen Gerechtigkeit, den Geist und die Bande des Bündnisses mit der Arbeiterklasse aufrechtzuerhalten und von der städtischen Bevölkerung Solidarität und Unterstützung für die Bauern der Zone zu erwirken, damit die Forderungen der letzteren durchgesetzt werden."[13]

Bei den Rebellentruppen der Zweiten östlichen Front wurde ein spezielles Agrarbüro geschaffen, das sich die Aufgabe stellte, die Bauern zu befreien und das Gesetz

Nr. 3 zu realisieren. Hunderten von armen Bauern und Tagelöhnern wurden Besitzurkunden für ihre Parzellen überreicht.

Die in den befreiten Regionen geschaffenen Bauernvereinigungen unterstützten tatkräftig die Rebellenarmee, indem sie die besten, der Revolution ergebensten Bauern in deren Reihen delegierten. Zu den Versammlungen in den Bauernvereinigungen kamen Hunderte von Bauern, um Comandante Raúl Castro oder andere Führer des befreiten Territoriums sprechen zu hören. Diese Versammlungen weckten in den bäuerlichen Massen revolutionäres Bewußtsein und revolutionäre Wachsamkeit, halfen ihnen, standhaft alle Entbehrungen ertragen. In der kurzen Zeit zwischen der Proklamierung des Gesetzes Nr. 3 und dem Sieg der Revolution hatte die Rebellenarmee viel getan, um die Lage der bäuerlichen Massen zu erleichtern. Dem Geist dieses Gesetzes entsprechend, verkündete die Revolutionäre Regierung wenige Monate nach dem Sieg der Revolution – im Mai 1959 – ein radikales Gesetz über die Bodenreform, das das Latifundiensystem abschaffte, die Möglichkeit der Ausbeutung kubanischen Bodens durch ausländische Monopole ausschloß und die ökonomischen Grundlagen für die Ausbeutung der Werktätigen des Dorfes beseitigte.

Die Bodenreform auf Kuba krönte den langen, schweren Kampf der Landarbeiter und der bäuerlichen Massen gegen die Ausbeutung und Unterdrückung durch die imperialistischen Monopole und die einheimischen Latifundistas. Das sozialistische Kuba wurde zum ersten Land in Lateinamerika, in dem das Agrarproblem im Interesse der breiten Volksmassen und entsprechend den Erfordernissen der Entwicklung der nationalen Wirtschaft gelöst wurde.

Die Lösung der Agrarfrage auf Kuba bestätigte einmal mehr mit allem Nachdruck die Tiefe und Lebenskraft des Leninschen Leitsatzes, daß eine radikale Agrarumgestaltung ohne gleichzeitige radikale politische Umwälzungen unmöglich ist. „Alle Agrarumgestaltungen überhaupt", betonte Lenin, „können nur bei völliger Demokratisierung des gesamten Staates erfolgreich und von Dauer sein ..."[14]

Die Erfahrungen bei der Lösung der Agrarfrage auf Kuba sind für die anderen Länder Lateinamerikas von unvergänglicher Bedeutung. Die kubanische Revolution demonstrierte die mächtige revolutionäre Kraft der Landarbeiter, der armen und mittleren Bauern; sie zeigte, daß die Beseitigung des Jochs des Auslandskapitals, daß die radikalen Agrarumgestaltungen eine gewaltige Rolle im Prozeß des Kampfes für die nationale und soziale Befreiung spielen.

Anmerkungen:

1 Karl Marx/Friedrich Engels, Werke, Bd. 16, S. 400.
2 Fundamentos, 1950, N 102, S. 851.
3 Constitución de la Republica de Cuba. La Habana, 1940, S. 26.
4 Fundamentos, 1950, N 103, S. 951.
5 Fundamentos, 1952, N 119, S. 110.
6 Severo Aguirre. La Revolución agraria. La Habana, 1961, S. 5.
7 Fidel Castro, Fanal Kuba, Berlin 1963, S. 26.
8 Leyes del Gobierno Provisional de la Revolución, vol. 11, La Habana, 1959, S. 131–148.
9 Ebenda.
10 A. N. Jiménez. Die Geographie Kubas, Moskau 1969, S. 120 (russ.).
11 Una evaluación de la reforma agraria en Cuba. Economia y desarrollo. La Habana, 1972, N 911, S. 169.
12 D. Barkin. Agricultura: el sector clave del desarrollo de Cuba. Economia y desarrollo. La Habana, 1970, N 3.
13 T. Paez. Un Congreso campesino en los dias de la guerra. In Granma v. 13. 5. 1967.
14 W. I. Lenin, Werke, Bd. 24, S. 284.

Die Arbeiterklasse im Kampf für den Sieg der Revolution

...der Sozialismus ist nicht anders zu verwirklichen, als *über* die Diktatur des Proletariats...

W. I. Lenin*

Mit dem aktiven Kampf, den die Arbeiterklasse Kubas gegen das Regime Batistas in den ganzen Jahren seiner Herrschaft führte, erwies sie der Rebellenbewegung eine wirksame und ständig wachsende Hilfe, leistete sie einen gewaltigen Beitrag zum Sieg des Volkes und spielte in der Schlußetappe des bewaffneten Kampfes eine entscheidende Rolle bei der Entmachtung der Günstlinge der einheimischen und ausländischen Reaktion.[1]

Von großer Bedeutung war der Kampf der Arbeiterklasse gegen die Diktatur selbst dann, wenn es keine unmittelbaren Streikaktionen gab, sondern diese lediglich drohten, denn das fesselte beträchtliche Streitkräfte der Tyrannei in den Städten und half die Positionen der Rebellenarmee festigen. Die Verbindung der bewaffneten Aktionen der Rebellenkräfte mit den Aktionen der Arbeitermassen in den Städten beschleunigte den Sturz des diktatorischen Regimes.

Eine große Rolle spielte beim Zusammenschluß der Arbeiterklasse und bei der Organisierung ihres Kampfes die Sozialistische Volkspartei. Trotz einiger Fehler, die der SVP unterliefen (Unterschätzung der Formen des bewaffneten Kampfes in einer bestimmten Etappe, gewisse Zeitverluste bei der Schaffung der Streikkomitees, nicht immer exakt organisierte Erziehungsarbeit unter der Jugend), entlarvte sie konsequent und prinzipienfest den Verrat der mujalistischen Führer der CTC und rief die Werktätigen

* W. I. Lenin, Werke, Bd. 23, S. 15.

zur Weiterführung der Streikbewegung auf. Mit der Entfaltung der Befreiungsbewegung überwand die Partei die falschen, den bewaffneten Kampf unterschätzenden Konzeptionen und war bestrebt, den mit der Waffe in der Hand kämpfenden Revolutionären Hilfe in jeder nur möglichen Form zu leisten. Volles Verständnis brachte die SVP dem Bestreben der Führung der „Bewegung des 26. Juli“ entgegen, breiteste, gegen die Tyrannei kämpfende Schichten um die Rebellenarmee zu konzentrieren.

„Seit der Aufstellung der ersten Kampfeinheiten im Gebirge“, stellte Blas Roca fest, „haben wir uns bemüht, diesen jede nur mögliche Unterstützung zu geben. Hervorzuheben ist der in der Öffentlichkeit bekannte Brief, den wir kurz nach der Landung Fidel Castros und seiner Anhänger an alle oppositionellen Parteien richteten und in dem wir sie dazu aufriefen, gemeinsame oder getrennte Aktionen zu entwickeln, ‚um die mörderische Hand der Regierung zu fesseln und sie daran zu hindern, mit ihrer Übermacht Fidel Castro und seine Kameraden zu vernichten‘. Dieser Brief hatte eine große Resonanz, weil Batistas Polizei ihn bei einer Durchsuchung des Anwaltsbüros von Pelayo Cuervo fand und in der gesamten der Zensur unterworfenen Presse veröffentlichte.

Die praktische Hilfe entwickelte und verstärkte sich im Laufe des Kampfes immer mehr. Die Zusammenarbeit erstreckte sich von der Organisierung der Versorgung über Nachrichtenübermittlung, ärztliche Hilfe und Verbreitung der Propaganda bis zur Gewinnung neuer Kämpfer.

Yaguajay, im mittleren Teil der Insel gelegen, entwikkelte sich zu einem neuen Stützpunkt des Partisanenkrieges und spielte eine bedeutende Rolle beim Einmarsch der von Camilo Cienfuegos geführten Kolonne, mit der sich die Partisanen von Yaguajay zu einer gemeinsamen Kampfgruppe vereinigten.“[2]

In diesem Zusammenhang soll aus einem Artikel zitiert werden, den die Zeitung der SVP, „Carta Semanal“, unter der Überschrift „Weshalb unsere Partei die Sierra Maestra unterstützt", veröffentlicht hat; darin wurde die Position der SVP in der Frage des bewaffneten Kampfes und gegenüber der Rebellenarmee definiert. „Bekanntlich ist unsere Partei", so hieß es in diesem Artikel, „die konsequenteste Anhängerin einer friedlichen Lösung der politischen und sozialen Konflikte, der friedlichen Entwicklung der Revolution. Doch unsere Partei zieht auch den bewaffneten Kampf, Aufstände und Partisanenaktionen in Betracht, sofern sich der Feind des Volkes einer friedlichen Lösung widersetzt, diese Aktionen vom Kampf der Massen nicht zu trennen und die Bedingungen für sie gegeben sind. Das ist für uns das Abc. Daher sollte unsere Position gegenüber der Sierra Maestra niemanden wundern. Kaum hatten sich die bewaffneten Aktionen zu echten Partisanenaktionen – mit den bäuerlichen Massen dieser Region und dem Volk verbunden – gestaltet, als sie auch schon unsere Unterstützung erhielten."[3]

Die Batista-Clique hat während der ganzen sieben Jahre ihrer Herrschaft die kubanischen Kommunisten erbittert verfolgt, hat im Lande eine gehässige antikommunistische Kampagne betrieben. Unter dem Vorwand des Kampfes gegen den Kommunismus wurden jegliche Äußerungen der Unzufriedenheit mit dem diktatorischen Regime geahndet.

Zu diesem Zweck schuf das Batista-Regime am 13. März 1957 das sogenannte Untersuchungstribunal. Um das reaktionäre Wesen des „Tribunals" zu tarnen, gehörten ihm außer dem Vertreter der Staatsmacht (Stellvertreter des Arbeitsministers) ein Vertreter der CTC, ein Vertreter der Unternehmer und ein Delegierter der entsprechenden Gewerkschaftsorganisation an. (Die beiden letzteren wurden ausgewechselt, je nachdem, welche Frage vor dem „Tribunal" verhandelt wurde.) Als Berater gehörte dem „Tribunal" ein Vertreter des BRAC (Büro zur Unterdrückung kommunistischer Tätigkeit) an. Angeblich, um gegen die „kommunistische Infiltration" zu kämpfen, erhielt das „Tribunal" das Recht, die politischen Ansichten aller Arbeiter und Angestellten zu überprüfen und alle der „kommunistischen Tätigkeit" Verdächtigen zu entlarven.

Unter dem Vorwand des „Kampfes gegen den Kommunismus" suchte die Regierung Batista den Widerstand gegen das Regime in den Städten zu unterdrücken. Zum Kommunisten wurde jeder Bürger erklärt, der seine Unzufriedenheit mit der bestehenden Lage in dieser oder jener Form äußerte. Als Kommunisten bezeichnet wurden alle, die in der Sierra Maestra kämpften, am Überfall auf den Präsidentenpalast teilnahmen, Studentenmanifestationen organisierten, gegen Mißstände und Ausbeutung protestierten, die Sozialgesetzgebung des Regimes mißbilligten, ihre Unzufriedenheit mit der Wirtschaftspolitik der Regierung äußerten. So nannte man jeden, der die Unterwerfung des Landes unter das Auslandskapital anprangerte und dafür eintrat, daß der Boden den Kubanern zurückgegeben und daß im nationalen Interesse das Auslandskapital höher besteuert wird, daß die in den Händen von Ausländern befindlichen Kommunalbetriebe den Kubanern übereignet werden.

Anders gesagt, die Regierung hielt jeden für einen Kommunisten, der auch nur geringstes Mißfallen an der Politik des diktatorischen Regimes äußerte.

Doch ungeachtet der drakonischen Maßnahmen gegen die Kommunisten erweiterte sich die Aktionseinheit zwischen ihnen und der Rebellenarmee und nahm immer straffer organisierte Formen an. Das kam auch in der Verstärkung des Kampfes der Arbeiter um ihre Rechte zum Ausdruck.

Die antikommunistischen Maßnahmen Batistas vermochten der Streikbewegung keinen Einhalt zu gebieten. Am 24. Mai 1957 wurde die Fernsprech- und Telegrafenverbindung zwischen Havanna und der Ostküste unterbrochen.

Viele Städte und Ortschaften litten unter Strommangel, da die meisten Arbeiter und Angestellten der zwei Gesellschaften, die das ganze Land mit Elektrizität versorgten – der Cuban Electric Co. und Foreign Light and Power Co. –, den Streik ausriefen und die Arbeit niederlegten.

Die Streikenden forderten höhere Löhne. Um den Streik zu unterbinden, entsandte Batista einen Sondervertreter der Streitkräfte in die Cuban Electric Co.

Trotz Aufhebung der verfassungsmäßigen Garantien und Androhung härtester Maßnahmen gegen die Streikenden wurde der Streik nicht abgewendet. Infolgedessen wurden die weitaus meisten Betriebe und Organisationen der Stadt Santiago de Cuba stillgelegt bzw. geschlossen. Der Streik griff auf fünf weitere Städte der Provinz Oriente über. Er dauerte mehrere Tage an, und es gelang den Streikenden, eine teilweise Erfüllung ihrer Forderungen durchzusetzen.

Im Februar 1957 erörterte die Nationale Führung des „M-26-7" die Frage der Vorbereitung eines allgemeinen Streiks und beschloß, dem Kampf der Arbeiter stärkere Beachtung zu schenken, in den Provinzen und Munizipien Arbeitsbüros sowie in allen Arbeiterzentren Zellen der „Bewegung des 26. Juli" zu schaffen usw. Zur Lösung dieser Aufgaben wurde eine sorgfältige organisatorische Kleinarbeit geleistet. Die Ergebnisse blieben nicht aus. Bereits in den ersten Augusttagen des Jahres 1957 wurde ganz Kuba von der Streikbewegung erfaßt, die schnell in einen mächtigen Generalstreik hinüberwuchs, der die Grundpfeiler des diktatorischen Regimes ins Wanken brachte.

Anlaß zum Streik war der Meuchelmord an Frank País, dem Führer der illegalen Organisationen der „Bewegung des 26. Juli" in der Provinz Oriente. Am 30. Juli 1957 war er in Santiago de Cuba in der San-Germán-Straße von Agenten Batistas aufgegriffen und durch einen Schuß in den Rücken ermordet worden. „Ich vermag die ganze Bitterkeit, die Empörung und den maßlosen Schmerz, die uns packten, nicht auszudrücken", sagte Fidel Castro in seiner Erklärung zum Tode von Frank País. „Barbaren!

Man bemächtigte sich seiner niederträchtig, unter Ausnutzung aller Vorteile bei der Verfolgung eines Illegalen, auf der Straße. Ungeheuer! Sie wissen gar nicht, wen sie da erschossen haben, wieviel Geist, Charakter und geistige Integrität dieser Mensch besaß. Das Volk Kubas ahnt nicht einmal, wer Frank País war, wieviel Erhabenes und Vielversprechendes ihm innewohnte. Es ist schmerzlich, ihn tot zu sehen mit 22 Jahren, in der Blüte seiner Kräfte, wo er doch der Revolution so nützlich war."[4]

Frank País' Tod löste eine breite Volksbewegung des Protestes aus. Mehr als 40 000 Menschen nahmen an seiner Beisetzung teil. Sie gestaltete sich zu einer revolutionären Demonstration der Werktätigen Santiago de Cubas und mündete in einen Generalstreik der Arbeiter und Angestellten dieser Stadt, der später auf das ganze Land übergriff. Mehrere Tage lang streikten die Werktätigen von Santiago de Cuba, Havanna, Manzanillo, Palma Soriano, Santa Clara und anderen Städten.

Ein wichtiges Merkmal dieses gewaltigen Streiks des kubanischen Proletariats war, daß er – obgleich weitgehend spontan – den gewachsenen Kampfgeist der Arbeiterklasse demonstrierte und zeigte, daß breite politische Aktionen selbst unter den schwersten Bedingungen der Herrschaft der Batista-Schergen real möglich sind. Er führte vor Augen, wie dringend notwendig es war, die werktätigen Massen zum Kampf gegen die Tyrannei zu mobilisieren und ein einheitliches Zentrum zur Leitung der Streikbewegung zu schaffen. Diese Notwendigkeit wurde von allen fortschrittlichen Kräften erkannt. Im November 1957 rief die Nationale Führung der „Bewegung des 26. Juli" zur Schaffung der Nationalen Arbeiterfront (Frente Obrero Nacional – FON) auf, die den revolutionären Generalstreik gegen das Batista-Regime zu organisieren hatte[5].

Das bedeutete eine Annäherung der Standpunkte der „Bewegung des 26. Juli" und der SVP in der Frage der Bedeutung des Streikkampfes im revolutionären Prozeß.

Die Schaffung eines einheitlichen Arbeiterzentrums wurde jedoch durch eine ganze Reihe von Faktoren erschwert, nicht zuletzt durch sektierererische Vorurteile von Vertretern des rechten Flügels der Bewegung, die in der „Ebene“, das heißt in den Städten und Ortschaften des Landes, innerhalb der Führung wichtige Posten innehatten. Sie befolgten nicht immer die Direktiven des Zentrums der „Bewegung des 26. Juli“ in der Sierra Maestra und bezogen in einer Reihe von Fragen eine abweichende Position. Fidel Castro charakterisierte die innerhalb der Bewegung entstandene Situation wie folgt: „In der Ebene wurde eine analoge Organisation (zur „Bewegung des 26. Juli“ – E. G.) geschaffen, aber das war eine gerade erst entstandene, eine embryonale Organisation, das war eine ganz neue Organisation, und sie konnte natürlich nicht die Disziplin einer in langjährigem Kampf gestählten revolutionären Organisation haben. Zwischen der Führung in den Bergen und der Führung in der Ebene gab es den ganzen Krieg hindurch einige Meinungsverschiedenheiten; manche Unterschiede blieben auch später bestehen.“[6]

Viele „Ebene“-Führer standen in bestimmtem Maße unter dem Einfluß des rechten Flügels des Kleinbürgertums, und dieser Umstand drückte nicht nur den Formen, sondern auch den Methoden des Kampfes seinen Stempel auf. Sie gaben effektvollen Einzel- oder Gruppenaktionen – terroristischen Überfällen auf Batista-Offiziere und -beamte, Bombenanschlägen, Brandanschlägen auf Erdöltanks und Diversionsakten – den Vorzug vor schwieriger Kleinarbeit zur Erziehung der Massen. Das alles vermochte zwar die politische Spannung im Lande zu steigern, konnte aber weder die Grundpfeiler des Regimes ernsthaft erschüttern oder gar untergraben noch eine so wirksame Form des Klassenkampfes wie den Generalstreik ersetzen. Die genannten Führer gaben in Worten zu, daß Aktionseinheit not tue, wollten sie aber nur unter eigener Führung herstellen, was die Schaffung einheitlicher Streikkomitees, eines unerläßlichen Elements der Organisation des Generalstreiks, erschwerte. Die Weisungen der Sonderberatung der Nationalen Führung der „Bewegung des 26. Juli" zur Verstärkung der Arbeit unter den Werktätigen wurden nicht operativ genug ausgeführt und bisweilen durch die Taktik separater Einzel- oder Gruppenaktionen ersetzt.

Alle diese Mängel wirkten sich negativ auf die Vorbereitungen zum gesamtnationalen politischen Streik aus, der auf den April 1958 angesetzt worden war, und auf dessen Ergebnisse.

Am 9. April 1958, um 11.00 Uhr bemächtigte sich eine Gruppe von Illegalen, Mitgliedern der „Bewegung des 26. Juli", des Senders Havanna und rief über den Rundfunk den Beginn des gesamtnationalen Streiks aus. Doch die Vorbereitungen waren unzureichend, ein einheitliches leitendes Zentrum fehlte, die korrupte mujalistische Clique leistete Widerstand, und auch der Zeitpunkt für die Bekanntgabe war ungeschickt gewählt, weil sich die weitaus meisten Werktätigen an ihren Arbeitsplätzen befanden und den Appell gar nicht hören konnten. Daher mißglückte der Streik. In Havanna legten die Werktätigen nur einiger weniger Betriebe die Arbeit nieder.

Etwas erfolgreicher waren die Streikaktionen in der Provinz Oriente, wo die revolutionären Kräfte koordiniert vorgingen. Viel Heldenmut und Standhaftigkeit zeigten die Arbeiter der Stadt Sagua La Grande in der Provinz Las Villas. Sie bemächtigten sich der Stadt, waren dort mehrere Tage lang Herren der Lage und wichen erst zurück, als gegen sie Truppen eingesetzt wurden. Batistas Luftwaffe bombardierte die Stadt, die sich erhoben hatte, barbarisch. Dabei kamen Hunderte von Menschen – Frauen, Greise und Kinder – ums Leben.

Nach der Niederschlagung des Streiks richtete die Regierung ein Blutbad unter den Beteiligten an. Über eintausend Menschen wurden hingerichtet, Hunderte von Bauern nicht eingerechnet, die ums Leben kamen, als ihre wehrlosen Siedlungen aus der Luft unter MG-Beschuß genommen wurden. Der mißglückte Streik war allen revolutionären Kräften eine ernste Lehre. Sie konnten sich einmal mehr davon überzeugen, daß sich bei der Organisierung eines politischen Streiks, der der Herrschaft der Tyrannei ein Ende setzen soll, ohne die Aktionseinheit kein Erfolg erzielen läßt.

In einer Einschätzung der Lehren des Aprilstreiks betonte das Nationale Komitee zur Verteidigung der Arbeiterforderungen und zur Demokratisierung der CTC in einem besonderen Memorandum vom 6. Juli 1958: „Trotz dieser zeitweiligen Niederlage lassen die Arbeiterklasse und das Volk Kubas den Mut nicht sinken und setzen den Kampf für ihre Tagesforderungen, für die Einstellung der Terrorakte und Verbrechen, für die Befreiung aller politischen Häftlinge usw. fort. Schon allein der Fakt des Scheiterns des Streiks setzt die Vereinigung als einen dringlichen Punkt auf die Tagesordnung. Für die Einheit haben sich neue, breitere Möglichkeiten eröffnet ... Die Werktätigen und das Volk Kubas führen den großen Kampf für den Sturz der Unterdrücker, für die Wiederherstellung der Freiheit und Demokratie, der Gewerkschaftsfreiheiten und der Unabhängigkeit der Arbeiterbewegung von jeglicher Regierungskontrolle, für die Unabhängigkeit und die nationale Souveränität unseres Heimatlandes.“[7]

Bereits Mitte 1958 aktivierten die Führung der Arbeitersektion der „Bewegung des 26. Juli“ und das Nationale Komitee zur Verteidigung der Arbeiterforderungen die Arbeit für den Zusammenschluß der Kräfte. Als Ergebnis der im Oktober 1956 geführten Verhandlungen wurde die Vereinigte Nationale Arbeiterfront (Frente Obrero Nacional Unido – FONU) geschaffen. Ihr gehörten Vertreter der „Bewegung des 26. Juli“, der Sozialistischen Volkspartei, der Arbeitersektion des Revolutionären Direktoriums des 13. März und andere revolutionäre Gruppierungen an. Sie arbeiteten das Programm für den gemeinsamen Kampf aus und stellten der Front als Hauptaufgabe, die volksfeindliche Batista-Diktatur zu stürzen.

Die nächsten Ziele der FONU waren: Kampf für die

Schaffung der Streikkomitees, Forderung nach einer zwanzigprozentigen Erhöhung der Löhne und Gehälter, Wiedereinstellung der aus politischen Gründen Entlassenen, Rentenzahlungen an Witwen und Waisen usw. Die FONU trat entschieden für die Wiederherstellung der Gewerkschaftsdemokratie, die Beseitigung der Rassendiskriminierung, die industrielle Entwicklung des Landes und für eine radikale Agrarreform ein. Anders gesagt, die Arbeiterklasse Kubas vertrat nicht nur die eigenen Klasseninteressen, sondern auch die sozialen Rechte und demokratischen Freiheiten aller Unterdrückten und Entrechteten, die nationalen Interessen des ganzen kubanischen Volkes, die Interessen aller demokratischen und antiimperialistischen Kräfte.

Die FONU trug zur Festigung des Kampfgeistes und zum Wachstum des politischen Bewußtseins der kubanischen Arbeiterklasse bei, die mit ihrem gesamten aufopfernden Kampf die Aktionen der Rebellenarmee erleichterte. Sie lenkte die Kräfte der Reaktion von den Gebieten, in denen die Partisanenabteilungen konzentriert waren, ab und förderte in jeder Weise einen neuen Aufschwung der revolutionären Bewegung, der im Sieg des Volkes, im Sieg der kubanischen Revolution gipfelte.

Anmerkungen:

1 Über den Kampf der Arbeiterklasse für ihre ökonomischen und politischen Rechte in den ersten Jahren nach dem Staatsstreich Batistas siehe den Abschnitt: „Offensive der Reaktion gegen die demokratischen Kräfte. Wachsender Widerstand gegen das diktatorische Regime“, S. 170–189.
2 Blas Roca, Kuba festigt seinen Sieg, Berlin 1961, S. 31.
3 Carta Semanal v. 12. 3. 1958.
4 Kuba, 1968, Nr. 1, S. 13 (russ.).
5 Respuestas v. 20. 12. 1957.
6 F. Castro. Los organismos de la Revolución. Noticias de Hoy v. 2. 12. 1961.
7 Memorandum sobre los últimos acontecimientos en Cuba. La Habana, 1961, S. 20.

Das Anwachsen der revolutionären Bewegung und der Sieg der kubanischen Revolution

> Unter den Bedingungen harter Diktatur trat eine Handvoll Kämpfer mutig gegen die Unterdrücker an, entzündete die Volksmassen mit ihren Ideen und führte sie in den siegreichen Kampf. Das war eine wahrhaft große Heldentat.
>
> Aus der Rede L. I. Breshnews auf der Großkundgebung in Havanna am 29. Januar 1974

Nach der Niederlage des Aprilstreiks von 1958 hielt die Regierung Batista den Augenblick für gekommen, alle Kräfte für den Kampf gegen die Rebellenbewegung zu konzentrieren und diese zu zerschlagen. Der Generalstab unter Generalmajor Eulogio Porras arbeitete einen Plan aus, nach dem in der Provinz Oriente Stoßtrupps – durch Panzer und Flugzeuge verstärkt – zusammengezogen werden sollten.[1]

Mit der Verwirklichung des Plans zur Zerschlagung der Rebelleneinheiten gingen Massenterror und Gewalttaten einher. Überall im Lande wurden kubanische Patrioten mit beispielloser Brutalität gefoltert, wurden Terrorakte sowie Massenmorde an unzähligen Einwohnern verübt. Die ganze Insel war von den Flammen eines erbitterten Kampfes erfaßt.

Da Batista den Volkswillen mit Terror und bewaffneter Gewalt nicht brechen konnte, griff er zum gemeinsten der von ihm genutzten Mittel: Er setzte eine Belohnung auf den Kopf Fidel Castros aus. Im ganzen Land wurde eine Bekanntmachung folgenden Inhalts verbreitet: „Hierdurch wird bekanntgemacht, daß jedermann, der Angaben macht, die zum Erfolg der Operation gegen die Rebellengruppen unter dem Befehl von Fidel Castro, Raúl Castro, Crescencio Pérez, Guillermo González und anderen Rädelsführern beitragen können, eine Belohnung erhält, deren Höhe von der Wichtigkeit seiner Angaben abhängt. Dabei beträgt die Belohnung in jedem Falle mindestens 5000 Peso.

Die Höhe der Belohnung kann zwischen 5000 und 100000 Peso liegen; die höchste Summe – 100000 Peso – wird für den Kopf Fidel Castros selbst gezahlt.

Anmerkung: Der Name der Person, die Angaben macht, wird für immer geheimgehalten.“[2]

Aber auch diese niederträchtige, unmenschliche Aktion nutzte den Schergen nicht. Die bäuerliche Bevölkerung unterstützte ihre Befreier konsequent und systematisch, informierte sie über die Bewegungen der Regierungstruppen und half ihnen nach Kräften im Kampf gegen die blutige Diktatur.

Der von Batista-Generälen ausgearbeitete Angriffsplan sah vor, die Kräfte der Rebellenarmee durch einige wuchtige Schläge aufzuspalten, die Einheiten der Ersten Front eine nach der anderen zu vernichten und sich des Stabes des Oberkommandos sowie des Senders „Radio Rebelde“, der zu jener Zeit in die Nähe des Stabes von Fidel Castro verlegt worden war, zu bemächtigen.

An den Hängen der Sierra Maestra wurden Batistas Elitetruppen zusammengezogen. Dem Stoßtrupp der Regierungsformationen, die zum Angriff auf die Partisanen aufmarschiert waren, gehörten 14 Infanteriebataillone und 7 einzelne Kompanien an, die unter der Führung von Offizieren standen. Sie alle verfügten über Kampferfahrungen im Gebirge. Diese Gruppierung wurde von einem Fliegerregiment, von Kräften der Kriegsmarine und der Feldgendarmerie unterstützt.

Am 15. Mai 1958 begann die Offensive der Regierungstruppen gegen die Stellungen der Rebellenarmee in der Sierra Maestra. In der ersten Zeit gelang es ihnen unter

Ausnutzung einer gewaltigen zahlenmäßigen Überlegenheit an Menschen und Material, in die Berge vorzustoßen und die Kräfte der Rebellen zu bedrängen. Doch das Oberkommando der Rebellen gruppierte die Einheiten um, verlegte alle in der Provinz Oriente operierenden Kolonnen in die nördlichen Hänge der Sierra Maestra und schuf damit eine etwa 30 Kilometer lange zusammenhängende Front. In den ersten Julitagen richtete das Oberkommando der Rebellenarmee an die Kommandeure der Kolonnen die folgende Direktive: „Wir wissen, daß wir wenig Zeit haben, und dennoch müssen wir uns organisiert wehren, jeden Erfolg sorgfältig vorbereiten und sichern, weil er für den gesamten folgenden Kampf ausschlaggebend werden kann. Diese Offensive des Gegners wird die größte und längste sein. Falls wir sie vereiteln und zurückschlagen, wird das zu Batistas Untergang führen. Er weiß das und wird daher alles daransetzen, die Offensive erfolgreich abzuschließen.

Diese entscheidende Schlacht wird auf einem Territorium ausgetragen werden, das uns vertrauter ist als dem Feind. Alle Anstrengungen sind zu unternehmen, damit sich diese Offensive des Feindes in eine vollständige Zerschlagung seiner Kräfte verwandelt. Dazu ist es notwendig: 1. dem Feind überall organisiert und entschlossen Widerstand zu leisten; 2. seine Truppen aufzureiben; 3. das Zusammenwirken aller Waffengattungen zu sichern und zur Gegenoffensive bereit zu sein, sobald der Gegner Zeichen der Schwäche zeigt.

Die Verteidigungslinie ist rechtzeitig vorzubereiten. Wir sind überzeugt, daß wir dem Gegner für den Versuch, uns zu erledigen, einen hohen Preis abverlangen werden. Daß die Pläne des Gegners nicht vollkommen sind, ist bereits erkennbar. Aber er wird ein Maximum an Anstrengungen unternehmen, um das von uns kontrollierte Territorium zu erobern. Ein langer Kampf steht bevor, aber wir wissen, daß wir siegen werden.“[3] Ferner enthielt die Direktive konkrete Befehle zur Durchführung militärischer Operationen. Der in der Direktive vorgezeichnete Plan wurde, nach Fidel Castros Worten, mit größter Exaktheit erfüllt.

Mehr als siebzig Tage dauerten die erbitterten Kämpfe in der Sierra Maestra. Rund die Hälfte dieser Frist kamen die zwei Gruppierungen der Regierungstruppen, die vom Norden und vom Süden zum zentralen Teil des Bergmassivs vorstießen, langsam voran. Schließlich wurde die stärkste feindliche Gruppierung am 29. Juli 1958 nach einem dreitägigen Gefecht bei Santo Domingo zerschlagen. Die Rebellen gingen zum Gegenangriff über und säuberten innerhalb von 35 Tagen den Raum der Sierra Maestra von den Truppen der Tyrannei.

Der Gegner hatte rund 1000 Tote und Verwundete. Mehr als 400 Soldaten und Offiziere wurden gefangengenommen. Die Rebellen machten die größte Beute seit Beginn des Krieges. Ihnen fielen 2 14-Tonnen-Panzer, die mit 37-Millimeter-Geschützen bestückt waren, 2 mittlere und 8 leichte Granatwerfer, 2 Bazookas, etwa 30 Maschinengewehre, 142 halbautomatische Gewehre, rund 200 Maschinenpistolen, Karabiner und Gewehre, mehr als 100 000 Patronen und Hunderte von Minen und Geschossen in die Hände. Außerdem erbeuteten die Rebellen 3 Sender und 14 UKW-Sender.

Die Rebellen hatten insgesamt 27 Tote und 50 Verwundete zu beklagen.

Die Beute füllte die Arsenale der Rebellenarmee auf und wurde dazu genutzt, die neuen Freiwilligen, deren Zahl nach der Zerschlagung der Batista-Offensive wuchs, zu bewaffnen.

Hervorgehoben sei die außerordentliche Humanität, mit der die Rebellen die gefangengenommenen Soldaten der Regierungstruppen behandelten. Obwohl Medikamente knapp waren, erhielten die Verwundeten stets medizinische Hilfe. Die Gefangenen wurden von den Rebellen nach Aufklärungsgesprächen über Ziele und Aufgaben der revolutionären Kräfte freigelassen. Diese humane Politik kontrastierte auffallend mit dem Verhalten der Batista-Offiziere. Sie veranlaßte die durch die Lügenpropaganda der Regierung getäuschten Soldaten des Gegners, über die Handlungsweise ihres Kommandos, das die friedliche bäuerliche Bevölkerung brutalem Terror und Bombenangriffen aussetzte, nachzudenken. Sie untergrub die Moral der Batista-Armee und führte zur Schwächung ihrer gegen die Partisanen eingesetzten Einheiten. Vom ersten durch die Aufständischen gewonnenen Gefecht bei La Plata am 17. Januar 1957 bis zur siegreichen Schlacht bei Las Mercedes in den ersten Augusttagen 1958 nahmen die Rebellen allein am Abschnitt der Ersten Front mehr als 600 Mann gefangen. Sie wurden sämtlich freigelassen. „Wir töteten die Gefangenen nicht", bemerkte Fidel Castro hierzu, „weil wir den schändlichen und erniedrigenden ‚Taten' der Mörder und Henker das humane Verhalten unserer Kämpfer entgegenstellen wollten, deren Beispiel für die kommenden Generationen lehrreich sein wird... Wir ließen die Gefangenen frei, weil jeder auf freien Fuß gesetzte Gefangene ein beredter Beweis für die Verlogenheit der von der Tyrannei verbreiteten Propaganda war."[4]

Diese von echtem Humanismus getragene Politik bewährte sich. Die durch die Offiziere und die offizielle Propaganda verhetzten Batista-Soldaten erkannten, wenn sie in Gefangenschaft gerieten, daß die Aufständischen keine „hemmungslosen, grausamen Banditen" waren, wie ihnen eingeredet worden war, sondern hochdisziplinierte, mutige, großherzige Freiwillige, die zutiefst an die Gerechtigkeit ihrer Sache glaubten und dem Volk und der Revolution vorbehaltlos ergeben waren. Die von den Rebellen freigelassenen Gefangenen wurden in der Regel nicht mehr in den kämpfenden Einheiten belassen, sondern in weit entlegene Garnisonen geschickt, damit sie den Soldaten nichts über die Rebellen erzählten. Aber auch diese Maßnahme nutzte wenig. Die ehemaligen Gefangenen konnten das großherzige Verhalten der Rebellen nicht vergessen. Viele von ihnen durchschauten die Verlogenheit der offiziellen Propaganda. Sie begriffen, daß die Rebellen einer gerechten Sache dienten, und gingen auf die Seite des Volkes über.

Ende Mai attackierten Regierungstruppen – fast gleichzeitig mit dem Angriff auf die Sierra Maestra – die Kräfte der Zweiten östlichen Front „Frank País". Genauso wie im Raum der Sierra Maestra stießen sie anfangs in die von den Rebellen kontrollierten Bezirke vor, wurden aber später mit erheblichen Verlusten zum Stehen gebracht.

Für die Mißerfolge in den Kämpfen gegen die Rebellen suchten sich die Regierungstruppen durch barbarische Bombardierungen von Dörfern und Siedlungen schadlos zu halten, die auf dem von den Truppen der Zweiten östlichen Front kontrollierten Territorium lagen. Schweren Bombenangriffen ausgesetzt wurden die Ortschaften Juba, Aguacate und Escondido. Das Dorf Lima wurde buchstäblich dem Erdboden gleichgemacht. Erst als der Kommandeur der Zweiten östlichen Front, Raúl Castro, einige Dutzend amerikanische Staatsbürger festnehmen ließ, um ihnen die Greueltaten der Luftwaffe Batistas vor Augen zu führen, und dazu auch den USA-Konsul aus Santiago de Cuba einlud, sah sich die Batista-Regierung gezwungen, eine zeitweilige Einstellung der Bombenangriffe anzuordnen. Die festgenommenen amerikanischen Staatsbürger wurden freigelassen, und neun Amerikaner schilderten in aller Öffentlichkeit die Zerstörungen friedlicher Ortschaften durch die Luftwaffe Batistas, die auf den Militärstützpunkten der USA in Guantánamo Munition und Bomben erhielt.

Die Partisanen konnten ihre Kräfte umgruppieren und festigen.

Die völlige Zerschlagung der Batista-Offensive in der Sierra Maestra fand im Lande und außerhalb seiner Grenzen einen starken Widerhall. Die Initiative ging in die Hände der Rebellen über.

Der Erfolg der Aktionen der revolutionären Kräfte, insbesondere der militärische Erfolg der Rebellenarmee, veränderte die gesamte politische Situation im Land wesentlich. Das veranlaßte die Oppositionsparteien, ihre Tätigkeit zur Herstellung der Einheit aller oppositionellen Kräfte im Kampf gegen die Diktatur zu aktivieren. Zu diesem Zweck kamen im Juli 1958 in Caracas (Venezuela) Vertreter der oppositionellen Parteien und Gruppierungen zusammen. Am 20. Juli unterzeichneten sie den Pakt über die Einheit der revolutionären Kräfte, in dem sie dazu aufriefen, den bewaffneten Kampf gegen die Diktatur entschlossen zu aktivieren, den allgemeinen Streik, der in Verbindung mit dem bewaffneten Kampf der Herrschaft der Tyrannei ein Ende setzen sollte, vorzubereiten, die der Verbrechen am Volk Schuldigen zu bestrafen und die internationalen Verpflichtungen der Republik zu erfüllen.

Die Konkretisierung der Maßnahmen zur Verwirklichung der im Pakt vorgesehenen Aufgaben sollte auf Vorschlag der „Bewegung des 26. Juli" auf einer besonderen Beratung der Paktteilnehmer unmittelbar in den befreiten Bezirken der Sierra Maestra erörtert werden. Der Pakt appellierte an „alle revolutionären zivilen und politischen Kräfte, diese Deklaration der Einheit zu unterzeichnen und später, sobald das die Umstände gestatten, ... eine neue Beratung von Delegierten ausnahmslos aller Schichten zur Erörterung und zur Annahme der Grundlagen der Einheit"[5] durchzuführen. Der letzte Satz sollte einerseits zeigen, daß die rechten antikommunistischen Gruppierungen den demokratischen Kräften Zugeständnisse machen und im weiteren der Teilnahme der Sozialistischen Volkspartei an der Einheitsfront zustimmen, er war andererseits aber gleichsam eine Rechtfertigung der Tatsache, daß der Vertreter der SVP Severo Aguirre[6], der eigens in dieser Angelegenheit in Caracas eingetroffen war, nicht zur Teilnahme an der Beratung eingeladen wurde.

Die Vertreter der „Bewegung des 26. Juli" bestanden entschieden auf der Einbeziehung der SVP in die Einheitsfront und wiesen mit Recht darauf hin, daß diese Partei zu den revolutionärsten Kräften des Landes zählt und konsequent einen entschiedenen Kampf gegen die Diktatur geführt hat. Auch nach der Beratung in Caracas versuchte die bürgerliche Opposition, die SVP weiterhin zu isolieren, aber dieser Versuch scheiterte. Fidel Castro sagte dazu: „Wir mußten bestimmte, recht gefährliche Situationen durchlaufen. Es gab zum Beispiel das Kriterium der Gruppe Prío, Miró Cardonas, all dieser Politiker in Miami, die gegen die vollständige, breite Einheit waren. Alle diese Menschen waren stets dafür, die Sozialistische Volkspartei aus der Einheitsfront auszuschließen. Wir traten für die Einbeziehung der Sozialistischen Volkspartei ein ... Es galt, die Spaltung dieser Einheit zu vermeiden, es galt, diese Einheit zu unterstützen."[7]

Doch nach der Beratung in Caracas kam nicht einer ihrer Teilnehmer aus den Reihen der bürgerlichen Opposition in die Sierra Maestra. Die Einheit der revolutionären Kräfte formierte sich und erstarkte im erbitterten Kampf gegen die Tyrannei, in der Vorbereitung der letzten vernichtenden Schläge gegen das diktatorische Regime. Zur Beratung über die konkreten Bedingungen und die Erfüllung der im Pakt von Caracas enthaltenen Beschlüsse traf das Mitglied der Führung der SVP, Carlos Rafael Rodríguez, in der Sierra Maestra ein.[8] Außer der SVP kamen nur die Vertreter des Studentenbundes (FEU) in die Sierra Maestra. In den Bergen wurde zwischen den Vertretern dieser Kräfte und der „Bewegung des 26. Juli" ein Übereinkommen über eine echte Aktionseinheit in den bevorstehenden entscheidenden Kämpfen erzielt.

Im August 1958 faßte das Oberkommando der Rebellenarmee den Beschluß, die Kampfhandlungen über die Grenzen der Provinz Oriente hinauszutragen, zwei „Invasionskolonnen" zu bilden, sie in die Tiefe des Landes zu schicken, dort die Flamme des Aufstandes zu entfachen und letztlich – die Kampfhandlungen mit den Fronten der Sierra Maestra und den Aktionen der Arbeiterklasse abstimmend – der Diktatur den entscheidenden Schlag zu versetzen.

Befreiungskämpfer vor dem Angriff auf einen Militärstützpunkt Batistas

Das Hinaustreten der Kolonne der Rebellenarmee in die Ebene, in die Regionen, in denen die Hauptmasse der Batista-Truppen konzentriert war, bedeutete den Anfang einer neuen Etappe in der Befreiungsbewegung auf Kuba, speziell in der Entfaltung der Kampfhandlungen der Rebellenarmee. Es dürfte angebracht sein, hier die Befehle des Oberkommandierenden Fidel Castro anzuführen, die den Invasionskolonnen ihre Aufgaben zuwiesen, denn diese Dokumente werden für alle Zeiten in die Geschichte des Revolutionskrieges eingehen. Gleich im ersten Befehl werden die Kampfaufgaben der Kolonne festgelegt, zu deren Kommandeur Major Camilo Cienfuegos ernannt worden war.

„Dem Major Camilo Cienfuegos", heißt es im Befehl, „wird die Aufgabe gestellt, die aufständische Invasionskolonne aus der Sierra Maestra in Ausführung des strategischen Plans der Rebellenarmee in die Provinz Pinar del Río zu führen.

Die Kolonne Nr. 2, ‚Antonio Maceo', so genannt zu Ehren des ruhmreichen Kämpfers für die Unabhängigkeit Kubas, rückt am Mittwoch, dem 20. August 1958, aus El Salto aus.

Dem Kommandeur einer Rebellenkolonne werden folgende Pflichten auferlegt: die aufständischen Kampfeinheiten auf dem gesamten Territorium Kubas so lange zu organisieren, bis in jeder Provinz Kommandeure eintreffen, die jeweils an der Spitze ihrer Kolonnen in den entsprechenden Regionen operieren werden; im Einklang mit dem Strafgesetzbuch Recht zu sprechen und die Agrargesetze der Rebellenarmee auf dem Territorium, auf dem ihre Kräfte operieren, durchzuführen; die von den Behörden der Rebellen festgelegten Steuern einzuziehen; die Kampfhandlungen mit beliebigen anderen revolutionären Kräften, die an irgendeinem bestimmten Ort bereits operieren, zu koordinieren; in der Provinz Pinar del Río eine ständige Front als eine Art Basis der Invasionskolonne zu schaffen und zu diesem Zweck Offiziere der Rebellenarmee für verschiedene Posten bis zum Dienstgrad des Kolonnenkommandeurs zu ernennen.

Die Invasionskolonne, deren erstrangige Aufgabe darin besteht, die Kampfhandlungen bis in den westlichen Teil der Insel zu tragen (dieser Zielsetzung sind alle anderen taktischen Aufgaben unterzuordnen), hat während des gesamten Marsches in allen notwendigen Fällen mit dem Gegner zu kämpfen.

Die vom Gegner erbeuteten Waffen müssen nach Möglichkeit dazu genutzt werden, in den Ortschaften Einheiten aufzustellen.

Zur Auszeichnung der Soldaten und Offiziere der Kolonne Nr. 2, ‚Antonio Maceo', die in den Kämpfen Heldenmut bewiesen haben, wird die Medaille ‚Osvaldo Herrera' zu Ehren des Hauptmanns dieser Kolonne gestiftet, der in den Folterkammern von Bayamo ums Leben gekommen ist und angesichts der Henker der Tyrannei Mut und Standhaftigkeit gezeigt hat.

Fidel Castro Ruz
Oberkommandierender
18. August 1958, 9.00 Uhr"

Der zweite Befehl, der drei Tage später unterzeichnet wurde, machte die andere, von Major Ernesto Che Guevara befehligte Kolonne mit dem Kampfauftrag bekannt. Darin heißt es:

„Dem Major Ernesto Che Guevara wird die Aufgabe gestellt, die Rebellenkolonne aus der Sierra Maestra in die Provinz Las Villas zu führen und auf dem genannten Territorium gemäß dem strategischen Plan der Rebellenarmee zu operieren.

Der zur Erfüllung dieser Aufgabe gebildeten Kolonne Nr. 8 wird der Name ‚Ciro Redondo' verliehen, zur Erinnerung an den heldenhaften Hauptmann der Rebellenarmee, der im Kampf gefallen ist und postum den Rang eines Majors erhielt.

Die Kolonne Nr. 8 ‚Ciro Redondo' rückt zwischen dem 24. und dem 30. August aus Las Mercedes aus.

Major Ernesto Che Guevara wird zum Kommandeur aller Rebelleneinheiten, die in der Provinz Las Villas auf dem Lande wie auch in den Städten operieren, ernannt. Zu seinen Pflichten gehört: die von den Behörden der Rebellen festgelegten Steuern einzuziehen und sie für militärische Bedürfnisse auszugeben; im Einklang mit dem Strafgesetzbuch Recht zu sprechen und die Agrargesetze der Rebellenarmee auf dem Territorium, auf dem ihre Kräfte operieren, in Anwendung zu bringen; die Kampfhandlungen, die Pläne, die administrativen und militärisch-organisatorischen Verfügungen mit den anderen revolutionären Kräften zu koordinieren, die in dieser Provinz operieren und die zur Schaffung einer einheitlichen Armee herangezogen werden müssen, um die militärischen Anstrengungen der Revolution zu vereinen und zu verstärken;

Kampfeinheiten in den Ortschaften der Provinz aufzustellen und Offiziere der Rebellenarmee für verschiedene Posten bis zum Dienstgrad des Kolonnenkommandeurs zu ernennen.

Der Kolonne Nr. 8 wird die strategische Aufgabe gestellt, einen unaufhörlichen Kampf mit dem Gegner im Mittelteil Kubas zu führen, Truppenverschiebungen des Feindes vom Westen nach dem Osten in jeder Weise – bis zur völligen Lahmlegung – zu verhindern sowie andere Aufgaben auszuführen, die ihr rechtzeitig gestellt werden.

Fidel Castro, Oberkommandierender
Sierra Maestra, 21. August 1958, 9.00 Uhr"[9]

Aus kampfgestählten Rebellen formiert und mit den besten Waffen aus dem Arsenal der Rebellenarmee ausgerüstet, begannen die Invasionskolonnen wenige Tage später den außerordentlich schwierigen Marsch durch die Camagüeyebene zur Provinz Las Villas. Die etwa 150 Mann starke Kolonne „Ciro Redondo" rückte unter Führung Ernesto Che Guevaras am 30. August aus Las Mercedes in der Sierra Maestra aus und marschierte bis in die Gegend von Manzanillo.

Die Rebellen hatten anfangs kein Glück. Am 1. September brach ein heftiger tropischer Zyklon über sie herein; Flüsse traten über die Ufer, die Straßen wurden völlig aufgeweicht. Ursprünglich war daran gedacht worden, Lastkraftwagen zu erbeuten, innerhalb weniger Tage die Grenzen von Las Villas zu erreichen und sich in den Hängen der Escambrayberge zu konzentrieren. Aber dieser Plan entfiel, da man keinen Treibstoff beschaffen konnte.

Am 9. September vereinigte sich die Kolonne Che Guevaras in der Ortschaft La Federal mit der Kolonne Camilo Cienfuegos, die El Salto in der Sierra Maestra am 21. August verlassen hatte. Die beiden Kolonnen zogen eine Zeitlang gemeinsam in Richtung Westen und wehrten die Angriffe der Batista-Soldaten und ihrer Flugzeuge ab.

In der Ortschaft Los Cuatro Compañeros wurden sie von überlegenen Kräften des Gegners attackiert und erlitten Verluste. Kaum vorstellbar ist die Leistung der reichlich 200 Soldaten und Offiziere der Rebellenarmee, die, durch schwierige Märsche erschöpft, 600 Kilometer in einer unbekannten, von feindlichen Truppen nur so wimmelnden Gegend zurücklegten, dem Feind Verluste beibrachten und unter Wahrung von Kampfkraft und hoher revolutionärer Moral in den Bergen von Escambray anlangten.

Ernesteo Che Guevara, dem es nicht lag, Schwierigkeiten herauszustreichen, ein Mann unbeugsamen Willens und ungewöhnlichen persönlichen Muts, erinnert sich mit folgenden Worten an diesen ungemein schwierigen , aber für die weitere Entwicklung des revolutionären Krieges notwendigen Marsch: „Wir mußten also auf die Lastkraftwagen verzichten. Von nun an (nachdem die Batista-Soldaten Tankwagen erbeutet hatten – E. G.) ging es zu Pferde oder zu Fuß vorwärts, ... einen Tag nach dem anderen, und es wurde immer schwerer, obwohl wir uns noch auf dem uns freundlichen Territorium der Provinz Oriente befanden. Wir überquerten über die Ufer getretene Flüsse, Kanäle und Bäche, die sich in Ströme verwandelt hatten, und bemühten uns, Munition und Waffen trocken zu halten. Für ermüdete Pferde beschafften wir uns neue. Mit zunehmender Entfernung von der Provinz Oriente versuchten wir allen Ortschaften auszuweichen...

Allmählich griff Niedergeschlagenheit um sich. Hunger, Durst und Müdigkeit, aber auch das Gefühl der Ohnmacht angesichts der Kräfte des Gegners, der uns mit jedem Tag fester in die Zange nahm, hauptsächlich jedoch die unter den Bauern als ‚mazomorra' bekannte schlimme Fußkrankheit, die jeden Schritt, den unsere Soldaten taten, zu einer unvorstellbaren Pein machte, ließen aus uns wandelnde Schatten werden. Es war für uns schwer, sehr schwer, den Weg fortzusetzen. Mit jedem Tag verschlechterte sich der körperliche Zustand unserer Truppe, und auch die Verpflegung – einen Tag ja, den anderen Tag nein, den dritten

Tag vielleicht – trug nicht zur Verbesserung ihres jämmerlichen Zustands bei.

Die schwersten Tage kamen für uns, als uns der Gegner in der Nähe der Zuckerfabrik Baragúa eingeschlossen hatte. Wir waren in ein stinkendes Sumpfgebiet gedrückt worden und hatten keinen Tropfen Trinkwasser. Wir waren ständigen Luftangriffen ausgesetzt und hatten kein einziges Pferd mehr, um die Schwächsten über die unwirtlichen Berge zu transportieren. Das Schuhwerk war vom schmutzigen Meerwasser völlig zerweicht, Pflanzen verletzten die bloßen Füße. Unsere Lage war tatsächlich katastrophal, bis wir schließlich mit großer Mühe aus der Umschließung von Baragúa ausbrechen konnten und den berühmten Pfad erreichten, der von Júcaro nach Morón, einem Ort führt, der voller geschichtlicher Erinnerungen ist ... Hier hatten im vergangenen Jahrhundert während des Unabhängigkeitskrieges blutige Kämpfe zwischen den kubanischen Patrioten und den Spaniern stattgefunden ... Die Truppe war zu Tode erschöpft, und ihr Mut sank immer tiefer ..., da erblickten wir in der Ferne etwas, was die Männer aufleben ließ und ihnen neue Kräfte verlieh: Im Westen erschien blau schimmernd das Bergmassiv von Las Villas ...“[10]

Eine der Hauptursachen für den Erfolg des Marsches der Rebellen war die Unterstützung durch die ortsansässige Bevölkerung. Die Bauern der Dörfer und Siedlungen begrüßten die Rebelleneinheiten begeistert, da sie in ihnen die Befreier von der jahrhundertealten Unterdrückung durch die Latifundistas sahen.

Die Kunde vom legendären Marsch der Rebellen erreichte die entlegensten Landesteile. Immer neue Freiwillige begaben sich in die Escambrayberge. In Escambray wurde die Kolonne „Ciro Redondo“ von den dort bereits operierenden Partisanenabteilungen des Revolutionären Direktoriums unter Faure Chomón und der Sozialistischen Volkspartei mit dem Mitglied ihrer Führung Félix Torres an der Spitze empfangen. Beide Kommandeure begrüßten die Kolonnen Che Guevaras und Cienfuegos' herzlich und bekundeten sofort ihre Bereitschaft, gemeinsam gegen den gemeinsamen Feind vorzugehen.

„Wir kamen in ein sehr gut organisiertes Lager (Escambrayzone), das von Señor Félix Torres", schrieb Camilo Cienfuegos, „seiner Weltanschauung nach Kommunist, geführt wurde. Von Anfang an bekundete er ein Höchstmaß an Interesse daran, mit uns zusammenzuarbeiten und uns zu helfen. Kaum angekommen, fühlten wir uns inmitten von Brüdern, als seien wir in der Sierra Maestra. Man empfing uns aufs beste."[11]

Ebenso herzlich empfangen wurden die Abgesandten Fidels auch von den Führern der Streitkräfte des Revolutionären Direktoriums. Es gab jedoch in den Escambraybergen noch eine weitere bewaffnete Einheit, die sich anmaßend die „Zweite Nationale Front von Escambray" nannte und von dem ehemaligen Anhänger des Revolutionären Direktoriums, Eloy Gutiérrez Menoyo, befehligt wurde. Er war der Bruder von Carlos Gutiérrez Menoyo, einem der Kommandeure des Angriffs auf den Präsidentenpalast am 13. März 1957. Eloy Gutiérrez Menoyo und seine Gruppe waren von der revolutionären Studentenbewegung und den programmatischen Richtlinien des Revolutionären Direktoriums abgewichen und plünderten mehr, als sie gegen Batistas Truppen kämpften. Sie beschlagnahmten das Vieh der Bauern und trieben Abgaben ein, was ihnen bei der einheimischen Bevölkerung den Schimpfnamen „Kuhfresser" einbrachte. Der Führung der Gruppe gehörten Personen an, die rechte antikommunistische Positionen bezogen und danach strebten, sich durch den bewaffneten Kampf zusätzliche Privilegien und Pfründe zu beschaffen. Sie dachten nicht einmal daran, die Agrarreform und andere radikale Umgestaltungen zu vollziehen. Nach dem Krieg gerieten sie in das Lager der Feinde der Revolution. Kein Wunder also, daß die Anführer der „Zweiten Nationalen Front von Escambray" die revolutionären Truppen der Rebellenarmee feindlich empfingen.

Fidel Castro schätzte ihr reaktionäres Wesen wie folgt ein: „In den Bergen der Provinz Las Villas tauchten neben überzeugten Revolutionären auch Abenteurer und Karrieristen auf. Die letzteren kamen in die Berge nicht um zu kämpfen, sondern um zu stehlen, nicht um gegen die Soldaten der Tyrannei Krieg zu führen, sondern um Kühe in den Escambraybergen zu fressen, nicht um die Bauern zu unterrichten, sondern um sie auszuplündern. Der Bauernschaft von Escambray, die der ökonomischen Hilfe bedurfte, halfen sie nicht, sondern legten Abgaben selbst für die ärmsten Kaffee- und Obstproduzenten fest. Diese Abgaben vergeudeten die Kuhfresser oft für Rum, für ein ausschweifendes Leben, nicht aber dafür, um gegen die niederträchtigen Kräfte der Tyrannei zu kämpfen. Infolgedessen kam es zu einer Spaltung. Nun mußten sich die wahren Kameraden und Freunde José Antonio Echeverrías (das heißt die wahren Anhänger des Revolutionären Direktoriums – E. G.) von der Gangstergruppe der Kuhfresser und den Abenteurern der ‚Zweiten Front von Escambray' trennen.[12] Ich bestreite nicht", sagte Fidel Castro, „daß es in den Reihen der ‚Zweiten Front von Escambray' gute Menschen gab, doch die Führer dieser Front waren eine Bande gewissenloser Politikaster und Abenteurer, die nur nach Geld und Macht strebten."[13] Begreiflicherweise lehnten diese Anführer Che Guevaras Appell, in Las Villas eine gemeinsame Front für den Kampf gegen die Diktatur zu schaffen, glattweg ab.

Am 1. Dezember 1958 kam es in der Hauptbefehlsstelle der Kolonne „Ciro Redondo" in El Pedrero zu einem Treffen zwischen Major Che Guevara und Major Ramiro Valdés, die die „Bewegung des 26. Juli" vertraten, und den Führern der bewaffneten Kräfte des Revolutionären Direktoriums in der Provinz Las Villas, Major Faure Chomón und anderen. Als Ergebnis dieses Treffens wurde ein Abkommen über die Aktionseinheit unterzeichnet, das im Verlauf der weiteren Ereignisse eine große Rolle spielen sollte. „‚Die Bewegung des 26. Juli' und das Revolutionäre

Direktorium", hieß es in diesem Dokument, „vereinbaren eine exakte Koordinierung der Kampfhandlungen, einschließlich der Durchführung von Operationen unter Einsatz von Kämpfern des Revolutionären Direktoriums und der ‚Bewegung des 26. Juli', sowie die gemeinsame Nutzung aller Arten der Fernmelde- und Verbindungsmittel, die sich unter der Kontrolle der beiden Organisationen befinden, im Interesse der Revolution ... In administrativer Hinsicht wird das Freie Territorium in Zonen geteilt, die unter der Rechtsprechung des RD beziehungsweise des ‚M-26-7' (das heißt des Revolutionären Direktoriums bzw. der „Bewegung des 26. Juli" – E. G.) stehen und in denen die entsprechende Organisation jeweils die Kriegssteuern einzieht ... Diese Erklärung widerspiegelt den Zusammenschluß der Kräfte der revolutionären Bewegung in der Provinz Las Villas, wo Seite an Seite die Abteilung des ‚M-26-7' und die des RD kämpfen, die Repräsentanten der höchsten Ideale der Jugend, die ihr Blut vergießt und auf ihren Schultern die Hauptlast der Rebellenbewegung trägt, der Jugend, ohne die es weder die Sierra Maestra noch die Sierra del Escambray, weder die Ereignisse des 26. Juli an den Mauern der Moncadakaserne noch die Ereignisse am 13. März vor dem Präsidentenpalast gegeben hätte."[14]

In diesem Dokument, „Escambray-Pakt" genannt, war ein Aufruf an die Batista-Gegner in der Provinz zum energischeren gemeinsamen Handeln enthalten. Die Sozialistische Volkspartei, die gleich nach der Ankunft der Rebellenkolonnen in Escambray die kämpferische Zusammenarbeit mit ihnen aufnahm, reagierte unverzüglich auf diesen Appell.

Die SVP begriff, daß einer der Faktoren, die das Fortbestehen der Tyrannei am meisten förderten, die Zersplitterung der Kräfte der Opposition, die Uneinigkeit und die mangelnde Koordinierung der Aktionen der revolutionären und demokratischen Kräfte des Landes war, und erklärte ihre Unterstützung für den „Escambray-Pakt".

So formierte sich die Einheit der bewaffneten, gegen

Batista gerichteten Kräfte in der Provinz Las Villas, die es ihnen gestattete, ihre Reihen zu stärken und in die entscheidenden Kämpfe gegen die Truppen der Diktatur zu ziehen.

Die von Camilo Cienfuegos geführte Kolonne „Antonio Maceo" traf nach einem nicht minder schweren und ruhmreichen Kampfweg ebenfalls in Las Villas ein und konzentrierte sich im Norden der Provinz. Die Kämpfer der Kolonne Camilos hatten auf dem Marsch durch Camagüey unglaubliche Schwierigkeiten und Entbehrungen zu ertragen und gegen zahllose Hinterhalte der Batista-Soldaten anzukämpfen. „Wir marschierten 31 Tage durch Camagüey und kamen während dieser Zeit nur elfmal zum Essen, obwohl das Kubas reichste viehzuchttreibende Provinz ist", schrieb Camilo Cienfuegos in einem Bericht über diesen schweren Marsch an Fidel Castro. „Einmal hatten wir ganze vier Tage nichts zu essen gehabt, und da mußten wir das beste unserer Pferde schlachten, obwohl uns von diesen ohnehin nur ganz wenige geblieben waren. Fast alle unsere Pferde sind in den Sümpfen an der südlichen Küste umgekommen ... Und dennoch errangen wir einen der bedeutendsten militärischen Erfolge der Revolution, weil wir trotz aller Versuche zahlreicher Batista-Truppen, uns zu vernichten, diese gewaltige Strecke von Oriente nach Las Villas dennoch zurücklegten und dabei nur drei Mann verloren."[15] Nach Eintreffen des Cienfuegos-Berichts gab Fidel Castro in seinem Antwortschreiben eine hohe Einschätzung des heldenhaften Marsches der Kolonne „Antonio Maceo". „Teurer Camilo", schrieb er, „ich war tief bewegt, als ich Deinen Bericht vom 9. Oktober gelesen hatte, und mir fehlen die Worte, um die Freude, den Stolz und die Begeisterung, die sich meiner bemächtigten, auszudrücken. Das von Euch Vollbrachte genügt bereits, um in die Geschichte Kubas und seiner heroischen militärischen Taten einzugehen ..."[16]

Die Kämpfer der Kolonne „Antonio Maceo" waren trotz

der Schwierigkeiten und Entbehrungen des langen Marsches fest entschlossen, ihn bis in die Provinz Pinar del Río hinein fortzusetzen. Die in Las Villas entstandene politische Situation und die rasche Entfaltung der revolutionären Ereignisse veränderten jedoch die ursprüngliche Marschroute der Kolonne. Die Umstände erforderten ihr Verbleiben in der Sierra del Escambray. Camilo Cienfuegos nahm einen engen Kontakt mit der im Süden der Provinz operierenden Kolonne Ernesto Che Guevaras und anderen bewaffneten Gegnern Batistas auf und wirkte aktiv bei den Kämpfen in Las Villas mit; später leistete die Kolonne „Antonio Maceo" ihren Beitrag zur endgültigen Zerschlagung des Gegners vor Santa Clara und begab sich in Ausführung eines Befehls des Oberkommandierenden zusammen mit anderen Einheiten der Rebellenarmee nach Havanna.

Doch zuvor waren noch viele harte und blutige Kämpfe zur Liquidierung feindlicher Gruppen in Escambray und in den Ebenen von Las Villas zu führen. Eine umfangreiche organisatorische und erzieherische Arbeit wurde unter der Bevölkerung geleistet. Die Rebellen richteten in den befreiten Gebieten Schulen für Bauernkinder ein, leisteten eine große Aufklärungsarbeit über die Ziele des revolutionären Krieges und illustrierten diese Arbeit überzeugend durch konkrete Maßnahmen, von denen die eingeleiteten Schritte zur Verwirklichung des Gesetzes Nr. 3 der Sierra Maestra „Über das Recht der Bauern auf Grund und Boden" den stärksten Widerhall fanden. Nachdem die Bauern Grund und Boden aus den Händen der Rebellen erhalten hatten, stellten sie die ersten Abteilungen der Volksmiliz zum Schutz der Errungenschaften der Revolution auf, wie sie später auf dem gesamten Territorium des Landes geschaffen worden sind; sie vereitelten so manches Vorhaben der Reaktionäre und halfen der neuen Macht aktiv beim Aufbau des neuen Lebens.

Das erste große Zentrum, das die Partisanen von Batista-Truppen befreiten, war die 10000 Einwohner zählende

Stadt Fomento, das Zentrum des gleichnamigen Kreises. Die Befreiung dieser Stadt in Las Villas war nicht leicht. Die Regierungstruppen führten erbitterte Verteidigungskämpfe rings um die Kaserne, vor dem Telegrafenamt und anderen strategisch wichtigen Objekten. Nach zähem Kampf wurde die Stadt vom Gegner gesäubert. Am 18. Dezember 1958 streckten die Reste der Garnison die Waffen. Die Rebellen machten eine große Beute. Mit der Einnahme von Fomento kontrollierten die Rebellentruppen ein großes Territorium, das sich bis zur Zentralen Chaussee erstreckte, wo der Gegner seine Kräfte in Placetas, Cabaiguán und Sancti Spíritus, den großen Städten der Provinz, konzentriert hatte.

Dieser Sieg der Rebellenarmee war von großer politischer Bedeutung.

Erstmalig traf in Havanna die Nachricht ein, daß ein ganzes Munizipium von den Rebellen erobert worden war und sich fest in ihrem Besitz befand. In Fomento wurden revolutionäre Zivilbehörden unter Mitwirkung demokratischer Gewerkschaftsführer und fortschrittlicher gesellschaftlicher Organisationen geschaffen. Unter den Gefolgsleuten Batistas brach Panik aus.

An dieser Stelle sei bemerkt, daß Batista im März 1958, um sich nur ja an der Macht zu halten, einen neuen politischen Trick versucht hatte. Er kündigte zum Jahresende Präsidentenwahlen an. Das Manöver des Diktators lief darauf hinaus, noch einmal eine Wahlfarce zu inszenieren und eine ihm genehme und willfährige Marionette als Präsidenten einzusetzen, um die hochschlagende Woge der allgemeinen Unzufriedenheit auf diese Weise zu brechen. Er selbst aber wollte sich an die Spitze der Armee stellen und damit die reale Macht in den Händen behalten. Selbst einige Vertreter nordamerikanischer Monopole, die auf Kuba große Kapitalinvestitionen besaßen, waren der Ansicht, daß Batista in den Schatten treten sollte, weil seine anrüchige Person nicht länger als „Garant der Ordnung" wirkte, sondern umgekehrt die

Gärung verstärkte, die in eine revolutionäre Explosion umschlagen und die Tyrannei – samt den Privilegien der ausländischen Monopole – zu Grabe tragen konnte.

Bei den Wahlen am 3. November 1958 war Andrés Rivero Aguirre, ein Günstling Batistas, als Präsidentschaftskandidat der Regierung aufgestellt worden. „Der künftige Präsident Andrés Rivero Aguirre ist einfach eine Marionette Batistas. Er ist eine Null“,[17] schrieb zu jener Zeit das einflußreiche „Wall Street Journal“, das die Interessen des amerikanischen Monopolkapitals zum Ausdruck brachte.

Das Manöver Batistas wurde von einigen Politikern bürgerlicher Oppositionsparteien unterstützt. Einer der Führer der Authentischen Partei, Grau San Martín, und der Führer der kompromißlerischen Fraktion der Orthodoxen, Carlos Marques Sterling, ließen sich ebenfalls als Kandidaten für das Präsidentenamt aufstellen.

Am 19. September 1958 veröffentlichte die Sozialistische Volkspartei ein Manifest an das Volk, in dem sie dazu aufrief, der Wahlfarce vom 3. November mit aktivem Wahlboykott zu begegnen und sie auf diese Weise scheitern zu lassen.

Zum Wahlboykott riefen auch die Führer der „Bewegung des 26. Juli“ auf. Fidel Castro erklärte, daß all denen, die bei diesen Wahlen kandidieren, nach dem Sieg der Revolution das Wahlrecht für längere Zeit entzogen und ihr Vermögen beschlagnahmt würde.[18]

Einige Kreise der „bürgerlichen Opposition“, die ein Komplott mit Batista anstrebten, suchten den Aufruf zum Wahlboykott als Anlaß zu nutzen, um die Kommunisten und die Rebellen als Fürsprecher der Gewalt und des weiteren Blutvergießens, Batista hingegen als einen „Anhänger der friedlichen Lösung der Kubakrise“ hinzustellen.

Mit ihrer Teilnahme an den Wahlen zeigten die Vertreter bürgerlicher Parteien noch einmal unzweideutig, daß sie faktisch dafür eintraten, die Allmacht der amerikanischen

Monopole auf Kuba fortbestehen zu lassen. Sie gingen von antikommunistischen Positionen aus und setzten alles daran, unter dem Vorwand einer „friedlichen Lösung der nationalen Frage“ die Befreiungsbewegung des Volkes zu vereiteln und die revolutionären Kräfte nicht an die Macht kommen zu lassen. Gerade die verräterische Haltung der Führer der legalen Opposition ermöglichte es der Diktatur, die Wahlfarce zu inszenieren. Doch trotz aller Bemühungen der Diktatur boykottierte die Bevölkerung faktisch die Wahlen. An die Wahlurnen trat nicht einmal ein Viertel der stimmberechtigten registrierten Bürger. Die Wahlen wurden dem Wesen nach zu einer Fiktion. Fiktiv war auch die „Wahl“ des neuen Präsidenten Rivero Aguirre, der sein Amt im Februar 1959 antreten sollte. Die von Batista organisierte Wahlfarce konnte nur diejenigen täuschen, die getäuscht werden wollten. Und von solchen Menschen gab es im Lande nur noch sehr wenige. Der Kampf gegen den Diktator und seine Marionetten griff immer weiter um sich.

Nach den Wahlen veröffentlichte die Sozialistische Volkspartei eine besondere Erklärung, in der es unter anderem hieß, daß die „Wahlen“ vom 3. November nur zur Konservierung der bestehenden Lage geführt hätten; auf Kuba herrsche nach wie vor die Tyrannei. Der neugewählte Präsident Rivero Aguirre halte die alten Zustände aufrecht. Die Sozialistische Volkspartei erklärte, daß es darauf ankäme, den Kampf für die Festigung und Unterstützung der bewaffneten Abteilungen, die in den Bergen der Sierra Maestra und in anderen Landesteilen – in Oriente, Camagüey, Las Villas und Pinar del Río – operierten, weiterzuführen wie auch den Kampf um die Einheit der Werktätigen und um das Bündnis aller wahrhaft demokratischen Parteien fortzusetzen.

Die Kampfhandlungen der Einheiten der Rebellenarmee wurden, wie bereits bemerkt, in den Monaten November und Dezember 1958 an allen Fronten intensiver. Am Tag der Wahlfarce paralysierten die Rebellentruppen faktisch die ohnehin jämmerliche Wahlkampagne in den Provinzen Oriente und Las Villas.

In Las Villas blockierten die Kolonnen Camilo Cienfuegos' und Ernesto Che Guevaras zusammen mit Einheiten des Revolutionären Direktoriums und der von Félix Torres befehligten Abteilung der SVP, gemäß einer strategischen Weisung des Hauptquartiers des Oberkommandos, alle Verbindungswege und teilten die Insel in zwei Teile. Sie sperrten die strategische Chaussee zwischen Trinidad und Sancti Spíritus. An der Zentralen Chaussee Kubas wurde die Brücke über den Fluß Tuinica gesprengt. Die zentrale Eisenbahnlinie wurde an einigen Stellen unterbrochen, die Südliche Ringchaussee ebenfalls gesperrt, während die Nördliche Ringchaussee von der Kolonne Cienfuegos' kontrolliert wurde. Daher konnten Batistas Truppen in der Provinz Oriente, wo sich die Hauptkräfte der Rebellenarmee befanden, von der Regierung nur auf dem Luft- oder dem Seeweg Hilfe erhalten, aber auch diese Wege wurden immer unsicherer.[19] Die Zersetzung im feindlichen Lager nahm weiter zu.

Die Rebellenarmee setzte die erfolgreich begonnenen Angriffsoperationen fort und befreite eine Stadt nach der anderen. In der Provinz Las Villas attackierten die Truppen Ernesto Che Guevaras nach der Einnahme Fomentos am 21. Dezember 1958 Cabaiguán, eine Stadt mit 18000 Einwohnern, und bemächtigten sich ihrer nach zähen Straßenkämpfen.

Am gleichen Tag wurde die Stadt Guayos befreit. Ohne Zeit zu verlieren und ohne den Gegner zur Besinnung kommen zu lassen, baute Major Guevara den erzielten Erfolg rasch weiter aus. Am nächsten Tage erstürmte er nach Umgruppierung seiner Truppen die 30000 Einwohner zählende Stadt Placetas.

Die Einnahme der Stadt Placetas, die, an der Zentralen Chaussee gelegen, nur 35 Kilometer von Santa Clara, der Hauptstadt der Provinz Las Villas, entfernt war, bestimmte den weiteren Erfolg der Operationen der Rebellentruppen in diesem Raum voraus. Die Rebellen nahmen die Städte Remedios und Caibarién ein und vollendeten damit die Einkreisung Santa Claras.

Am 28. Dezember rückten die von Hauptmann Armando Acosta befehligten Truppen in Sancti Spíritus – einer großen Stadt der Provinz Las Villas mit 150 000 Einwohnern – ein. Die Stadt wurde mit Unterstützung der Einwohner befreit.

Der Sieg der Revolution rückte von Stunde zu Stunde näher. Doch der Feind besaß noch Kräfte. Er unternahm verzweifelte Versuche, den siegreichen Vormarsch der Rebellenarmee zum Stehen zu bringen. Die besten Einheiten wurden in den Raum von Santa Clara geworfen. Batistas Flugzeuge bombardierten ununterbrochen Las Villas, Sancti Spíritus und andere von den revolutionären Truppen befreite Städte. Nach Santa Clara wurde ein Panzerzug mit einer 400 Mann starken Besatzung entsandt. Er war mit den besten, dem Diktator zur Verfügung stehenden Waffen ausgerüstet, darunter auch mit Flammenwerfern und Geschützen, die kurz zuvor aus Großbritannien eingetroffen waren. Es wurde der Befehl erlassen, zurückweichende Soldaten und Deserteure zu erschießen. In aller Eile wurden, der Unentschlossenheit und Feigheit beschuldigt, die Kommandeure vieler Einheiten abgelöst.[20] Aber das war bereits die Agonie des Militär-Polizei-Regimes. Die Soldaten waren durch die Erfolge der revolutionären Truppen desorganisiert. Die einzige Sorge der Offiziere war es, um jeden Preis am Leben zu bleiben. Selbst die vertrauten Freunde des Diktators begriffen, daß seine Tage gezählt waren, und flohen aus dem Stabsquartier Batistas oder zettelten Verschwörungen an, um das Regime um den Preis des Rücktritts des Diktators zu retten.

Daß der Diktator verspielt hatte, begriffen auch seine gestrigen Schirmherren, die Vertreter der USA-Monopole. Sie waren ebenfalls bestrebt, die Revolution auf halbem Wege zu stoppen und das Volk nicht an die Macht kommen zu lassen. Dazu waren, nach ihrer Ansicht, wieder einmal ein Putsch und Batistas Rücktritt erforderlich. Das konnte, so hofften sie, als eine Art Sicherheitsventil wirken, das Volk ablenken und die potentielle Bedrohung des amerikanischen Kapitals auf der Insel abwenden. Nachdem sich die USA-Monopole entschlossen hatten, ihren Günstling zu opfern, eine Militärjunta und später eine ihnen hörige Regierung auf Kuba zu bilden, unternahmen sie eine Reihe von Schritten, um Batista unter Druck zu setzen und ihn zu einem freiwilligen Machtverzicht zu veranlassen.

Als Sonderemissär kam William Powley, ehemaliger USA-Botschafter in Brasilien und Peru, nach Kuba. Er galt als persönlicher Freund Batistas. Powley besaß eine riesige Zuckerrohrplantage auf Florida und hatte sich bei der Organisierung einer Luftfahrtgesellschaft und des Autobusverkehrs in Havanna ein Riesenvermögen verdient. Anfangs war geplant, Powley als Vertreter des Präsidenten Eisenhower mit Batista verhandeln zu lassen, doch später wurde beschlossen, diesem Treffen privaten Charakter zu geben und einen gewissen Schein der Nichteinmischung in die Angelegenheiten Kubas zu wahren.

Am 9. Dezember 1958 kam Powley mit Batista zusammen und unterbreitete ihm einen Plan, der folgendes vorsah: 1. Bildung einer provisorischen Regierung aus den gemäßigten Gegnern des Diktators, die von den USA eine Waffenhilfe im Werte von 10 Millionen Dollar erhalten sollte. 2. Batista und seiner Familie sollte es gestattet werden, in Dayton (USA) zu leben, wo er ein eigenes Haus besaß. 3. Die neue Regierung durfte die Anhänger Batistas nicht verfolgen. 4. Nach 18 Monaten sollten Präsidentschaftswahlen durchgeführt werden. 5. Die provisorische Regierung mußte gegenüber Fidel Castro und der „Bewegung des 26. Juli" feindlich eingestellt sein.

„Ich kannte diesen Mann seit 30 Jahren", erinnerte sich Powley später, „und ich konnte ihm offen sagen: Wenn Sie so handeln, wird das die amerikanische Regierung wohlwollend aufnehmen."[21] Batista weigerte sich jedoch, die Bedingungen des amerikanischen Emissärs anzunehmen, weil er Zeit zu gewinnen und einen Ausweg aus der Lage mit Hilfe des dominikanischen Diktators Trujillo zu finden hoffte. Aber auch dieser Plan scheiterte. Später gab William Powley bei einer Aussage vor der Senatsunterkommission für innere Sicherheit zu, daß er „in Geheimmission nach Kuba gefahren war ... bei dem verzweifelten, aber erfolglosen Versuch, Fidel Castro an der Machtergreifung zu hindern“[22].

Das, was William Powley mißlungen war, hoffte Smith, der USA-Botschafter auf Kuba, zu erreichen. Er trat energischer auf, da die Frage der Ablösung Batistas durch eine Militärjunta in Washington bereits entschieden war. In der Nacht des 17. Dezember kam Botschafter Smith in der Villa Kuquine, dem Landsitz des Diktators, mit Batista zusammen. „Meinen Instruktionen entsprechend“, erinnerte sich Smith später, „teilte ich dem Präsidenten mit, daß das State Department jeden seiner Pläne und jede seiner Absichten, auf unbestimmte Zeit in Kuba zu bleiben, skeptisch betrachtet.[23] Smith gab Batista den Rat, nach Spanien oder in irgendein anderes Land zu gehen, dort mindestens ein Jahr zu bleiben und sich erst dann in die USA zu begeben.

Obwohl die Tage des Diktators gezählt waren, klammerte er sich dennoch krampfhaft an die Macht und verübte neue Verbrechen am kubanischen Volk.

Er gab den Befehl, die Bombenangriffe auf die von den Rebellen befreiten Gebiete zu verstärken, holte General J. E. Pedras, seinen alten Mitverschwörer bei der „Sergeantenrevolte“ von 1933, in den aktiven Dienst zurück und schickte den Ministerpräsidenten G. Gela in die Dominikanische Republik, um dort zusätzliche Waffen einzukaufen. Aber nichts vermochte das blutige Regime des Diktators mehr zu retten.

Mit großer Begeisterung nahm die Bevölkerung das Manifest der Führung der Rebellenarmee auf, das Ende November 1958 veröffentlicht wurde und die Ziele und Aufgaben des Volkskampfes darlegte. „Wir sind bestrebt“, hieß es im Manifest, „für das kubanische Volk Rechte zu erkämpfen, die es früher nie gehabt hat. Wir kämpfen dafür, daß die Bauern ihren Boden sowie die Instrumente besitzen, mit denen sie ihn bearbeiten.

Wir kämpfen dafür, daß jeder Jugendliche, wenn er volljährig wird, Arbeit erhält.

Wir kämpfen dafür, daß jeder Arbeiter in den Genuß der Reichtümer kommt, die er schafft.

Wir kämpfen dafür, daß jeder geistig Tätige nach Abschluß des Hochschulstudiums seinen Platz in der Gesellschaft findet und daß der Staat ihm alle Möglichkeiten für die Entwicklung seiner Kenntnisse bietet, die er zum Nutzen der Nation anwenden kann.

Wir kämpfen dafür, daß hungernde und zerlumpte Kinder, die Lotterielose verkaufen und von frühester Jugend an Not leiden, von den Straßen verschwinden.

Wir kämpfen dafür, daß es in der Heimat Martís und Maceos keine Rassendiskriminierung mehr gibt.

Wir kämpfen dafür, daß unser Land politisch und wirtschaftlich frei ist.

Wir wollen, daß unsere Volkswirtschaft von den Kubanern selbst geschaffen wird. Wir wissen sehr wohl, daß jede Million, die wir aus dem Ausland erhalten, ein weiteres Glied in der Kette ist, die uns fesselt, unterdrückt und uns nicht so leben läßt, wie wir es wollen."[24]

Dieses Manifest fand allgemeine Zustimmung, ging es doch von der Rebellenarmee, der Armee der Befreiung, aus, die für das Glück und die Freiheit des Volkes kämpfte. Es entsprach voll und ganz den Interessen der kubanischen Werktätigen und trug zur weiteren Aktivierung des revolutionären Kampfes bei, der buchstäblich die ganze Insel erfaßt hatte.

In Oriente – dem Zentrum der Rebellenbewegung – erreichten, unter dem Oberkommando Fidel Castros operierend, alle drei Fronten (die Erste unter dem Kommando F. Castros, die Zweite unter dem Kommando R. Castros und die Dritte unter dem Kommando J. Almeidas), das Flachland und säuberten fast die ganze Provinz von den Batista-Truppen. Die von Fidel Castro persönlich befehligte Kolonne „José Martí“ zerschlug in neuntägigen Kämpfen vor der Stadt Guisa bedeutende Kräfte des Gegners, der sich nach Santiago de Cuba zurückzog.

Am 12. Dezember traf Manuel Urrutía, der von der Zivilen Revolutionären Front für den Posten des Präsidenten der Republik vorgeschlagen worden war, aus dem Ausland kommend, in Guisa ein. Indessen hatten die Truppen Fidel Castros Palma Soriano und die Truppen Raúl Castros die Stadt La Maya erreicht. Die Dritte Front Juan Almeidas stand dicht vor Santiago, das praktisch von einem Ring der Rebellenkräfte umgeben war. Erstmalig waren die Kampfhandlungen aller drei Fronten eng aufeinander abgestimmt.

Am 24. Dezember traf der Befehlshaber der Batista-Truppen in der Provinz Oriente, General Eulogio Cantillo, mit einem Hubschrauber im Hauptquartier der Rebellenarmee ein, um mit Fidel Castro zu verhandeln.

Fidel Castro erklärte kategorisch, daß sich die Rebellen gegen jeden Versuch wehren werden, der Fassade des Batista-Regimes einen neuen Anstrich zu geben und durch Austausch von Akteuren auf der politischen Bühne den Status quo aufrechtzuerhalten. Er forderte die Verhaftung des Diktators und seiner Komplicen. Cantillo versicherte, daß alle Forderungen erfüllt würden und daß das Kommando der Garnison von Santiago den Befehl erhalten werde, am 31. Dezember um 15.00 Uhr die Waffen zu strecken. Cantillo brach jedoch sein Versprechen, und es wurde offenbar, daß die Militärclique lediglich einen weiteren Versuch unternommen hatte, Zeit zu gewinnen und hinter dem Rücken des Volkes die Macht auch weiterhin zu behaupten.

Cantillo flog eiligst nach Havanna und meldete, daß in der Provinz Oriente unter den gegebenen Umständen mit einem längeren Widerstand der Garnison von Santiago nicht zu rechnen sei. Batista ernannte Cantillo zum Oberkommandierenden der Streitkräfte und traf Fluchtvorbereitungen. Dennoch spann er buchstäblich bis zur letzten Stunde Intrigen und hoffte, sich durch allerlei Machenschaften auf der politischen Bühne halten zu können. Die rasche Entwicklung der Ereignisse in Las Villas, in Oriente und anderen Landesteilen setzte diesen Hoffnungen ein Ende.

Ende Dezember näherten sich die Truppen Camilo Cienfuegos' nach vollständiger Befreiung des Nordens der Provinz Las Villas der 150000 Einwohner zählenden Stadt Santa Clara, einem wichtigen Eisenbahn- und Straßenknotenpunkt und dem letzten großen Stützpunkt der Diktatur auf dem Wege nach Havanna, um sich mit den Truppen Ernesto Che Guevaras zu vereinigen. Am 29. Dezember gab Che Guevara den Befehl, mit dem Sturmangriff auf Santa Clara zu beginnen.

Der Kampf dauerte mehrere Tage. Die Luftwaffe Batistas bombardierte ununterbrochen die Kampfreihen der Rebellen. Panzer und ein Panzerzug wurden gegen sie eingesetzt. Doch die Rebellen demontierten die Eisenbahngleise, schlossen den Panzerzug ein und zwangen ihn zur Kapitulation, wobei sie rund 400 Gefangene machten. Die gesamte Stadtbevölkerung unterstützte die Rebelleneinheiten. Selbst die Veteranen der Rebellenarmee, an Solidaritätsbekundungen von Ortseinwohnern gewohnt, waren durch den Massenheroismus der Stadtbevölkerung beeindruckt. Das Volk ging auf die Straße. Aus Kraftwagen und Autobussen wurden Barrikaden errichtet, die den Panzern Batistas die Manövriermöglichkeit nahmen. Einer nach dem anderen fielen wichtige Stützpunkte der Verteidigung: Die Polizeiverwaltung, der Justizpalast, das Grand-Hotel und die Provinzverwaltung. Als letzte kapitulierte die Kaserne Leoncio Vidal, wo sich mehr als 1000 Soldaten und Offiziere des Gegners befanden. Am 1. Januar wurde die Stadt Santa Clara zum Freien Territorium Kubas.

In Oriente gab Fidel Castro, nachdem er vom Wortbruch Cantillos und dessen Machenschaften mit Batista erfahren hatte, den Befehl zur Einnahme der Stadt Santiago und wies die in Santa Clara kämpfenden Einheiten an, unverzüglich gegen die Hauptstadt zu marschieren. Am 1. Januar rückten die von Fidel Castro geführten Rebellentruppen, von der jubelnden Bevölkerung empfangen, in die Hauptstadt der Provinz Oriente, in Santiago de Cuba, ein.

Die Stunde der Abrechnung mit der Batista-Kamarilla für deren blutige Untaten rückte näher.

Ein anschauliches Bild von der Zersetzung der Militär- und Polizeimaschinerie der Diktatur vermittelt ein für Batista bestimmter Bericht seines Militärberaters über die Lage im Lande am 31. Dezember 1958. Darin heißt es: „Die gesamten ländlichen Gegenden und die meisten Städte der Provinz Oriente sind in der Hand der Rebellen.

Die Einnahme droht Santiago de Cuba, Bayamo und Holguín.

In Camagüey sind an verschiedenen Abschnitten Kämpfe im Gange, der Kommandeur des dort eingesetzten Regiments bittet um Verstärkung. In Las Villas sind viele Städte in die Hand des Gegners gefallen, nachdem sich die meisten Garnisonen ohne einen einzigen Schuß ergeben hatten... Die Hauptstadt ist von Tag zu Tag immer mehr von den übrigen Teilen der Insel abgeschnitten. Der Eisenbahn- und der Kraftverkehr sind praktisch lahmgelegt. In den Städten herrscht ein akuter Mangel an Treibstoff und Nahrungsmitteln. Mit der Einbringung der Zuckerrohrernte wird vermutlich gar nicht begonnen werden. Unsere Armee, erschöpft und stark mitgenommen durch die zweijährige Kampagne..., hat ihre Kampfkraft völlig eingebüßt. Die Fahnenflucht verstärkt sich von Tag zu Tag. Ein großer Teil der Offiziere ist unzufrieden. Sie hecken Verschwörungen in den Kasernen aus oder nehmen Kontakte zu den Rebellen auf."[25]

In der Nacht zum 1. Januar 1959 begab sich der Diktator

direkt vom Neujahrsempfang im Camp Columbia zum Flugplatz, wo vier Flugzeuge auf ihn und seine engsten Vertrauten warteten. Der Henker des kubanischen Volkes und 124 seiner Komplicen flohen ins Ausland.

Die von Cantillo angeführte Militärclique versuchte zu manövrieren. General Cantillo gab über den Rundfunk bekannt, er habe einen Staatsstreich vollzogen, und betonte, das sei „im Einvernehmen mit Doktor F. Castro geschehen“. Der Militärjunta gehörten außer Cantillo General J. E. Portuondo und das Mitglied des Obersten Tribunals der Batista-Regierung – M. L. Piedra – an. Doch Fidel Castro entlarvte die Lügen Cantillos und verweigerte der Junta kategorisch die Anerkennung. Er rief die Werktätigen zum Generalstreik auf. „Revolution – ja! Militärputsch – nein!“ Diese Worte aus dem Aufruf Fidel Castros wurden zur Kampflosung jener Tage.

Im Morgengrauen des 2. Januar 1959 rückten von Ernesto Che Guevara und Camilo Cienfuegos befehligte Einheiten der Rebellenarmee auf Befehl des Oberkommandierenden gegen Havanna vor. Die Einwohner der Stadt bereiteten ihren Befreiern einen begeisterten Empfang. Ohne einen einzigen Schuß fielen das Camp Columbia, die Festung La Cabaña und andere strategisch wichtige Punkte. Die Junta Cantillos wurde auseinandergejagt und ihr Anführer verhaftet. Der Versuch des ehemaligen Obersten Barquín, eine neue Militärjunta zu bilden, mißlang.

Die Werktätigen Kubas reagierten unverzüglich auf den Appell der Führung der Rebellenarmee, der SVP und der FONU, den Generalstreik auszurufen, allen Umtrieben der Reaktionäre ein Ende zu setzen und die ganze Macht im Land der Rebellenarmee und der Revolutionären Regierung zu übergeben.

Der von der SVP und der FONU geleitete Generalstreik, der am 1. Januar begann und sieben Tage dauerte, war der mächtige Schlußakkord des revolutionären Krieges. Er

Straßenkämpfe in Havanna

trug alle Hoffnungen der Reaktion, das Regime durch Machenschaften hinter den Kulissen restaurieren zu können, zu Grabe und übergab die Macht dem siegreichen Volk. „Gerade die Arbeiterklasse", sagte Fidel Castro bei einer Einschätzung der Ereignisse jener Tage, „durchkreuzte mit ihrem Generalstreik zusammen mit der Rebellenarmee die Pläne der Reaktion, die dem Volk im letzten Moment den Sieg zu entreißen gedachte, wie das zuvor wiederholt geschehen war. Gerade der Streik – und wir behaupten das mit aller Verantwortung, zu der uns die Teilnahme an den Ereignissen jener entscheidenden Stunde berechtigt – vereitelte die letzten Umtriebe der Feinde des Volkes; gerade der Generalstreik lieferte uns alle Zitadellen in der Hauptstadt der Republik aus; der Generalstreik legte die Macht in die Hände der Revolution."[26]

Fidel Castro zog mit den Hauptkräften der Rebellenarmee im Triumph durch das ganze Land von Santiago de Cuba bis nach Havanna und traf am 8. Januar in der Hauptstadt ein, die ihn begeistert als einen Nationalhelden empfing.

Es wurde eine Provisorische Revolutionäre Regierung mit Miró Cardona an der Spitze gebildet. Zum Provisorischen Präsidenten wurde M. Urrutía proklamiert. Doch schon die ersten auf Initiative der Führung der Rebellenarmee eingeleiteten revolutionären Umgestaltungen stießen bei den von M. Cardona angeführten rechten Elementen in der Regierung, die an einer weiteren Entwicklung der Revolution nicht interessiert waren, auf Widerstand. Die Polarisation der Kräfte und das Streben der überwältigenden Mehrheit des Volkes nach Verwirklichung der vorgesehenen revolutionären Maßnahmen führten dazu, daß Miró Cardona und andere bürgerliche Politiker zurücktraten.

Am 16. Februar wurde Fidel Castro Ministerpräsident. Die von ihm geführte Revolutionäre Regierung ging gegen den Widerstand der konservativen Kräfte an die konse-

Die Befreiungsarmee unter der Führung Fidel Castros zieht nach der Flucht Batistas in Havanna ein.

quente Verwirklichung der grundlegenden sozialökonomischen und politischen Umgestaltungen, die den Sieg der Revolution verankerten.

In der Geschichte der Republik Kuba wurde eine neue Seite aufgeschlagen.

Anmerkungen:

1 Siehe Von der Sierra Maestra nach Havanna, Moskau 1965, S. 150 (russ.).
2 Zitiert nach M. Hill, Cuba si – yanqui no!, a. a. O., S. 121 ff.
3 Von der Sierra Maestra nach Havanna, Moskau 1965, S. 151 (russ.).
4 Ebenda, S. 158–160.
5 Carta Semanal v. 6. 8. 1958.
6 Gegenwärtig ist Severo Aguirre Botschafter der Republik Kuba in der Sowjetunion.
7 Zitiert nach Der Kampf für die antiimperialistische und Arbeitereinheitsfront in den Ländern Lateinamerikas, Moskau 1963, S. 208 (russ.).
8 Gegenwärtig ist Carlos Rafael Rodríguez Mitglied des Sekretariats des ZK der Kommunistischen Partei Kubas und Stellvertreter des Ministerpräsidenten der Revolutionären Regierung Kubas.
9 Der Wortlaut der Befehle des Oberkommandierenden der bewaffneten Rebellenkräfte wird nach der Veröffentlichung in der Zeitschrift Kuba, 1966, Nr. 1, S. 45, wiedergegeben (russ.).
10 Zitiert nach Josef Lawrezki, Ernesto Che Guevara, Berlin 1974, S. 178 ff.
11 Revolución v. 28. 10. 1961.
12 Bohemia v. 3. 2. 1961, S. 56.
13 Obra Revolucionaria v. 25. 1. 1961, S. 10.
14 Kuba, 1966, Nr. 1, S. 38 (russ.).
15 Informe de la invasion Paginas del de campaña de Camilo Cienfuegos. Nuestro recuerdo a Camilo Cienfuegos. La Habana, o. J., S. 19.
16 Verde Olivo v. 28. 10. 1961, S. 2.
17 Wall Street Journal, 1958, Nr. 12.
18 Siehe Die grundlegenden gesetzgeberischen Akte der Republik Kuba, Moskau 1963, S. 157–163 (russ.).
19 Siehe S. A. Gonionski, Abriß der neuesten Geschichte der Länder Lateinamerikas, Moskau 1964 (russ.).
20 Bohemia, 1964, N 15, S. 77.
21 N. Lazo. American Policy Failures in Cuba. Dagger in the Heart. New York, 1968, S. 162.
22 Meshdunarodnaja shisn, 1961, Nr. 6, S. 20 (russ.).
23 E. E. T. Smith. The Fourth Floor. New York, 1962, S. 167.
24 Zitiert nach K. Obyden, Kuba im Kampf für Freiheit und Unabhängigkeit, Moskau 1959, S. 63 f. (russ.).
25 Nowaja i nowejschaja istorija, 1971, Nr. 6, S. 129 (russ.).
26 Fidel Castro, Reden und Schriften, Moskau 1960, S. 162 (russ.).

Die Errungenschaften der siegreichen Revolution

Die kubanische Revolution ist eines der wichtigsten Ereignisse der Weltgeschichte in der zweiten Hälfte des 20. Jahrhunderts, der nationalen Befreiungsbewegung und des revolutionären Weltprozesses. „Sie markiert“, so betonte die Konferenz der kommunistischen Parteien Lateinamerikas und des karibischen Raumes, die 1975 in Havanna stattfand, „eine tiefgreifende und umfassende Wende im Kampf gegen die imperialistische Herrschaft auf dem Kontinent. Sie übt einen bedeutenden internationalen Einfluß aus.“[1] Den Sieg der kubanischen Revolution kann man – nach der Entdeckung Amerikas und den Unabhängigkeitskriegen im ersten Viertel des 19. Jahrhunderts – als dritten wichtigen Meilenstein in der Geschichte der lateinamerikanischen Länder einschätzen. Erstmalig auf dem Kontinent löste sie die Aufgabe der Erringung der vollen nationalen Unabhängigkeit, verwirklichte sie wahre Demokratie und soziale Gerechtigkeit, beseitigte sie die kapitalistischen Ausbeutungsverhältnisse und bahnte den Weg zur sozialistischen Umgestaltung der Gesellschaft.

In kurzer Zeit wurde der politische und militärische Apparat der Diktatur im Lande völlig zerschlagen; es begann die Bildung der Staatsorgane der Volksmacht. Im Mai 1959 wurde das Gesetz über die Agrarreform angenommen, demzufolge die einheimischen und ausländischen Latifundien aufgelöst wurden und über 100 000 landlose Bauern unentgeltlich Boden erhielten. Im

Jahre 1960 wurde das Eigentum ausländischer Monopole und später auch das der nationalen Bourgeoisie verstaatlicht. Alle Hauptzweige der kubanischen Wirtschaft wurden zum allgemeinen Volkseigentum.

Und schließlich ermöglichte es die Revolution von 1959, die Klassenstruktur der Gesellschaft von Grund auf zu verändern. Seit der Beseitigung der Ausbeuterklasse der Gutsbesitzer und Kapitalisten sowie der Herrschaft der Auslandsmonopole gehört der sozialistischen Wirtschaftsform, die die Arbeiterklasse in Stadt und Land sowie die werktätige Bauernschaft erfaßt, die dominierende Stellung.

Die kubanische Revolution wurde zur sozialistischen Revolution. Diese historische Tat des kubanischen Volkes begeisterte die Völker Lateinamerikas zum entschlossenen Kampf für ihre nationale und soziale Befreiung. „Mehr als alle Proklamationen und Konferenzen wirkt das lebendige Beispiel, die Inangriffnahme des Werkes in irgendeinem Lande, daran entzünden sich die werktätigen Massen in allen Ländern“[2], betonte W. I. Lenin.

Die Bedeutung und der Einfluß der kubanischen Revolution auf die Bruderländer des Kontinents sind um so gewichtiger, als das kubanische Volk den Kampf für den Sozialismus in unmittelbarer Nähe der stärksten imperialistischen Macht führen mußte, die viele Jahre lang beharrliche Anstrengungen unternahm, um die Revolution auf Kuba abzuwürgen.

Die Erfolge der Revolution, die den Aufbau des Sozialismus einleitete, lösten Feindseligkeit bei den aggressiven Kreisen der USA aus, die einen brutalen politischen und diplomatischen Druck auszuüben begannen, eine strikte Wirtschaftsblockade verhängten, Diversanten einschleusten und 1961 eine direkte Invasion bewaffneter Söldner auf Kuba organisierten. Gerade unter dem Druck der imperialistischen Kreise der Vereinigten Staaten von Amerika brachen die meisten lateinamerikanischen Länder die diplomatischen und außenwirtschaftlichen Beziehun-

Das junge Kuba: Medizinstudentin aus Baracoa

Veränderungen auf dem Lande: Moderne Wohnhäuser verdrängen immer mehr die armseligen Hütten aus der Zeit vor

der Revolution

gen zur jungen Republik Kuba ab. Gegen den Willen des kubanischen Volkes behielten die USA weiterhin ihren Marinestützpunkt in Guantánamo auf dem Territorium Kubas.

Im ersten Jahrzehnt nach dem Sieg der Revolution mußte Kuba praktisch alle seine Kräfte einsetzen, um die harten Kämpfe gegen die imperialistischen Provokationen zu bestehen – und das unter den Bedingungen der Wirtschaftsblockade und der ständig drohenden militärischen Aggression.

Und dennoch hat das kubanische Volk in historisch kurzer Frist außerordentliche Erfolge in allen Lebensbereichen des Landes erzielt. Die sozialistischen Produktionsverhältnisse setzten sich überall durch und wurden in der gesamten Wirtschaftsstruktur des Staates dominierend. Das ermöglichte einen wesentlichen Schritt voran, um die vom früheren Regime überkommene Rückständigkeit in der nationalen Wirtschaft zu überwinden und den Weg zur Schaffung der materiellen Basis der sozialistischen Wirtschaft zu beschreiten.

Zu einem Ereignis von wahrhaft historischer Bedeutung für das ganze Volk der Insel der Freiheit wurde der I. Parteitag der Kommunistischen Partei Kubas, der im Dezember 1975 in Havanna stattfand. Er zog eine Bilanz der Entwicklung der ersten sozialistischen Revolution in der westlichen Hemisphäre, analysierte gründlich und allseitig die von ihr gesammelten Erfahrungen und schätzte ihre Errungenschaften auf verschiedenen Gebieten des sozialistischen Aufbaus wissenschaftlich fundiert ein.

Und diese Errungenschaften sind fürwahr bedeutend. In den Jahren nach der Revolution ist das Wirtschaftspotential Kubas stark gewachsen. Von 1971 bis 1975 erreichte die durchschnittliche Zuwachsrate des nationalen Bruttoprodukts mehr als 10 Prozent jährlich.

In den Jahren der Volksmacht hat sich Kuba aus einem rückständigen Agrarland in einen Agrar-Industrie-Staat verwandelt. Der Anteil der Industrieproduktion belief sich im Jahre 1975 auf 41 Prozent des nationalen Bruttoprodukts.

Als Ergebnis der Politik der Kommunistischen Partei im Bereich der industriellen Produktion hat sich das Produktionsvolumen beträchtlich vergrößert, sind progressive strukturelle Wandlungen im Gange. Besondere Aufmerksamkeit gilt der Entwicklung jener Industriezweige, die bislang fehlten oder nicht führend waren, aber für den Aufbau der materiell-technischen Basis des Sozialismus von großer Bedeutung sind. Der Anteil der Elektroenergetik, des Maschinenbaus und der Metallbearbeitung, der Hütten- und der chemischen sowie der Baustoffindustrie am Gesamtumfang der Industrieproduktion erhöht sich allmählich. So ist allein in den siebziger Jahren die Produktion des Maschinenbaus und der Metallverarbeitung fast auf das 2,5fache, die der Baustoffindustrie auf das 3fache angewachsen.

Das Hauptaugenmerk gilt nach wie vor der Entwicklung der Zuckerindustrie. Auf diesem Gebiet sind stabile Wachstumsraten zu verzeichnen.

Bedeutende Erfolge sind auch in anderen Bereichen der Wirtschaft erzielt worden, insbesondere im Bau- und Hüttenwesen. Dabei stützt sich der Aufschwung der Wirtschaft auf eine beständige Steigerung der Arbeitsproduktivität (rund 9 Prozent jährlich in den Jahren 1971 – 1975) und auf eine Erhöhung der Effektivität der Produktion.

Große Aufmerksamkeit gilt der Landwirtschaft. Hier sind 1974 1 Milliarde Peso investiert worden. Die Anbaufläche hat sich in den Jahren 1958–1975 verdoppelt. Durch Mechanisierung der Produktionsprozesse und Einführung der modernen Agrotechnik wird eine beträchtliche Steigerung der pflanzlichen und tierischen Produktion gesichert. Qualitative Veränderungen vollziehen sich auf den Zuckerrohrplantagen. Die Verladung des Zuckerrohrs ist zu 98 Prozent, die Ernte zu 25 Prozent mechanisiert, die letztere Kennziffer wird bis 1980 auf 60 Prozent ansteigen.[3]

Moderne sowjetische Technik im Einsatz bei der Zuckerrohrernte

Die Verwirklichung der Pläne der wirtschaftlichen Entwicklung war die Grundlage für die großen Errungenschaften der kubanischen Revolution auf sozialem Gebiet. Ein für allemal wurde mit der Rassendiskriminierung, der Arbeitslosigkeit, dem Elend, dem Analphabetentum und anderen sozialen Übeln aufgeräumt, die das Leben des Landes in der vorrevolutionären Zeit vergiftet haben und für die meisten lateinamerikanischen Länder auch heute noch charakteristisch sind.

Wie groß die sozialen Errungenschaften sind, ist auch in einem so wichtigen Bereich wie dem Gesundheitswesen deutlich erkennbar. Die Ausgaben für diesen Sektor haben sich in den 17 Jahren seit der Revolution mehr als verzehnfacht. Die medizinische Betreuung ist heute unentgeltlich, das Land ist mit einem Netz medizinischer Einrichtungen überzogen. Die durchschnittliche Lebenserwartung der Kubaner stieg von 54 auf 70 Jahre.

Große Erfolge sind bei der Entwicklung der Volksbildung zu verzeichnen. Vor der Errichtung der revolutionären Macht zählte man im ganzen System der Volksbildung etwa 800 000 Lernende, im Lehrjahr 1975/76 hingegen betrug ihre Zahl mehr als 2 Millionen. Faktisch lernt jeder dritte. Alle Arten der Bildung sind unentgeltlich. Während 1959 für Bildungszwecke 79,4 Millionen Peso verausgabt wurden, erhöhten sich diese Ausgaben bis 1975 auf das elffache und machten 874,6 Millionen Peso aus.[4] Um seine heutigen Errungenschaften im Bildungswesen können Kuba alle anderen lateinamerikanischen Länder beneiden, wo es um dieses Gebiet weiterhin sehr schlecht bestellt ist.

Die Erfolge im Bildungswesen schlagen in eine Erhöhung des Kulturniveaus der Massen um. Zu neuem Leben erwachten nach der Revolution das Volksschaffen, das nationale Theater, die nationale Musik, Malerei und Literatur. Sie verloren ihren ausgesprochen elitären Charakter und begannen den breiten Massen der Werktätigen zu dienen, für sie die nationalen und internationalen Kunstschätze zu erschließen.

Die Leistungen des Bruderlandes auf allen Gebieten der Wirtschaft und Kultur sind in der Tat begeisternd. Neben der großen und wichtigen Arbeit zur Einschätzung des zurückgelegten Weges untersuchte der Parteitag der kubanischen Kommunisten im Jahre 1975 ausführlich die verschiedenen Aspekte der gegenwärtigen Etappe des Aufbaus der neuen Gesellschaft auf Kuba. Er legte die Ziele und Aufgaben der weiteren Entwicklung des Landes, die Tätigkeitsformen und -methoden der Partei, der staatlichen und gesellschaftlichen Organisationen fest und nahm ein umfassendes Aktionsprogramm für alle Bereiche des politischen, sozialen und kulturellen Lebens an. Der Parteitag billigte den ersten Fünfjahrplan für die Entwicklung des Landes in den Jahren 1976–1980, der dem Volk noch breitere Perspektiven eröffnet.

Mit der Ausarbeitung und exakten Formulierung der Ziele und Aufgaben der weiteren gesellschaftlichen Entwicklung auf Kuba hat die Partei eine Arbeit von großer

Die Via Blanca – von Havanna nach Matanzas führende

Küstenstraße

theoretischer und praktischer Bedeutung vollbracht. Die Tagesaufgaben stellen und lösen die kubanischen Kommunisten mit dem Blick in die kommunistische Zukunft. Die Partei formulierte in der vom Parteitag angenommenen programmatischen Plattform die Ziele für die bevorstehende Periode und wandte dabei die marxistisch-leninistische Lehre von den zwei Phasen der einheitlichen ökonomischen Gesellschaftsformation – der kommunistischen – schöpferisch auf die Bedingungen Kubas an.

Die Kommunistische Partei und die Regierung verbinden, wie auf dem I. Parteitag der Kommunisten Kubas betont wurde, die Erfolge beim sozialistischen Aufbau mit der konsequenten Verwirklichung der Prinzipien des proletarischen Internationalismus, der brüderlichen Zusammenarbeit und der Hilfe seitens der Sowjetunion und aller Länder der sozialistischen Gemeinschaft. Die Beziehungen zwischen unseren Ländern entwickeln sich in allen Bereichen fruchtbar: im Bereich der ideologischen Arbeit, der Abstimmung der Außenpolitik, der wirtschaftlichen Zusammenarbeit auf bilateraler Grundlage und auf der Ebene des Rates für Gegenseitige Wirtschaftshilfe, dessen Mitglied Kuba seit 1972 ist.

Der Erste Sekretär des ZK der KP Kubas, Fidel Castro, würdigte am Beispiel der Beziehungen zwischen Kuba und der Sowjetunion die Vorzüge der internationalen Beziehungen sozialistischen Typs und erklärte: „In der gesamten Geschichte der internationalen Beziehungen, die Jahrtausende hindurch von Egoismus und Gewalt geprägt wurden, gab es keine solchen brüderlichen Beziehungen zwischen einem mächtigen und einem kleinen Land. Erst der Sozialismus macht solche Beziehungen zwischen den Völkern möglich.“[5] Als Bestätigung dafür können die Regierungsabkommen dienen, die Genosse L. I. Breshnew und Genosse Fidel Castro im Jahre 1972 in Moskau unterzeichnet haben. Davon zeugt auch das im Februar 1976 unterzeichnete Abkommen über die wirtschaftliche und wissenschaftlich-technische Zusammenarbeit in den

Jahren 1976–1980, das bedeutendste in der Geschichte der sowjetisch-kubanischen Beziehungen. „Man kann sagen“, bemerkte dazu der Stellvertreter des Ministerpräsidenten der Revolutionären Regierung Kubas, Carlos Rafael Rodríguez, „daß dieses Abkommen seinem Umfang nach das bedeutendste der Abkommen ist, die zwischen unseren Ländern geschlossen worden sind, und daß es seinem Geist nach eine Fortsetzung der Linie darstellt, die in der Deklaration vorgezeichnet wurde, die die Genossen L. I. Breshnew und Fidel Castro unterzeichnet haben.“[6]

Neue wichtige Etappen in der Entwicklung und Vertiefung der brüderlichen Zusammenarbeit der sozialistischen Staaten, der Erweiterung der Teilnahme Kubas an der Realisierung des Komplexprogramms für sozialistische ökonomische Integration sind die 1975 im Rahmen des RGW geschlossenen Abkommen, durch gemeinsame Anstrengungen der interessierten Länder neue Produktionskapazitäten in der Nickelindustrie und in anderen Wirtschaftszweigen Kubas zu schaffen, sowie die Abstimmung des Fünfjahrplans Kubas für die Jahre 1976–1980 mit den Fünfjahrplänen der anderen RGW-Länder.

In der programmatischen Erklärung wird unterstrichen, daß die Kommunistische Partei Kubas stetig die Politik fortsetzen wird, die ökonomischen Beziehungen zur UdSSR und den anderen Ländern der sozialistischen Gemeinschaft zu erweitern und zu festigen.

Dieser Leitsatz ist auch in der ersten sozialistischen Verfassung des Landes fixiert, die vom ganzen Volk erörtert und vom höchsten Forum der kubanischen Kommunisten vorbehaltlos gebilligt worden ist. „Die Republik Kuba“, heißt es in Artikel 1 der neuen Verfassung, „ist ein sozialistischer Staat der Arbeiter, Bauern und anderen körperlich und geistig Tätigen.“[7] Die Verfassung verankert gesetzgeberisch alle sozialistischen Errungenschaften des kubanischen Volkes, bestätigt die Kommunistische Partei als die führende Hauptkraft der Gesellschaft und des Staates und legt fest, daß sich die Beziehungen Kubas zur

Sowjetunion und zu den anderen sozialistischen Ländern auf die Prinzipien des sozialistischen Internationalismus, auf die Gemeinsamkeit der Ziele und den Aufbau der neuen Gesellschaft, auf die brüderliche Freundschaft, Zusammenarbeit und gegenseitige Hilfe gründen. Im Zusammenhang mit einer exakten Strukturbildung der Organe der Volksmacht auf dem gesamten Territorium Kubas und mit der Konstituierung der Nationalversammlung bedeutet das Inkrafttreten der neuen Verfassung die endgültige Herauskristallisierung der sozialistischen Staatlichkeit und eine Weiterentwicklung der Demokratie im Lande.

Der I. Parteitag der Kommunistischen Partei Kubas im Dezember 1975 war ein wichtiges Ereignis in der internationalen kommunistischen und Arbeiterbewegung. Es war der erste Parteitag einer regierenden kommunistischen Partei im ersten sozialistischen Land der westlichen Hemisphäre, das einen hervorragenden Platz im revolutionären Weltprozeß und im Prozeß der nationalen Befreiung einnimmt. Die Anwesenheit von 87 Delegationen kommunistischer und Arbeiterparteien sowie nationaler Befreiungsbewegungen auf dem Parteitag bewies überzeugend das große internationale Interesse für dieses historische Ereignis.

Die Vertretungen der Bruderparteien würdigten den unversöhnlichen Kampf der kubanischen Kommunisten gegen die bürgerliche und kleinbürgerliche Ideologie, gegen Antikommunismus, Antisowjetismus, rechten und „linken" Revisionismus.

Das revolutionäre Kuba, das in der internationalen Politik an den Prinzipien des proletarischen Internationalismus festhält, beteiligt sich aktiv und fruchtbar an der Bewegung der nichtpaktgebundenen Staaten. Es wendet sich entschieden gegen die Versuche bestimmter Kreise, diese Bewegung zu spalten, sie von dem einzig zuverlässigen Verbündeten im Kampf, von den Ländern der sozialistischen Gemeinschaft, zu trennen. Seine prinzipienfeste Haltung in dieser Frage hat Kuba 1973 in Algier auf der IV. Gipfelkonferenz nichtpaktgebundener Staaten exakt dargelegt.

„Jeder Versuch, die nichtpaktgebundenen Staaten in Gegensatz zum sozialistischen Lager zu bringen“, erklärte Fidel Castro auf der Konferenz, „ist zutiefst konterrevolutionär und dient allein und ausschließlich den imperialistischen Interessen ... Die Freundeshand des sozialistischen Lagers ausschlagen“, betonte er, „hieße, uns zu schwächen und auf die Gnade der immer noch mächtigen Kräfte des Imperialismus angewiesen sein.“[8]

Die konsequente und aktive Unterstützung, die das revolutionäre Kuba dem gerechten Kampf der Volksmassen der „dritten Welt“ um ihre nationale und soziale Befreiung und die Umgestaltung der internationalen Wirtschaftsbeziehungen zuteil werden ließ, sicherte ihm bei den Entwicklungsländern starke Anerkennung. Die Kräfte der weltweiten nationalen Befreiungsbewegung billigten die uneigennützige Hilfe Kubas wie auch der anderen sozialistischen Staaten, vor allem der Sowjetunion, für das Volk Angolas in seinem Kampf gegen Imperialismus und Rassismus.

Besonders beeindruckend für die Entwicklungsländer aber sind die Erfolge Kubas beim sozialistischen Aufbau.

Auf dem I. Parteitag der Kommunistischen Partei Kubas erklärten die Vertreter der Länder der „dritten Welt“, daß Kuba für sie ein Musterbeispiel konsequenter Verwirklichung der Ziele der nationalen Befreiungsrevolution sei, daß vieles von den Erfahrungen der revolutionären Umgestaltungen auf der Insel im Kampf ihrer Völker für die nationale Befreiung genutzt werden könne.

Ein besonders starkes Interesse für die Beschlüsse des I. Parteitags der kubanischen Kommunisten wie auch für alle Vorgänge in Kuba ist in den Ländern Lateinamerikas zu verzeichnen. Die endgültige Durchsetzung des Sozialismus auf der Insel, die Unumkehrbarkeit dieses Prozesses bedeuten, daß die reaktionären Kreise, die die Kontrolle über die Wirtschaft der lateinamerikanischen Länder in ihren Händen halten, ihre Privilegien nicht mehr sorglos genießen können. Das Beispiel Kubas ermuntert die Völker des ganzen Kontinents zum Kampf um Unabhängigkeit und Demokratie.

Obgleich sich in einer Reihe lateinamerikanischer Länder noch immer volksfeindliche Militärregimes an der Macht halten, obgleich die Patrioten Chiles gegenwärtig unter dem Joch des faschistischen Terrors leiden, kann der Imperialismus das Streben der Völker des Kontinents nach Befreiung nicht mehr aufhalten. Heute gibt es praktisch kein unbedingtes Diktat der USA in der westlichen Hemisphäre mehr.

Eine wichtige Besonderheit der gegenwärtigen Lage in Lateinamerika ist die Tendenz zur Befreiung von der imperialistischen Abhängigkeit, zum Schutz der eigenen nationalen Schätze vor der Ausplünderung durch ausländische Monopole, zum Zusammenschluß auf der Grundlage eines selbständigen außenpolitischen Kurses, zur Herstellung von Beziehungen zu allen Staaten, unabhängig von ihrer gesellschaftspolitischen Ordnung.

Ein wichtiger Schritt in dieser Richtung war die 1975 erfolgte Schaffung eines Lateinamerikanischen Wirtschaftssystems, einer neuen regionalen Wirtschaftsorganisation, die 25 Länder Lateinamerikas und des karibischen Raums, einschließlich des sozialistischen Kuba, aber ohne Beteiligung der Vereinigten Staaten, vereint.

Die Schaffung dieser Organisation, so wurde auf dem I. Parteitag der Kommunistischen Partei Kubas betont, ist ein wichtiger Schritt zur Entwicklung der Region auf eigenem, unabhängigem und progressivem Kurs. Die Stunde der Herstellung von Beziehungen neuen Typs auf dem Kontinent, bei denen Lateinamerika – einheitlich und stark – mit eigener Stimme spricht, ist gekommen.[9]

Und das ist in nicht geringem Maß das Verdienst der kubanischen Revolution. Heute üben die Erfolge des sozialistischen Aufbaus auf der Insel der Freiheit im Verein mit dem Prozeß der internationalen Entspannung, mit der Wende zur Umgestaltung des gesamten Systems der internationalen Beziehungen einen starken Einfluß auf die Lage in Lateinamerika aus. Als Beweis dafür mögen das faktische Scheitern der über Kuba verhängten Blockade und – trotz des von Washington ausgeübten Drucks – ein zunehmender Prozeß der Anerkennung der Insel der Freiheit durch die anderen Länder des Kontinents dienen.

Alle diese Veränderungen in Lateinamerika stellen einen Teil des weltweiten Prozesses dar, der charakterisiert wird durch die wachsende Macht des Sozialismus, durch eine zunehmende Schwächung des Imperialismus, durch das Scheitern der Politik des kalten Krieges und eine anhaltende internationale Entspannung Die Entspannung ihrerseits ist Folge einer breiten Offensive der Kräfte des Friedens und des sozialen Fortschritts, ist Verkörperung des Friedensprogramms, das vom XXIV. Parteitag ausgearbeitet wurde und in den Beschlüssen des XXV. Parteitags der KPdSU seine schöpferische Weiterentwicklung erfahren hat.

Wie im Dokument der Konferenz der kommunistischen und Arbeiterparteien Europas in Berlin betont wird, ist das Scheitern der imperialistischen Blockade gegen Kuba neben der breiten internationalen Anerkennung eines anderen Bruderlandes, der DDR, ein wesentlicher Beitrag zur Festigung der internationalen Sicherheit und der Positionen des Sozialismus.

Kuba ist heute ein sozialistischer Staat mit rasch wachsender Wirtschaft und Kultur. Die erstaunlichen Veränderungen, die sich auf der Insel in den 18 Jahren nach der Revolution vollzogen haben, sind ein anschauliches Beispiel für den Triumph der Ideen Lenins, sind eine reale Verkörperung des proletarischen Internationalismus, der Ideen des Friedens und der Freundschaft, ein Ergebnis der beharrlichen, aufopfernden Arbeit des Volkes, das von der Kommunistischen Partei Kubas zum großen Ziel geführt wird.

Die Werktätigen der Insel der Freiheit vergrößern das ökonomische und wissenschaftlich-technische Potential der Republik. Sie mehren die materiellen und geistigen Werte und tragen zur Bereicherung der internationalen kollektiven Erfahrungen beim Aufbau der neuen sozialistischen Gesellschaft bei.

Anmerkungen:

1 Lateinamerika im Kampf gegen Imperialismus, für nationale Unabhängigkeit, Demokratie, Wohlstand des Volkes, Frieden und Sozialismus. Erklärung der Konferenz der kommunistischen Parteien Lateinamerikas und des karibischen Raumes in horizont, 1975, Nr. 30, Beilage, S. 5.

2 W. I. Lenin, Werke, Bd. 26, S. 471.

3 A. D. Bekarewitsch, K. O. Leino, Kuba: Statistik des Wachstums in: Westnik statistiki, 1976, Nr. 6, S. 50f. (russ.).

4 Ebenda.

5 Die Presse der Sowjetunion, 1976, Nr. 13, S. 256.

6 Kuba, 1976, Nr. 6, S. 38 (russ.).

7 Juventud Rebelde, La Habana, 4 de enero de 1976.

8 Fidel Castro, Ausgewählte Reden, Berlin 1976, S. 74.

9 Granma v. 25. 12. 1975.

Inhalt

KANADA
USA
MEXIKO
Golf von Mexiko
KUBA
Caymanin
Belize (brit.)
HONDURAS
NIK
GUATEMALA
EL SALVADOR
KOSTARIKA
STILLER OZEAN
0
1000
km
Archipiélago de Colón/
Islas Galápagos (zu Ekuador)
90° w.L.